Collana "ORIZZONTI"

Tra Mosca e Verona

A monsignor Luigi Adami

Marina Bakhmatova

Tra Mosca e Verona

Un dialogo controcorrente

Prefazione di **Luigi Sandri**

IL MARGINE

In copertina: il vescovo di Verona monsignor Giuseppe Amari incontra il patriarca di Mosca Aleksij II nella sua residenza privata a Mosca (29 settembre 1995).
Nel frontespizio: don Giovanni Gottardi e monsignor Luigi Adami nel luglio 2015.

Progetto editoriale: Vincenzo Passerini

ISBN 978-88-6089-188-4

Piazza Venezia 34 - 38122 Trento
Tel. e fax 0461 983368
e-mail editrice@il-margine.it

www.il-margine.it

INDICE

Prefazione

di Luigi Sandri

Prima di addentrarmi nella presentazione ritengo necessario confessare un certo mio imbarazzo perché, in qualche modo, mi trovo in «conflitto di interessi»; potrei dunque essere il meno adatto a scrivere di Marina Bakhmatova. Il fatto è che in queste pagine si parla anche di me, che ho dato una mano all'«avventura» russa di alcuni audaci presbiteri veronesi; sarebbe perciò lecito sospettare che io esageri con l'incenso. Resto tuttavia convinto che, chi leggerà, condividerà la mia valutazione, se affermo che questo libro merita.

Merita, intanto, perché consegna alla storia una vicenda che, minima e umile rispetto ai grandi accadimenti delle Chiese, dell'Italia e della Russia, pur nel suo piccolo lascia trasparire eventi storici, ecclesiali e geopolitici di enorme impatto, in quanto mille rivoli e mille fili legano a essi la cronaca qui narrata, e illuminano i contorni di un ben più ampio quadro.

E la vicenda illustrata da Marina Bakhmatova, con pazienza certosina e con mano sicura, è quella dei rapporti che la Chiesa cattolica di Verona e il patriarcato ortodosso di Mosca riuscirono a intrecciare tra gli anni Novanta del secolo scorso e l'alba del Duemila. Qualcuno potrebbe però obiettare: «Tutto qui? E dov'è la novità?». Obiezione giusta, se rapportata al momento attuale; ma tre decenni fa quell'intreccio non sembrava né ovvio né scontato; al contrario, pareva strano, quasi utopico e, per certi aspetti, romanzesco. Era, insomma, «controcorrente». Appariva, infatti, singolare per gli aspetti politici che inevitabilmente lambiva, dato che l'incubazione delle vicende qui narrate avviene mentre è ancora in piedi, seppur traballante, l'Unione Sovietica, e poi si sviluppa dopo che, esplosa (anzi, implosa) l'Urss, Mosca è solo la capitale della Federazione Russa, e per questo Paese si apre un tempo totalmente inedito, anch'esso con luci e ombre. E l'intreccio era ancora più singolare per gli aspetti ecclesiali che coinvolgeva e attraversava.

Non è perciò da meravigliarsi se non pochi giudicavano anomalo, velleitario e pretenzioso che la Chiesa cattolica di Verona osasse aprire un ponte di amicizia con la Chiesa ortodossa russa, attraverso il suo massimo vertice, il patriarcato di Mosca. Il dubbio serpeggiava, prima di tutto, sul fronte veronese (qualcuno trovava bizzarro che la diocesi pretendesse di collegarsi con il patriarcato russo: una tale pretesa – lasciavano intendere i critici – poteva averla, semmai, la grande arcidiocesi di Milano!); ma dubbi serpeggiavano anche nella curia romana che, da lontano, a un certo punto si inserì nella vicenda. A rafforzare in Vaticano le perplessità c'era il fatto che tra il patriarca Aleksij II, con il Santo Sinodo, e Giovanni Paolo II era... gelo: il vertice ortodosso russo, infatti, era assai irritato perché riteneva che quel papa, approfittando della debolezza strutturale di una Chiesa appena uscita da settantacinque anni di regime sovietico, mirasse a «cattolicizzare» la Russia.

È in tale quadro che alcuni presbiteri veronesi – tra essi don Giovanni Gottardi, don Luigi Adami, don Gabriele Zanetti – riescono a coinvolgere la Commissione ecumenica della diocesi, della quale fanno parte, e il vescovo Giuseppe Amari nell'«impresa russa»: l'apertura di un ponte di amicizia con il patriarcato, corroborata da un viaggio ad hoc *a Mosca, nel febbraio del 1992. Non mi addentro oltre, qui, nel raccontare i dettagli di quel viaggio, la sua preparazione, il suo svolgimento, il suo esito: Marina descrive tutto benissimo, sempre riportando lettere e testi che documentano l'accaduto, o intervistando testimoni oculari. Né mi dilungo nel racconto del seguito della storia, che copre dieci anni, anch'esso rigorosamente descritto: un tempo ricco di eventi lieti, ma anche di momenti problematici, che pose ai presbiteri ecumenici veronesi dilemmi non facili da sciogliere, anche perché altri loro confratelli si occupavano, in quegli anni, della Russia, ma partendo da presupposti ecclesiali divergenti da quelli propri della Commissione ecumenica diocesana. Sullo sfondo, sotteso, un dilemma: non è che lasciando l'Adige per raggiungere la Moscova si rischiava di perdere la propria identità, finendo inconsapevolmente nelle mani degli ortodossi russi?*

Il libro mi sembra persuasivo ed esaustivo nel raccontare, a futura memoria, un'iniziativa coraggiosa che alla fine del ventesimo secolo ha caratterizzato la diocesi di Verona: non solo nei suoi vertici istituzionali, ma anche in una parte della gente – la gente delle parrocchie – che partecipò con grande gioia e con fattiva collaborazione alla festosa accoglienza dei pope *russi che, a un certo punto, dalla misteriosa Mosca iniziarono ad arrivare all'ombra di san Zeno, nello scambio di visite tra «Chiese sorelle»: la Chiesa di Verona che stringe la mano alla Chiesa di Mosca; e viceversa. Perché alla radice dell'iniziativa vi era proprio il convincimento teologico, frutto del Concilio Vaticano II, che a fondare e caratterizzare il santo bacio tra la Chiesa di Verona e quella di Mosca dovesse essere, appunto, la categoria teologica della* sororità.

E qui, pare a me, sta l'altro grande merito di Marina: ella, infatti, non si limita a raccontare una vicenda, carina fin che si vuole, ma disincarnata; si addentra, invece, sui due versanti – l'italiano e il russo – nello spiegare il contesto storico, politico ed ecclesiale che sta alle spalle dell'Italia e della Russia di fine ventesimo secolo: un contesto che, per l'Italia, l'autrice riassume a partire dall'Ottocento, ricorda poi i tribolati rapporti Stato-Chiesa, arriva al fascismo, alla seconda guerra mondiale, alla Repubblica, ai fermenti degli anni Settanta e Ottanta (il referendum sulla legge del divorzio, la crisi dell'unità politica dei cattolici…); e, per la Chiesa cattolica – a livello globale – l'intransigenza che la caratterizza da metà Ottocento a metà Novecento, e poi papa Giovanni, il Vaticano II, le tensioni post-conciliari, la dolorosa transizione da una «società di cristianità» a una comunità che rispetta la laicità e si sente ricca solo del Vangelo. Tutti dati che gli italiani sanno (o dovrebbero sapere), ma non li sanno a sufficienza i russi che leggeranno questo lavoro.

Per quanto riguarda la Russia, poi, Marina risale addirittura alla Rus' di Kiev che nel 988 vede il principe Vladimir convertirsi al cristianesimo e poi – sempre per flash, *veloci ma densi – racconta l'ascesa politica e religiosa di Mosca, la nascita dell'impero russo e del patriarcato di Mosca, la rivoluzione dell'ottobre del 1917, le vicende drammatiche dell'Urss, la parabola di Gorbaciov, il crollo dell'Unione Sovietica e, dunque, la situazione della Chiesa ortodossa nella nuova Russia. Anche qui: conoscenze ben note ai russi, ma non così ai lettori italiani. Perciò, collocata in questo ambito, e in questo sfondo, la cronaca dei rapporti di amicizia tra la Chiesa di Verona e quella di Mosca acquista una pregnanza ecumenica e una «esemplarità» che sorpassa la vicenda privata e che, vogliamo sperare, rimarrà come eredità preziosa da custodire e alimentare nel futuro, pur nel cambiare delle persone, delle situazioni e delle scelte delle Chiese.*

I veronesi (e, chissà mai, anche altri, in Italia) e i russi che leggeranno questo studio non potranno – ritengo – non convenire con me che Marina Bakhmatova ci ha fatto un grande regalo: queste sue pagine, storicamente accuratissime, non sono però aride e burocratiche; in esse si sente pulsare partecipazione, sim-patia, amore alla Russia e amore all'Italia. E dimostrano che, incarnata, la sororità *e comunque l'amicizia tra Chiese pur separate e ancora, purtroppo, incomunicanti nell'Eucaristia, può tuttavia far sbocciare germogli di primavera. In attesa che, grazie a Dio, arrivi l'estate colma di messi.*

E un lampo di questa inedita e possibile estate nei rapporti Roma-Mosca, pur nel suo chiarosocuro, ci è sembrato balenare a Cuba dove, il 12 febbraio 2016, per la prima volta nella storia si sono incontrati un papa della Chiesa cattolica, Francesco, e un patriarca di Mosca, Kirill.

Roma, 31 maggio 2016

Introduzione

Nell'estate del 2002 i mass media russi hanno diffuso una notizia che a un occhio inesperto poteva sembrare del tutto marginale. Si trattava dell'incontro del patriarca di Mosca e di tutta la Russia Aleksij II (Alessio II, 1990-2008) con una delegazione di cattolici veronesi, avvenuto mercoledì 3 luglio presso il monastero di San Danilo a Mosca. Questo incontro, benché la delegazione veronese non avesse alcuna investitura ufficiale[1], rappresentava un tentativo di salvare quasi *in extremis* i fragili rapporti tra le due Chiese cristiane che da alcuni mesi vivevano un periodo di grande tensione paragonabile, forse, a quella che un giorno del 1054 portò Roma e Costantinopoli a una reciproca scomunica rimasta in vigore per più di novecento anni.

La crisi del 2002 tra la Chiesa cattolica romana e la Chiesa ortodossa russa fu causata dalla decisione presa dalle autorità vaticane, senza, a quanto pare, aver consultato prima la parte russa, di elevare a diocesi le quattro amministrazioni apostoliche create nell'Urss nell'aprile del 1991. La Chiesa ortodossa russa considerò questo passo come un'azione «non amichevole» compiuta nei confronti di una «Chiesa sorella» in violazione del concetto del «territorio canonico» e degli accordi presi in precedenza[2].

Il gruppetto veronese era guidato da don Luigi Adami e dal giornalista Luigi Sandri. L'incontro era stato preceduto da uno scambio di lettere tra «sacerdoti e laici, uomini e donne, appartenenti alla Chiesa cattolica italiana [...] da anni [...] impegnati nell'ecumenismo» (ventisette firmatari), di cui la maggioranza proveniva da Verona, e il patriarca di Mosca Aleksij II[3].

Nella lettera veronese del 18 marzo del 2002 si diceva in particolare: «Da parte nostra, pur cercando di capire le ragioni che hanno motivato la decisione della Santa Sede, anche noi siamo rimasti perplessi di fronte a una scelta che non ci è sembrata rispettosa, per il modo con cui è stata attuata, della Chiesa russa e, inoltre, non necessaria per assistere pastoralmente i cattolici romani che vivono nella federazione russa»[4]. La risposta del patriarca Aleksij II arrivò quasi subito con la data 18 aprile 2002 ed era indirizzata a don Luigi Adami, promotore dell'iniziativa. C'è da dire che questo passo non è stato visto di buon occhio da tutti gli esponenti del mondo cattolico. Ad esempio sui mass media apparvero le parole dell'arcivescovo Tadeusz Kondrusiewicz che definiva questo gesto come un atto di tradimento nei confronti della Chiesa cattolica[5]. Non furono particolarmente entusiaste neanche le frange più intransigenti della Chiesa ortodossa russa, tra cui non mancavano convinti oppositori a qualsiasi tipo di contatto positivo con gli «eterodossi»[6].

C'è da dire che nell'ultimo decennio del '900 nei rapporti alquanto turbolenti tra le due Chiese questa crisi non è stata di certo l'unica. Un altro avvenimento di simile portata aveva scosso gli ambienti ecclesiastici dieci anni prima, all'indomani dell'instaurazione dei rapporti diplomatici tra l'Urss e il Vaticano. Si tratta della grave crisi dei primi anni '90, legata all'istituzione in Russia delle amministrazioni apostoliche, che ha visto sfumare il grande sogno di papa Wojtyla di visitare la Russia e di incontrarsi con il patriarca Aleksij II. Sarebbe superfluo aggiungere che questi eventi si svolgevano nel contesto di uno scenario storico ben più vasto e turbolento.

Nel corso di un decennio cambiò drasticamente l'assetto geopolitico mondiale. Si sciolse come un *iceberg* al sole uno dei maggiori Stati del mondo, si è compromessa, almeno per ora, una delle più influenti ideologie del ventesimo secolo, scatenando una serie di grandi e piccoli sconvolgimenti politici che nel loro insieme produssero un processo da alcuni definito come «la rivoluzione conservatrice europea»[7]. Le conseguenze di queste vicende storiche toccarono da vicino anche l'Italia[8], tramutandosi in una grave crisi politica all'inizio degli anni Novanta (la crisi della cosiddetta Prima Repubblica) e nella successiva ricomposizione del quadro politico italiano.

È lecito chiedere quale rapporto possa esistere tra la storia politica e la storia religiosa, con i fatti della quale abbiamo aperto il nostro libro. A questa domanda si potrebbe rispondere con le parole di Ernesto Balducci che diceva che non si può fare una storia della Chiesa diversa dalla storia del mondo, perché la Chiesa vive in sé la stessa storia del mondo[9]. Questo motto del grande pensatore italiano costituisce per noi un'importante linea guida per tracciare le vicende di un minuscolo gruppo di cattolici della provincia di Verona, un gruppo senza personalità giuridica né appoggi politici di rilievo che ciononostante riuscì a scrivere un'importante pagina nella vita non solo della propria Chiesa, ma anche nell'andamento dei rapporti tra i due giganti al sorgere del terzo millennio: la Chiesa ortodossa russa e la Chiesa cattolica romana.

Nel nostro libro cercheremo di inserire la micro storia del piccolo Gruppo per il pluralismo e il dialogo nella macro storia di portata europea e mondiale. Cercheremo di capire che cosa potesse aver spinto i veronesi ad agire in un modo così insolito, controcorrente e poco conforme alle logiche del rigoroso sistema gerarchico della Chiesa di Roma e soprattutto al contesto dell'attività missionaria della Chiesa cattolica romana, che colloca la diocesi di Verona, sede del Centro unitario per la cooperazione missionaria[10], tra quelle maggiormente impegnate nelle attività missionarie nel mondo.

Per capire la portata epocale di questi eventi e, soprattutto, poterli inserire nella turbolenta storia degli ultimi decenni del

Novecento, bisogna per forza allargare i confini cronologici della nostra ricerca, facendo un viaggio a ritroso fino alle origini dell'ordinamento politico e ideologico italiano del secondo dopoguerra, la crisi del quale produsse nella società italiana un grandissimo fermento dalle più svariate forme. E poi dovremo retrocedere ancora di più, per trovare nel buio dei secoli passati le origini dei conflitti e dei contenziosi che segnano con costanza la millenaria storia di due «Chiese sorelle».

Non sarà un compito facile anche perché non esiste un'unica chiave di lettura per i fatti di reciproca importanza che accomunano e nel contempo dividono le memorie storiche della Russia e dell'Italia. Come notava tempo fa Antonio Carile, riferendosi all'Europa occidentale e a quella orientale: «Attualmente non esistono da una parte e dall'altra gli schemi culturali per una reciproca comprensione storica. È necessario avere il coraggio della coscienza storica a fondamento di scelte etiche che non trovano le loro ragioni nella storia»[11].

Data la vastità, varietà e complessità degli argomenti da affrontare, non riteniamo appropriato il classico metodo dell'esposizione e dell'analisi dei fatti organizzati in base al principio cronologico. Invece abbiamo scelto di proseguire per nuclei tematici, ricorrendo alla metodologia di *con-testualizzazione*, usata nell'ambito della semiotica della cultura (scuola di Tartu, Mosca)[12], secondo la quale ogni singolo fenomeno del processo storico può essere rappresentato come un *testo* inserito in un certo *con-testo*, tenendo conto che il *testo* non è mai uguale a se stesso, non è mai una realtà statica, ma è in continua trasformazione, poiché viene condizionato costantemente dalle relazioni extra testuali, ovvero dal *con-testo.* Ciò comporta la conseguente complessificazione della struttura del *testo*, lo arricchisce con degli elementi sempre nuovi che, interagendo con le strutture preesistenti, creano delle nuove combinazioni e varianti. Importante ricordare che l'influenza è reciproca e quindi anche il *testo*, a sua volta, modifica il relativo *con-testo*.

Nel nostro caso il *con-testo* è un ambito storico corrispondente a un dato periodo cronologico nella vita di un dato popolo o di una entità politico-culturale. Così, nei primi due capitoli proveremo a ricostruire il quadro generale della storia italiana del secondo dopoguerra, nel contesto del quale nasce il Gruppo per il pluralismo e il dialogo, considerato come il *testo*. Nei capitoli successivi daremo una panoramica sulle realtà culturali russe che fungono da *con-testo* dei tormentati rapporti interconfessionali cattolico-ortodossi. Infine ci concentreremo sulle tipologie di approccio alle realtà religioso-culturali russe da parte di rappresentanti del mondo cattolico veronese sul finire della *perestrojka*. Non proseguiremo oltre per precisi motivi: pur avendo a disposizione la chiave di lettura di singoli fatti, tra cui anche la già succitata lettera al patriarcato del 2002, crediamo che non sia ancora arrivato il momento per poter cogliere tutta la complessità del processo storico dell'ultimo ventennio, né per poterne dare una valutazione ponderata e corretta.

Nel 2008 è stato pubblicato un importante libro scritto da Paolo Bertezzolo, *La Verona del dialogo,* che raccoglie la preziosa testimonianza di monsignor Luigi Adami, cofondatore del Gruppo per il pluralismo e il dialogo. Oltre a questo volume, che ci servirà da linea guida per tracciare la nostra storia, attingeremo dai documenti e dagli elaborati degli esponenti del Gruppo, fornitici con generosità dallo stesso don Luigi Adami, nonché da altre fonti di più svariata tipologia.

Un prezioso apporto costituiscono anche le interviste rilasciate alla scrivente dai principali protagonisti delle faccende storiche in questione: don Luigi Adami, don Giovanni Gottardi e il giornalista Luigi Sandri, ai quali va la mia più profonda gratitudine. Sono grata a don Luigi Adami e a don Giovanni Gottardi per avermi fornito materiali in loro possesso che, in misura concordata e rispettosa, hanno trovato accoglimento nelle pagine di questo libro. Infine vorrei esprimere la mia più sincera riconoscenza a Paolo Bertezzolo, a Lidia Zuanazzi e a

Franco Scartozzoni per la meticolosa revisione delle bozze, nonché a Luigi Sandri per i suoi preziosi consigli volti a migliorare il presente testo. Eventuali errori e inesattezze riscontrate in questo libro sono attribuibili unicamente all'autrice che sarà grata per ogni rettifica e suggerimento.

Capitolo primo

L'Italia del secondo dopoguerra

«REPUBBLICA DEMOCRATICA CONFESSIONALE»

Il Gruppo per il pluralismo e il dialogo nacque sull'onda di quei profondi cambiamenti strutturali che segnarono la società italiana a partire dagli anni '60 del '900. Il complesso processo di trasformazione coinvolse tutti gli ambiti della vita economica, sociale, politica e ideologica. Non poteva rimanerne immune neanche la Chiesa cattolica romana che, grazie alle aperture del Concilio Vaticano II (1962-1965)[1], si era avviata verso un cammino di rinnovamento. Questo fatto aveva una particolare importanza per un Paese che, in virtù dell'inserimento nella Costituzione del 1948 dell'articolo 7 sui Patti lateranensi[2] e del ruolo politico della Democrazia cristiana, divenne in sostanza una «repubblica democratica confessionale».

Per capire la portata storica di questo «disgelo» cattolico e delle sue conseguenze per la vita sociale e politica italiana bisogna fare un breve cenno agli avvenimenti che segnarono la storia italiana nel cruciale momento della formazione sia dell'assetto politico italiano del secondo dopoguerra, sia del sistema bipolare che per più di quarant'anni divise l'Europa in due blocchi, influenzando inevitabilmente anche i rapporti tra la Chiesa cattolica romana e la Chiesa ortodossa russa.

Nel secondo dopoguerra l'Italia era un Paese alle prese con una difficile questione identitaria[3]. Claudio Pavone si chiedeva: «Chi è stato sconfitto nella guerra fascista combattuta fra il 1940 e il 1943? Soltanto il fascismo? O lo Stato italiano con il quale il fascismo si era identificato? O ancor di più l'Italia stessa, come entità nazionale storicamente definita?»[4]. Le profonde spaccature che attraversavano tutti i ceti sociali, tutte le forze politiche, tanto nelle regioni quanto nei piccoli paeselli, costituivano la tragica eredità del secondo conflitto mondiale e della concomitante guerra civile scoppiata in Italia negli anni 1943-1945. Come ribadisce Renzo De Felice, l'Italia conobbe allora una guerra civile di dimensioni e drammaticità vastissime che non toccò nessun altro Paese salvo, forse, la Jugoslavia, perciò «l'influenza che questa ebbe sugli avvenimenti successivi non si può assolutamente sottovalutare»[5]. Secondo lo storico «è fuori di dubbio che l'orientamento politico ed elettorale di vasti settori della popolazione nel 1945-1946, già prima che prendesse corpo la contrapposizione Est-Ovest, e ancora successivamente, fu in buona parte determinato – soprattutto al Nord – dall'esperienza diretta nelle vicende del 1943-1945»[6].

«Due anime albergano nel mio petto; l'una vorrebbe staccarsi dall'altra!», con queste parole del dottor Faust riassumeva la situazione italiana dell'immediato dopoguerra Guido Carli[7]. Questo grande esponente della finanza italiana, protagonista di importantissime vicende storiche europee della seconda metà del '900, parlava di due «profonde scissioni faustiane» che attraversavano tutta l'Italia: la prima divideva la classe dirigente italiana e riguardava la visione del ruolo dello Stato nella gestione dell'economia, l'altra – attraversando la società «nel suo intimo» – riguardava «la contrapposizione tra democrazia parlamentare e collettivismo marxista»[8].

L'Italia, Paese della «nazione mancata», o della «rivoluzione mancata» (in accezione gramsciana)[9], vide crescere vertiginosamente il ruolo della Democrazia cristiana che determinava, «per la prima volta nell'Italia unita»[10], una posizione centrale dei cattolici nella società[11], ma che nel frattempo coesisteva con uno dei più grandi partiti comunisti europei[12] nutrito dal «mito dell'Urss», una società giusta divenuta realtà[13]. Notiamo *en passant* che questo problema storico attira l'attenzione di molti studiosi che cercano di rilevare e capire le cause di quella particolare situazione in cui si era trovata l'Italia del secondo dopoguerra[14].

In questo intricato contesto storico, in questi anni «dell'irrequietudine e degli entusiasmi», in cui si vede «svilupparsi rapidamente un dibattito filosofico, politico, culturale, di una ricchezza e libertà mai viste»[15], forse l'unico comune denominatore per gli italiani – che fossero fascisti, antifascisti, comunisti –, rimaneva la condivisa appartenenza religiosa. Come ribadisce, assieme a Federico Chabod, Renzo De Felice, grazie a Pio XII la Chiesa cattolica riuscì ad acquisire «prima a Roma durante l'occupazione tedesca, poi in tutto il Paese, una grande autorità morale che, inevitabilmente, assunse assai spesso anche una valenza politica»[16]. Oltre al ruolo istituzionale di papa Pacelli, acclamato dai romani come *defensor urbis*[17], non era da sottovalutare il fatto della presenza capillare della Chiesa cattolica sul suolo italiano. Nel dissolvimento di ogni potere e di ogni normativa legittima, la parrocchia diventa non solo custode dell'edificio sociale, assolvendo i compiti di ufficio pubblico, banca, ospedale, persino negozio, ma anche garante riconosciuto del costume e della morale[18].

Come notava Andrea Riccardi, a livello sociale «il rito cattolico era rimasto l'unica ritualità collettiva, dopo la fine di quella monarchica e militare e la sconfessione di quella fascista. I riti repubblicani non decollavano; restavano quelli della Chiesa cattolica»[19]. Questa realtà storica aveva fortemente inciso sul processo di elaborazione del modello di Stato dell'Italia post-fascista, trovando accoglienza negli accesi dibattiti della Costituente dove, appunto, prendevano corpo i lineamenti del futuro ordinamento politico italiano. Come in tutte le fasi della storia italiana in cui la classe politica era incapace di affrontare i problemi del Paese, la Chiesa appariva a molti un fattore di stabilità, continuità, saggezza, coerenza[20].

L'ingresso a pieno titolo della Chiesa cattolica nella politica rappresentava un fatto di grande portata storica che segnava una nuova tappa nel processo evolutivo della visione da parte della Chiesa del suo ruolo nella vita politica e sociale dell'epoca contemporanea. Il binomio tra la «democrazia» e il cristianesimo[21], che oggigiorno appare del tutto naturale, era invece il risultato di una radicale revisione dei basilari principi della dottrina politica del cattolicesimo nella parte che riguardava il rapporto con il cosiddetto «modernismo»[22]. Infatti, nel corso del diciannovesimo secolo la coscienza religiosa dell'Occidente si era trovata di fronte a una serie di avvenimenti interconnessi che rappresentavano lo sbocco di tendenze maturate nei secoli precedenti[23].

Come ribadisce Giovanni Fornero, tra questi si potrebbero annoverare la disgregazione del *Corpus Christianum* e l'avvento, al posto dello Stato confessionale, di uno Stato laico e pluralista basato, almeno teoricamente, sulla tolleranza verso le molteplici visioni del mondo e rispettoso della libertà di coscienza dei cittadini; la diffusione di filosofie politiche lontane dalle posizioni della Chiesa, quali il liberalismo, la democrazia e il socialismo; l'affermazione, accanto alla cultura cristiana, di una cultura laica o decisamente anti-cristiana, con punte di ateismo filosofico radicale e teoreticamente aggressivo. Grazie alla fiducia sempre più estesa nei poteri della ragione critica e della scienza, cambiava il rapporto con la fede, che si liberava gradualmente dal peso della mentalità dogmatica e integrista. La diffusione della civiltà urbana e la disgregazione delle strutture della società agricola patriarcale incrinavano la posizione monopolistica del cattolicesimo in quanto guida morale e unica dispensatrice della salvezza dell'umanità[24].

All'inizio la Chiesa reagì a queste sfide in modo tradizionale, irrigidendo la propria posizione e opponendosi fortemente sia al principio cavouriano «libera Chiesa in libero Stato»[25], sia alla stessa idea dello Stato liberale o nazionale. Ernesto Balducci notava che «imprigionata nella nostalgia della cristianità medievale come momento esemplare della propria storia, essa [la Chiesa cattolica] ha considerato viziati da una fondamentale illegittimità i processi di cambiamento della società moderna»[26]. Con meticolosità e precisione che non lasciavano campo a equivoci, Pio IX[27] elencò i più gravi errori della modernità nel famigerato *Syllabus complectens praecipuos nostrae aetatis errores* (8 dicembre 1864)[28].

Con il passare del tempo la Chiesa si rese conto però che con una tale presa di posizione rischiava di perdere definitivamente l'influenza su ogni forma di vita sociale e quindi dovette cominciare a modificare la propria rotta, adattandosi alle realtà politico-sociali che si evolvevano suo malgrado. Come osserva Irina V. Grigorieva, la Chiesa, avendo accettato come un dato di fatto l'affermazione della società capitalistica e l'impossibilità di ripristinare l'*ancien régime*, cercava di trovare per sé un posto adeguato tentando, da un lato, di distanziarsi dalla nuova classe dirigente e, da un altro, di fronteggiare la diffusione delle idee socialiste tra le masse dei lavoratori[29].

Il rigoroso quanto ambiguo *Non expedit* («non conviene»)[30] del pontificato di Pio IX (1846-1878), confermato e sviluppato nei tempi di Leone XIII (1878-1903)[31] dal Sant'Uffizio (*non expedit prohibitionem importat* ovvero «la non convenienza implica il divieto» del 1886) e persino nell'enciclica *Rerum novarum* (15 maggio 1891)[32], raggiunse il suo punto critico ai tempi di Pio X (1903-1914)[33] noto per la lotta contro la cosiddetta eresia del modernismo[34], da egli definito «la sintesi di tutte le eresie»[35].

Ma già lo stesso Pio X, nella sua lettera enciclica *Il fermo proposito* (11 giugno 1905)[36], parlava della necessità di una «riorganizzazione radicale del movimento sociale cattolico in Italia» e affermava che «in certi casi particolari gravissimi il supremo bene della società possa consigliare meditate dispense, sulla scorta di esplicite domande dei vescovi». Ivi il papa ammetteva che «la possibilità di questa benigna concessione Nostra induce il dovere nei cattolici tutti di prepararsi prudentemente e seriamente alla vita politica, quando vi fossero chiamati»[37]. Ma più che sancire, il papa dovette registrare un dato ormai acquisito: già nelle elezioni del 1904 e del 1909 al parlamento vennero eletti alcuni candidati cattolici[38], tra cui Romolo Murri[39], esponente del modernismo cattolico nonché propugnatore della nascente Democrazia cristiana, fondatore della Lega democratica nazionale, condannata da Pio X nel 1906. Sospeso *a divinis* nel 1907, due anni dopo Murri fu eletto deputato nella lista della Lega. Nello stesso anno (1909) fu colpito dalla scomunica, revocata solo nel 1943 da papa Pio XII.

Dopo la riforma elettorale del 1912 voluta da Giolitti[40], quasi si triplicava, passando da 3.319.207 a 8.672.249, la base elettorale, il che poneva dei problemi non trascurabili, data la possibilità dell'esponenziale crescita dei voti socialisti. Il cosiddetto «patto Gentiloni»[41] stretto tra cattolici e liberali in vista delle elezioni dell'ottobre 1913 per arginare l'influenza del radicalismo e del socialismo, segnava l'ingresso dei cattolici in politica non tramite un partito politico, ma come «esercito del papa»[42]. Tra gli impegni che dovevano assumere i candidati in cambio dei voti dei cattolici, accanto a quelli di votare contro qualsiasi legge che potesse intaccare minimamente le posizioni delle organizzazioni ecclesiastiche, vi fu anche quello di combattere la massoneria. Quest'ultimo, secondo Sergio Romano, «era un impegno paradossale, perché buona parte dei candidati liberali che sottoscrissero il patto erano massoni. Ma il paradosso era un indice dei tempi e un segnale premonitore di ciò che sarebbe accaduto più tardi quando alcuni notabili massoni si sarebbero candidati alle elezioni politiche del secondo dopoguerra nelle liste della Democrazia cristiana»[43].

Infatti, nel campo liberale si notavano nuove tendenze: già all'inizio del Novecento cambiava la visione del ruolo della Chiesa da parte di alcuni esponenti del mondo laico. Ne era lampante esempio la questione del divorzio, sollevata nel 1901 da Giuseppe Zanardelli[44]. La resistenza opposta sia da Sonnino[45] (di origine ebraica) che dal «piemontese» Giolitti mostrava che

> «una parte del mondo laico non guardava più alla Chiesa come a un nemico e non considerava i suoi fedeli una falange di miliziani obbedienti, difficilmente utilizzabili per la costruzione dello Stato italiano. Vi erano alcuni "guelfi laici" pronti ormai a servirsi della Chiesa per governare l'Italia. Erano una famiglia eterogenea, composta da uomini politici di orizzonti diversi, ma sarebbero stati d'ora in poi una parte importante della vita italiana, una corrente che arriva ai nostri giorni»[46].

Un altro fatto rilevante era legato alla guerra in Tripolitania e Cirenaica, che vide il mondo cattolico schierato al fianco di Giolitti, malgrado alcuni tentativi dei vertici della Chiesa di contenere gli «ardori patriottici» del clero. Le correnti latenti che maturavano nel subconscio collettivo della società italiana alla vigilia della Grande Guerra produssero un nuovo fenomeno sociale: il patriottismo nazional-populista di stampo cattolico che cominciava a fare concorrenza al nazionalismo di vecchio stampo, liberale, elitario, borghese e, soprattutto, anticlericale[47]. Sergio Romano fa un'osservazione molto acuta sulla natura del cattolicesimo italiano: «I nazionalisti sono convinti che il cattolicesimo sia l'identità profonda della nazione italiana, e quindi una componente indispensabile del loro programma. Una parte della Chiesa è convinta che le sue radici siano qui, in Italia, e che il controllo delle anime degli italiani sia il suo vero, irrinunciabile "potere temporale"»[48]. La Chiesa cattolica di base, vicina ai quotidiani bisogni del proprio gregge, sapeva quanto forte fosse il desiderio del riscatto sociale degli italiani, martoriati dall'incessante emorragia migratoria.

Metabolizzato il disastro di Adua[49], l'Italia – non senza appoggio della Chiesa e delle sue strutture finanziarie, *in primis* il cattolico Banco di Roma – si butta senza riserve in un'altra avventura coloniale[50] per offrire, tra l'altro, «agli emigrati una terra italiana in cui sarebbero stati padroni, non servi»[51] (le forme concrete che assume questo ardore si traducono nei fenomeni di un vero e proprio razzismo che i «bravi soldati italiani»[52] nell'epoca liberale e fascista mostrano nei confronti delle popolazioni indigene dell'Africa[53] o dei territori popolati dagli slavi, annessi all'Italia nel 1920[54]). Così le impellenti questioni di carattere economico-finanziario unite alle spinte ideologico-religiose rinsaldano le basi sulle quali ricostruire a un nuovo livello il rapporto tra la Chiesa cattolica e lo Stato italiano.

La Chiesa romana che ha un suo particolare modo di rapportarsi alla storia, e che, come diceva il segretario di Stato vaticano cardinale Pietro Gasparri nel 1920, «può in qualsiasi caso attendere poiché il rendiconto per lei si misura in secoli»[55], prepara una nuova linea tattica che non tende solo a riconquistare le anime degli italiani, ma mira molto più lontano: cerca di estendere il principio delle guarentigie, che le sta così stretto in Italia, in tutte le altre nazioni dove ci sono comunità cattoliche. In questo modo, oltre a compensare le perdite subite in Italia, spera di poter aprire gli scenari di un'ampia partecipazione della Santa Sede negli affari internazionali di maggior rilievo[56]. Nonostante le reazioni negative del governo giolittiano, le mire «mondialiste» della Chiesa appaiono abbastanza chiare.

I fatti succitati mostrano come, dopo una breve, in termini storici, lacerazione, creatasi all'indomani dell'unificazione d'Italia, all'interno della società e della Chiesa italiana maturavano dei presupposti per creare a un nuovo livello e in forme nuove quella coesione laico-clericale che da secoli costituiva un *continuum* della realtà storica italiana. Questa nuova creazione politica – resa possibile anche grazie all'abrogazione definitiva del *non expedit* da parte di Benedetto XV – assume la forma di un partito: il 18 gennaio 1919 nasce il Partito popolare italiano[57]. Secondo Federico Chabod, «esso costituisce un fatto di estrema importanza, l'avvenimento più notevole della storia italiana del ventesimo secolo, specie in rapporto al secolo precedente»[58]. Il promotore della causa è don Sturzo, prete siciliano dalle spiccate doti politiche e organizzative, «cattolico liberale» al passo con i tempi[59]. Sergio Romano, nel ribadire che Sturzo non voleva un partito confessionale, ma voleva piuttosto una forza politica cristiana e popolare per la conquista di un elettorato non esclusivamente militante e praticante, nota le contraddizioni che contraddistinguono questa formazione:

> «Era il partito laico dei cattolici italiani, ma fu creato da un sacerdote, ebbe per segretario il suo fondatore, vide la luce in un albergo tradizionalmente frequentato da prelati nel centro della Roma papalina, e il suo quotidiano ("Il popolo nuovo") venne diretto da un altro sacerdote, don Giulio De Rossi. Da queste coincidenze si possono trarre due conclusioni complementari. Si può dedurne che i preti italiani, da Gioberti a Sturzo, sono "nel mondo" più dei loro colleghi d'altri Paesi europei, e che la società italiana riconosce docilmente al clero, da tempi immemorabili, una funzione dirigente»[60].

Le elezioni del novembre 1919 mostrarono che la fisionomia dell'*establishment* politico italiano era decisamente cambiata: il neonato partito riesce a conquistarsi quasi un quarto dei seggi parlamentari, diventando in questo modo, accanto ai socialisti, il più influente gruppo parlamentare e spodestando i vecchi gruppi di liberali e repubblicani, implicati nella disastrosa Grande Guerra.

All'indomani della prima guerra mondiale con i suoi gravosi problemi, legati anche alla dissoluzione dell'impero asburgico, il principale alleato europeo della Chiesa romana, si torna a parlare delle annose questioni dei rapporti tra lo Stato e la Chiesa nelle nuove condizione storiche, si auspica che il clero e il laicato, con l'aiuto di Dio, possano affrontare vittoriosamente il dilagante modernismo sociale (aggravato dalla rivoluzione russa del 1917 e dal «biennio rosso» in Italia), e che venga sanata quella anormale situazione creatasi tra la Santa Sede e l'Italia, causa di «grave e permanente turbazione della coscienza dei cattolici in Italia e nel mondo»[61]. Esaltando nel 1924 con soddisfazione il ricollocamento nelle scuole italiane del crocefisso[62], Pio XI[63] si prodiga per la normalizzazione dei rapporti con lo Stato. Nella nuova realtà italiana, creatasi, con l'ascesa di Mussolini, dopo il 1922, non c'è più posto per le ambizioni politiche di don Sturzo. Il 23 ottobre 1924 deve lasciare l'Italia per Londra. Evidentemente, la Santa Sede riteneva che l'esistenza di un partito cattolico non potesse giovare alla causa della «questione romana».

La firma del Trattato e del Concordato «concludono la lunga vertenza tra la Santa Sede e il Regno d'Italia apertasi nel 1870[64]. Pio XI è particolarmente soddisfatto dello storico avvenimento. Alla redazione del documento egli stesso ha dedicato una trentina di mesi di attento studio e di scrupolosa meditazione»[65]. I patti firmati al Laterano l'11 febbraio 1929 vengono ratificati in data 7 giugno 1929[66]. Nella stessa data il pontefice emana la Legge fondamentale dello Stato, che viene pubblicata nel 1° Supplemento per le leggi e disposizioni dello Stato della Città del Vaticano, che vede la luce sabato 8 giugno

1929. Secondo i giudizi di alcuni storici, le scelte strategiche di papa Ratti venivano dettate dal fatto di essere ossessionato dai pericoli del comunismo ateo, acerrimo nemico della Chiesa, come si evinceva dalle tragiche vicende dell'Urss[67].

Gli avvenimenti in Spagna facevano vedere che lo spettro della violenza non era confinato soltanto alla Russia, ma appariva anche nel cuore d'Europa. Di conseguenza, come si sostiene, Pio XI «fallì nell'operare una necessaria distinzione tra gruppi rivoluzionari violenti e movimenti parlamentari socialisti come il Partito laburista britannico, legale e pacifico. A causa di questo [...] il papa rifiutò l'appoggio di un'alleanza strategica tra cattolici e socialisti moderati che avrebbe, invece, frenato l'ascesa del nazionalismo e del fascismo»[68]. Papa Ratti muore nel febbraio 1939, l'anno dello scoppio della guerra, e gli succede Eugenio Pacelli, Pio XII[69]. La seconda guerra mondiale, la sconfitta del regime fascista con la conseguente caduta della monarchia dei Savoia, nonché la vittoria degli Alleati, tra cui la temuta Urss, mettono di nuovo a dura prova le basi stesse del rapporto tra la Chiesa cattolica romana, lo Stato e il «modernismo» nella sua accezione politica. Tocca a Pio XII rielaborare l'aspetto politico della dottrina sociale della Chiesa cattolica per poter affrontare le nuove sfide storiche della metà del ventesimo secolo.

Papa Pacelli (1939-1958)[70] sviluppò un'importante teoria della «civiltà cristiana» che, secondo la sua visione, si distingueva per il riconoscimento dell'esistenza di un ordine oggettivo, voluto da Dio, e corrispondente all'ordine naturale della creazione. Tale ordine produce il diritto naturale, fuori del quale, egli riteneva, vi può essere solo disordine e violenza. A questo punto la Chiesa si pone quale custode dell'ordine naturale, oltre che dell'ordine sovrannaturale della rivelazione[71]. Sul piano pratico ciò si esprime attraverso un modello societario «prepartitico» che, superando la dicotomia tra momento politico e momento sociale, si struttura in una specie di «Stato cattolico ideale», in cui «l'anima e il cemento del contratto sociale stanno nella religiosità dei cattolici, che fanno della loro fede il fondamento sicuro per conoscere e praticare i doveri, e il cui governo è assicurato da uomini che si riconoscono nei valori e nell'autorità della Chiesa e nella sua guida suprema, il pontefice»[72]. Un tentativo concreto di realizzare un tale progetto fu effettuato dall'esponente dell'Azione cattolica Luigi Gedda[73], quando nell'agosto del 1943 fece a Badoglio la proposta di raccogliere l'eredità «della rete associativa del regime, subentrando al personale direttivo fascista con quello cattolico», assicurandosi in questo modo il controllo su tutte le strutture associative di massa[74].

La turbolenta storia della prima metà del ventesimo secolo e la spaccatura dell'Europa in due blocchi in virtù degli accordi di Jalta[75] portò il papa a riflettere sulla possibilità reale di far coincidere un ordine democratico pluralistico occidentale con la «civiltà cristiana». La sua dottrina tendeva sempre di più verso l'ammissione della coerenza tra i modelli di democrazia occidentale e l'idea della civiltà cristiana. Pio XII sottolineava la convergenza tra l'una e l'altra «sulla base di una comune antropologia religiosa e di una comune concezione giuridico-politica radicata nel diritto naturale e articolata sul primato della persona e della famiglia, sull'inalienabile diritto di proprietà, sulla funzione sussidiaria dello Stato»[76]. In questo contesto la Chiesa assumeva un ruolo pedagogico e orientativo nei confronti della società politica. Ricordiamo che meno di quarant'anni addietro, nella sua enciclica *Pascendi dominici gregis*, Pio X tuonava contro quelli che «pretendono che dentro e fuori si debba accordare colla coscienza moderna, che tutta è volta a democrazia», mentre il punto 53 dell'elenco degli errori riportati da *Lamentabili sane exitu* denunciava la falsità della tesi secondo cui «la costituzione organica della Chiesa non è immutabile; ma la società cristiana, non meno della società umana, va soggetta a continua evoluzione».

Caduti i tradizionali ordini monarchici europei, spazzati via da due guerre mondiali, Pio XII abbandonava la tradizionale retorica antimodernista e astensionista e individuava i propri «naturali» interlocutori nei Paesi del «libero» Occidente, contrapposto ai totalitarismi atei posizionati al di là della cortina di ferro. Di fronte alla necessità di scelta tra due nemici storici della Chiesa – comunismo e democrazia modernista – biasimati nel *Syllabus* e nella *Pascendi*, il nemico più pericoloso della «civiltà cristiana» diventava il «comunismo ateo», dando luogo in seguito a una vera e propria «industria dell'anticomunismo», dedita alla meticolosa costruzione della «cultura del nemico»[77].

Accanto alla visione pacelliana prendevano corpo altre idee maturate all'interno degli ambienti cattolici. Si tratta della corrente rappresentata da Giorgio La Pira[78] e Giuseppe Dossetti[79] che vedevano nella valorizzazione della religiosità il fulcro di un nuovo contratto sociale. Il tratto, forse, più importante della loro teoria politica era quello dell'«accettazione esplicita del rapporto fede-politica». Il disegno dossettiano si basava sulla creazione di una «struttura partitica di tipo federativo, che attraverso i suoi obiettivi confessionali si proponga d'unificare aspirazioni politiche diverse», essendo «aperta al confronto con la pluralità delle culture politiche della società italiana»[80].

Il fattore decisivo che contribuì alla nascita dell'ordinamento politico italiano, definibile nel contempo come «democratico» e «confessionale», era legato ai fragili equilibri politici e sociali dell'Italia del dopoguerra. All'interno del fronte cattolico mancava un'assoluta coesione nella visione della forma politica del futuro governo. In queste condizioni, di fondamentale importanza fu la posizione assunta da Alcide De Gasperi[81], uno dei padri fondatori della Democrazia cristiana. Non da subito la Dc ricevette l'«investitura» della Chiesa[82]. Il disegno degasperiano era più realistico di quello papale. Si basava sulle realtà contingenti e puntava sulla formazione di «un partito rappresentativo d'interessi sociali e politici uniformi, cementato dalla comune confessione religiosa»[83].

Come nota Simona Colarizi,

> «liberandosi dal vecchio concetto di democrazia come *actio benefica in populum*, proprio della Chiesa di Leone XIII e di Pio X, che aveva estraniato per lungo tempo i cattolici dalla tradizione del liberalismo europeo, il leader della Dc tende a identificare il movimento politico dei cattolici come un partito agente all'interno delle istituzioni di una moderna società. Nel nuovo Stato la Dc non intende proporsi come partito d'opposizione cattolica, né tanto meno marcare la "separatezza" dei cattolici e la loro "diversità" nei confronti dello Stato laico: l'obiettivo "dell'occupazione del potere" spinge fin dall'inizio De Gasperi a modellare la Dc in partito nazionale e di governo»[84].

Analizzando le cause della rapida ascesa della Dc dopo la caduta del fascismo, lo storico Arturo Carlo Jemolo sottolinea che, mentre i principali schieramenti politici, risalenti al periodo anteriore al Ventennio, versavano in condizioni di incertezza, «il partito cattolico rappresentava invece l'ossatura, l'organizzazione che si era conservata alla luce del sole sotto la forma di Azione cattolica e di iniziative filantropiche», e che disponeva della sua stampa che forniva dei canali di influenza sulla popolazione. Nel periodo fascista si diceva che se un giorno il regime fosse crollato, «l'unica organizzazione che sarebbe sopravvissuta [...] sarebbe stata la Chiesa»[85]. La Dc era considerata da molte forze conservatrici – che spaziavano dai notabili ai «fascisti schietti» e alla provincia «misoneista» – il «meno peggio». Le conseguenze di questo confluire delle preferenze politiche hanno fatto capire al partito che se si fosse spostato su posizioni di destra – accogliendo le aspirazioni di tutte le forze conservatrici nel formare un fronte comune contro il socialismo e il comunismo e assumendo dinanzi ai fascisti moderati il compito di essere il portavoce di una politica «di pacificazione» – il partito avrebbe potuto incrementare notevolmente la propria forza elettorale. Un altro fattore di non minore importanza fu quello internazionale, cioè la prospettiva di unirsi a tutte le forze cattoliche mondiali nella lotta contro il comunismo[86].

Durante i lavori della Costituente (giugno 1946-dicembre 1947) sorse la questione della regolazione dei rapporti tra lo Stato e la Chiesa. Un dettagliato resoconto della relativa discussione viene presentato nel celebre libro *Chiesa e Stato in Italia negli ultimi cento anni* del succitato Jemolo. Come spiega l'autore, in sostanza «si trattava solo di vedere se battere la via consueta a tutte le costituzioni, che non hanno mai canonizzato i concordati né i trattati internazionali, o invece inserire quegli Accordi nella Costituzione, come parte integrante di questa»[87].

Le correnti conservatrici con crescente forza[88] si erano schierate a favore dell'inclusione del Concordato nel testo. L'inclusione dei Patti lateranensi si invocava sia per motivi politici di tipo pragmatico, quali il mantenimento della pace religiosa (Igino Giordani, Meuccio Ruini, Pietro Nenni), sia per «intrinseca orientazione religiosa» (La Pira, Dossetti). È stata significativa la posizione di Francesco Saverio Nitti che, pur invitando a seguire l'esempio della laica Francia, infine vota a favore dell'articolo in questione. La discussione specifica sull'articolo 5, che in seguito diventa l'articolo 7 della Costituzione, si esaurisce il 25 marzo 1947. Nel corso del dibattito la posizione del Partito comunista viene presentata da Palmiro Togliatti e si riassume in questo modo: «Tenuto conto della responsabilità politica del Partito comunista, giacché "la maggioranza della classe operaia non vuole una scissione per motivi religiosi", che i comunisti non vogliono dividere operai democristiani da operai comunisti e socialisti, i comunisti voteranno l'articolo».

L'apice della seduta coincide sicuramente con il discorso di De Gasperi che, lasciando il seggio del presidente del Consiglio, si presenta da deputato, mostrando una notevole abilità dialettica e persuasiva. «Si tratta – dice – della questione fondamentale: se la Repubblica, cioè, accetta l'apporto della pace religiosa che questo Concordato offre». Come nota Jemolo, «i passi salienti del discorso sono [...] quelli in cui si rivela che con la canonizzazione del Concordato si porta sostanzialmente la gerarchia ecclesiastica a promettere fedeltà alla Repubblica». A un certo punto del discorso si crea l'impressione che «se l'articolo non fosse votato, i democristiani aderirebbero all'aspirazione dei monarchici di sottoporre a referendum popolare tutta la Costituzione». De Gasperi fa leva anche sugli interessi internazionali:

> «Dobbiamo votare in modo che sia dato appello al mondo libero degli Stati, al mondo che anche io so e dico che ci guarda. Il mondo che ci guarda si preoccupa che qui si crei una Costituzione di uomini liberi; il grande mondo cattolico si preoccupa che qui la Repubblica nasca in pace e in amicizia col pontefice romano, il quale durante la guerra rivendicò la dignità umana contro la tirannide e stese le mani protettrici sui perseguitati di tutte le nazioni e di tutte le fedi».

Sui risultati della votazione Jemolo riferisce così: «Sulla formula: "Lo Stato e la Chiesa cattolica sono, ciascuno nel proprio ordine, indipendenti e sovrani. I loro rapporti sono regolati dai Patti lateranensi. Qualsiasi modificazione dei Patti, bilateralmente accettata, non richiede procedimento di revisione costituzionale" si vota per appello nominale. Socialisti, repubblicani, azionisti, Democrazia del lavoro, il deputato cristiano-sociale votano per il no, tutti gli altri per il sì; dei superstiti, per il sì Orlando, Nitti e Ruini; assenti Croce e Ivanoe Bonomi; il risultato della votazione dà 350 sì e 149 no»[89].

Quindi, dopo le accese battaglie all'interno della Costituente, le idee sanfediste trovarono accoglienza nel seno delle istituzioni statali della neonata Repubblica[90], il che permise a Jemolo di constatare non senza amarezza l'affermarsi di «uno Stato guelfo a cento anni dal crollo delle speranze neoguelfe»[91]. I dibattiti circa l'articolo 7 della futura Costituzione della Repubblica italiana rispecchiavano la complessa e contraddittoria realtà politico-ideologica creatasi nella società italiana del secondo dopoguerra. Alcuni esponenti della Costituente in seguito diventarono protagonisti del dialogo con la Chiesa ortodossa russa. Parlo soprattutto di Giorgio La Pira. Ironia della sorte: il sì all'articolo 7 della Costituzione era dovuto anche alla votazione favorevole del Partito comunista[92]!

Il deciso spostamento a destra, espressosi sia nella composizione politica del primo governo postbellico che nella scelta atlantica di De Gasperi[93], venne «santificato» dal decreto del Sant'Uffizio del 1° luglio 1949[94], entrato nella storia come *conventio ad excludendum*, che con la pronunzia di una condanna netta del comunismo pose fine alle timide speranze di riconciliare l'ideologia comunista, depurata dell'anticlericalismo e dell'ateismo militante, con il cattolicesimo. Ne fu esempio il triste destino di Guido Miglioli che a causa del suo libro *Con Roma e con Mosca*[95] fu espulso sia dalla Dc che dall'Azione cattolica e, stando alle parole di Jemolo, finì esule in Russia[96]. In questo modo «i dirigenti politici cattolici erano divenuti l'asse portante del potere in Italia, con forti possibilità di agire, considerati dagli Stati Uniti come il maggiore interlocutore italiano nel quadro della solidarietà atlantica»[97]. Giorgio Candeloro a riguardo scriveva che questo rientrava «perfettamente in una tendenza generale e permanente del movimento cattolico»[98].

Tutto ciò portò alla nascita di quel particolare tipo di Stato che Andrea Riccardi caratterizza così: «L'Italia degli anni Cinquanta è una democrazia pluralista. Ma è allo stesso tempo anche un regime confessionale, che emerge dal clima sociale, dal comportamento dell'amministrazione e dalla giurisprudenza. Paese confessionale, pluralista e democratico allo stesso tempo: questa è l'Italia degli anni Cinquanta»[99]. Secondo Ernesto Balducci, negli anni '50 «all'epoca di papa Pacelli [...] l'integrismo cattolico a livello della prassi e a livello delle motivazioni teoriche aveva raggiunto il massimo della sua radicalità»[100].

All'inizio questo sistema politico sembra molto solido, soprattutto perché il partito che sta al governo è a prova di scissioni, in particolare per la vigile attenzione dell'autorità ecclesiastica, nettamente contraria a una scissione che potrebbe indebolire le forze cattoliche in Italia. Inoltre la Democrazia cristiana si alimenta da un serbatoio di consensi che potrebbe far invidia a qualsiasi altro partito:

> «Grandissima parte, forse la più grande parte dei voti, le viene da umili, che danno il suffragio secondo il suggerimento del parroco; è diffusa l'impressione (incontrollabile) che se si avesse una scissione tra una Democrazia cristiana di sinistra e una di destra i suggerimenti della più gran parte dei parroci italiani, spontanei o per imposizione dei vescovi, sarebbero di appoggiare la seconda. Certamente poi questa avrebbe finanziamenti incomparabilmente superiori all'altra»[101].

A riprova di questo potremmo citare anche un'opera di Leonardo Sciascia, *Dalle parti degli infedeli*, dove si narra la vicenda di un vescovo siciliano, monsignor Angelo Ficarra (vescovo di Patti) che, essendo un fermo sostenitore del principio di divisione tra fede e politica, si rifiuta di allinearsi alle direttive politiche impartite dal Vaticano che, tra l'altro, imponevano il dovere del voto[102]. Come osserva Simona Colarizi: «Gli strumenti di repressione poliziesca e [...] quelli di pesanti discriminazioni, fino a vere e proprie intimidazioni, usati nella società civile, grazie soprattutto alla Chiesa, travalicano in varie occasioni il rispetto formale della legalità e molto spesso i valori di tolleranza e di libertà di una convivenza civile»[103]. Un altro caso clamoroso coinvolge lo stesso padre fondatore della Dc. Nel 1952 De Gasperi, in occasione delle elezioni amministrative a Roma, si rifiutò di inserire nelle liste democristiane i rappresentanti monarchici e, soprattutto, neofascisti proposti da Gedda – all'epoca presidente dell'Azione cattolica – e dal gruppo dei cattolici oltranzisti riunitisi attorno a lui, «autorevolissimamente» sostenuti in Vaticano. La ferma posizione di De Gasperi non gli venne perdonata e quando poco dopo De Gasperi chiese di essere ricevuto da Pio XII l'udienza papale gli venne rifiutata senza alcuna spiegazione[104].

In sostanza, come constata Andrea Riccardi, «l'Italia cattolica aveva, con la Repubblica, due gruppi dirigenti, non sempre in perfetto accordo tra loro: il gruppo ecclesiastico e la classe politica che, pur formatasi nelle associazioni cattoliche e sostenuta dalla Chiesa nei momenti elettorali, godeva di una certa autonomia»[105]. Tuttavia già nella stessa disomogeneità della composizione sociale della base elettorale della Dc si cela il futuro pericolo non solo per la compattezza del partito, ma anche per la sua stessa esistenza. De Gasperi, nel suo tentativo di recuperare la tradizione della cultura cattolica liberale[106], è portato ad agganciarsi alla struttura corporativa dello Stato fascista, che in virtù di tutta una serie di caratteristiche intrinseche, come si sperava, avrebbe potuto garantire i necessari consensi. Nello stesso tempo, come ribadisce Colarizi, non vengono presi seriamente in considerazione i cambiamenti subiti dalla società italiana negli anni precedenti. Questa società viene creduta «più arretrata della sua effettiva realtà». Di conseguenza «lo schema fascista di società parcellizzata perpetuato dalla Dc» imprime al partito cattolico «quell'impronta conservatrice che non discende meccanicamente dalla sua base sociale»[107]. Questa situazione viene percepita chiaramente da molti esponenti del mondo cattolico progressista e si riflette nelle parole dette da Balducci anni dopo: «Se mi accorgo che il nostro ordine, quello che giova a noi, è invece un disastro per milioni di miei fratelli che ne portano le cattive conseguenze, allora comincerò a sospettare di una Chiesa che si fa garante di questo ordine. Non è più una chiesa del Vangelo perché è esigenza del Vangelo giudicare la società a partire dagli ultimi»[108].

Come abbiamo visto, nell'arco di un secolo, che corre dal pontificato di Pio IX a quello di Pio XII, la Chiesa cattolica ha fatto un importante percorso che l'ha portata ad accettare quelle realtà che ai tempi di papa Mastai Ferretti (Pio IX) sembravano assolutamente inammissibili. I mutamenti del contesto geopolitico mondiale – la diffusione delle idee liberali, democratiche, socialiste e comuniste, la caduta, a seguito della Grande Guerra, dell'impero asburgico, il principale alleato della Santa Sede in Europa, nonché l'ascesa del bolscevismo in Russia e del fascismo in Italia – hanno posto la Chiesa davanti a una grave scelta. Seguendo il principio del male minore Pio XI si schiera con il regime fascista e grazie ai Patti lateranensi del 1929 chiude la «questione romana».

La seconda guerra mondiale ha lanciato nuove sfide a cui bisognava dare delle risposte concrete e immediate. L'esito della guerra, che diventava sempre più evidente già dopo le sconfitte dell'esercito nazista sul fronte orientale nel 1943-1944 e il crollo del regime fascista in Italia, rendeva indispensabile proporre delle alternative ai temibili (e alquanto irrealizzabili, secondo noi) scenari dell'avanzata del comunismo sul suolo italiano. Pio XII nel concepire il suo modello di Stato cattolico ideale lascia spazio alla nascita della nuova entità politica, la Dc. Ma la concessione verso la «democrazia» (simbolo della quale divenne la revoca della scomunica a Romolo Murri) comporta un atteggiamento intransigente verso la sinistra. Il referendum del 1946 spazza via la monarchia dei Savoia. L'Italia diventa repubblica e la Chiesa deve accettarlo. Incomincia la lotta per il nuovo assetto politico italiano che nel 1947 porta la Democrazia cristiana alla rottura con il Pci e il Psiup[109].

L'articolo 7 della Costituzione che sigilla il rapporto tra la Repubblica e la Chiesa e la vittoria elettorale della Dc nel 1948 permettono alla Santa Sede di lanciare dei segnali inequivocabili concernenti le preferenze politiche degli italiani. La *conventio ad excludendum* non lasciava spazio a dubbi: l'appartenenza alla Chiesa era incompatibile con l'appartenenza alle sinistre: non solo al comunismo ateo, ma anche al partito socialista. Il tono stesso del documento è molto più risoluto del meno categorico *non expedit*. Come se la Santa Sede volesse far capire che il mutamento del rapporto con il «modernismo», ovvero la concessione verso la democrazia, esclude nel modo più assoluto la resa davanti al comunismo e al socialismo. Una grossa fetta della società, politicamente molto attiva, si sente esclusa dal processo della costruzione delle strutture del nuovo ordinamento repubblicano. La spaccatura del mondo in due blocchi complica ulteriormente i rapporti tra le forze politiche contrapposte. Questo quadro politico, secondo l'opinione di alcuni storici, bloccava il percorso storico «naturale» dell'Italia.

Finita l'epoca di Pio XII, la Chiesa di Giovanni XXIII, di Paolo VI e del Concilio Vaticano II cerca di elaborare nuove strategie per rapportarsi con il mondo che cambia. Tuttavia le lacerazioni politiche, createsi nel secondo dopoguerra sia a destra che a sinistra, producevano un'enorme tensione sociale dagli effetti molto gravi, sfociati, dopo il suo culmine sessantottino, nei tragici e tuttora, per certi versi, molto enigmatici «anni di piombo»[110]. I problemi irrisolti nel secondo dopoguerra si riproporranno, anche se in un modo ridimensionato, dopo il crollo dell'Urss, il quale produce dei forti contraccolpi in tutto il mondo, senza risparmiare l'Italia che, all'inizio degli anni Novanta, tra la caduta della lira e le accuse dei magistrati nelle aule giudiziarie, assiste al tramonto della sua Prima Repubblica.

La politica italiana della seconda metà degli anni '40 e '50 è contrassegnata da una forte nota anticomunista[111]. Di nuovo, come nel primo dopoguerra, si poté enunciare il dilemma «Roma o Mosca». Lo schieramento anticomunista divenne il punto di raccolta più naturale di uomini, mentalità e orientamenti diversi. Fu un anticomunismo eminentemente negativo, il cui simbolo erano i manifesti elettorali con la paurosa galoppata del «tartaro» attraverso l'Europa[112]. Secondo Arturo Jemolo l'anticomunismo, paura schietta del comunismo, avrebbe ispirato tutta la politica del governo De Gasperi, iniziatasi con l'escludere comunisti e socialisti dalla coalizione governativa. L'adesione al Patto atlantico e il non considerare la possibilità che l'Italia si ponesse a capo di un blocco di terza forza, le riforme mancate e le perdute opportunità di rinnovare veramente il Paese, scosso profondamente dalla guerra e dalla lotta antifascista, sarebbero dovuti alla paura del comunismo[113].

Giorgio Candeloro notava che la lotta politica interna italiana era divenuta un aspetto della «guerra fredda» e aveva assunto essa stessa il carattere di una «guerra fredda». Inoltre lo storico asseriva che la Dc essendo diventata «il partito della maggioranza della borghesia, appoggiata fortemente dall'imperialismo americano e dalla sua propaganda ciecamente anticomunista», è riuscita a dare alla sua azione di governo un carattere repressivo e poliziesco, e ha tentato [...] di trasformare il suo stesso governo in un regime simile a quello fascista, sia pure mascherato da forme esteriori semidemocratiche e ammantato di paternalismo clericale»[114].

Negli ultimi anni della guerra nelle zone in cui la resistenza «rossa» era particolarmente presente[115] l'anticomunismo tradizionale della Chiesa cattolica si era «tenuto in sordina» per riaffiorare con un nuovo vigore alla fine delle attività belliche. Le invettive anticomuniste, dai toni anche violenti, fecero la loro comparsa nelle prediche dei parroci italiani soprattutto nel meridione, suscitando le accese proteste delle sinistre. Nel triennio che correva dal 1945 al 1948 dai pulpiti delle chiese tuonavano, sempre in crescendo, le durissime accuse contro il comunismo ateo, assumendo soprattutto al Sud «già nel 1945 quegli aspetti di santa crociata tipici del 1948»[116].

Come scrive Simona Colarizi: «La crociata anticomunista, orchestrata dalla Santa Sede e realizzata dai comitati civici di Gedda e di padre Lombardi[117], pur costituendo un sostegno di enorme valore per il successo democristiano, influisce soprattutto come amplificatore di un clima morale e psicologico piuttosto che come dato politico di riferimento»[118]. Nello stesso tempo «il sanfedismo serpeggiante nella propaganda dei "civici" non può avere risonanza nelle coscienze di queste fasce sociali, laiche o cattoliche che siano; anzi, la volgarizzazione estrema di un messaggio cristiano divulgato tra le masse in termini di anatemi e di scomuniche rischia di offendere il ceto medio colto»[119].

Facendo leva sulle paure ancestrali della popolazione stremata dalla guerra e dalla fame, nella coscienza collettiva venivano innestati timori di un imminente pericolo dell'invasione sovietica intenta a insediare il comunismo. Non aveva rilevanza il fatto che l'Urss, essendo il Paese maggiormente distrutto dalla guerra, avesse a malapena le forze per avviare la propria ricostruzione postbellica[120]. In questa opera di persuasione si univano le voci della Chiesa cattolica che di fatto non faceva altro che avvalorare le visioni di don Bosco sui cavalli dei cosacchi che si sarebbero abbeverati nelle fontane di San Pietro, e della massiccia propaganda degli Usa che si autodefinivano come «centro principale del potere del mondo non sovietico»[121]. Si insisteva sulla contrapposizione tra la povertà, diffusa dal modello economico di grigio rigore di stampo comunista (che fin dall'epoca fascista è stato caricato con tinte fosche), e la ricchezza, prefigurata dallo sviluppo di tipo americano, ormai facente parte della mitologia postbellica italiana[122].

Il «mito fondatore» della Repubblica italiana si basava sulla divisione dualistica del mondo, che contrapponeva il mito americano all'«antimito» sovietico[123]. Nello stesso tempo, paradossalmente, nel «sottosuolo» dell'opinione pubblica era ben vivo – per analogia con il mito sovietico del «biennio rosso»[124] – il «mito dell'Urss», contrapposto al relativo «antimito» americano. In queste condizioni, secondo Mariuccia Salvati, il contrasto politico assume quell'aspetto «religioso» che definisce tutta la prima fase del dopoguerra e che, secondo gli storici, è anche responsabile dell'instaurarsi nella società civile di due diverse forme di lealtà istituzionale sovranazionale: l'internazionalismo comunista e il cosmopolitismo cattolico.

> «Questa sorte di fede – continua la storica – propagandata come il fine dell'educazione di partito durante il fascismo non scomparve, in effetti, con la sconfitta del regime; essa era anzi destinata a rivivere nel contrasto tra comunismo e anticomunismo, soprattutto nei primi anni Cinquanta. Fu facile allora per i principali partiti di massa fare appello al retroterra mitico creato dal fascismo e mobilitare la partecipazione dei loro aderenti. La ricerca storica ha ben documentato il carattere religioso della militanza comunista e democristiana in questioni come la pedagogia di massa, i rituali e i simboli della lealtà di partito. Ancora una volta due contendenti lottavano per la devozione del popolo, come già negli anni Trenta la Chiesa e lo Stato. Solo che ora, dopo il crollo dello Stato [...], ai partiti era rimasta una sola risorsa simbolica, la Chiesa»[125].

Questo contrasto presentava anche un altro lato. Gli aspetti ideologici, spesso troppo astratti per essere percepiti dalla gente comune, si sovrapponevano agli stereotipi concreti e personificati, preesistenti nel subconscio collettivo, e trovavano un terreno accogliente nella cultura, di cui faceva parte la paura dell'«altro», dell'estraneo, che fosse acattolico[126] (protestante, ortodosso), musulmano o straniero in senso lato della parola. Eteronimi (ovvero i nomi che vengono attribuiti dai componenti di un gruppo a quelli di un gruppo diverso) spesso si usano in accezione dispregiativa, avendo come scopo quello di fissare un'opposizione tra il proprio gruppo, un «noi», e gli estranei, stranieri, foresti, i «loro»[127].

Così un tataro diventa «tartaro», rievocando l'idea dell'infernale tartaro, «slavo» si abbina a «schiavo»[128], tedesco a «crucco», le persone poco educate diventano «bugri»[129], persone poco raccomandabili fanno «robe turche», mentre la parola «mongolo» trascende il suo significato puramente etnico. In questo modo la visione ideologica contingente si intrecciava con i fattori antropologico-culturali. Così, come nella prima metà del '900 si diffondeva l'accostamento tra il comunismo e l'ebraismo[130], nel secondo dopoguerra si consolidava il connubio tra «anticomunista»/«antislavo»[131] e «comunista»/«slavo», accanto a «sovietico»/«russo», considerati sinonimi[132].

Credo che le cause di questo fatto siano talmente complesse e molteplici che ne possiamo parlare in questa sede solo *en passant*. L'Italia, drammaticamente divisa all'interno, aveva bisogno di uno slogan comune, che potesse servire da polo di attrazione per tutte le forze politiche, sociali, ideologiche. Qual era il modo migliore se non quello di far fronte a un nemico comune? Credo che anche in quel conteso storico fosse giusta la considerazione di Mariuccia Salvati, riferita al periodo fascista, secondo cui «nel Novecento il rapporto tra mito e politica è presente ovunque tra le due guerre, sia a destra che a sinistra, e risponde alla crisi del lessico politico tradizionale: in comune c'è il considerare il mito come il canale privilegiato di riaggregazione di una società frantumata»[133].

Così nasceva un «nemico» su cui scaricare i rancori e a cui attribuire le colpe delle difficoltà della ricostruzione postbellica. L'anticomunismo dal volto «russeggiante» ha accolto i sentimenti di coloro che parteciparono alla campagna di Russia, dando senso al dolore della sconfitta. La Chiesa cattolica romana ha trovato un ulteriore riconoscimento, stavolta ideologico, ai secolari propositi missionari verso gli «scismatici» russi (come vedremo in seguito). Il Patto atlantico richiedeva una netta e irrevocabile presa di posizione in senso anticomunista e antisovietico. Per molti anni le direttive del «memorandum 68»[134] diventano una specie di mano invisibile al servizio dei propositi della politica internazionale americana.

L'«antimito» russo/sovietico in Italia e in Occidente nei secoli XX-XXI rappresenta un interessante e complesso problema da affrontare con l'uso degli strumenti e delle metodologie non solo della ricerca propriamente storica, ma anche di quella antropologica, sociologica, socio-psicologica, linguistica. Sarebbe interessante osservare la sua evoluzione nel tempo, in contesti e in ambienti storici diversi, compresa la storiografia. Inoltre, sarebbe importante individuare le fonti che alimentano questo «antimito» cercando di capire quanto sia legato alle fasi dello sviluppo storico italiano ed europeo, quali modifiche ha subito dopo il crollo del comunismo, data la sua persistenza che non accenna a diminuire. Per quale motivo quest'ultimo tende ora a inasprirsi e ora a indebolirsi? Oppure si tratta di una serie di «antimiti» di diversa origine? Questo fenomeno potrebbe essere inserito nel filone della storia dei rapporti con l'impero bizantino, il cui patrimonio è stato in parte ereditato da «Mosca, terza Roma»? A una parte di queste domande cercheremo di rispondere in seguito.

Infine, sarebbe interessante indagare anche sui linguaggi che si usano per descrivere il nemico, sugli schemi semplicistici che vengono applicati per definirlo. A questo proposito viene in mente un vecchio detto cinese: «Cani e cavalli sono difficili da disegnare perché la gente li vede tutti i giorni e li conosce così bene che una minima inesattezza dà subito nell'occhio. Invece gli spiriti sono assai più facili da rappresentare. Infatti non hanno alcuna forma definita, non si possono vedere, quindi disegnarli è veramente facile». Sembra che negli ultimi anni stiamo assistendo a un'ulteriore evoluzione di questo «antimito», nonostante il pericolo sovietico sia già stato, a quanto pare, definitivamente debellato. Comunque sia (parlo anche per esperienza, purtroppo, personale), l'idea del russo/straniero/estraneo visto come un nemico, da esibire in cruciali momenti storici, è tuttora presente in una parte dell'opinione pubblica italiana.

Qualche tempo prima del crollo del muro di Berlino, il vaticanista Giancarlo Zizola si chiedeva se con la *perestrojka* gorbacioviana non andasse inevitabilmente in crisi «un certo anticomunismo che svolgeva un ruolo chiave nell'identità del cattolico per l'elaborazione della cultura del nemico». Di fronte alle realtà russe, non quelle immaginate ma quelle vere, durante la conversazione con un monaco incontrato al monastero di San Sergio, all'epoca Zagorsk, lo stesso Zizola si è sentito profondamente turbato «al pensiero del volume di odio suscitato dalla nostra Chiesa occidentale contro questo popolo»[135].

Nel 2006 in una conversazione con don Luigi Adami gli ho chiesto, citando questo passaggio di Zizola, se un'identità basata sulla cultura del nemico non sia a rischio di crisi. Il parroco di San Zeno di Colognola ai Colli mi rispondeva così:

> «In un certo senso sì. Perché un nemico è sempre un grosso fattore di aggregazione, e quindi di identificazione. Tanto è vero che adesso il nemico potrebbe essere la secolarizzazione [...]. Il pericolo è questo: se una identità si compatta come un meccanismo di difesa verso un nemico vero o presunto, o sentito, è una identità estremamente pericolosa [...] molto debole e quindi è molto pericolosa. L'identità che si crea per difendersi da un nemico non è un'identità che ha delle radici profonde, delle convinzioni profonde, delle gioie profonde. È un'identità fatta dalla paura. E la paura, evidentemente, è la cosa che ti fa fare

anche gli sbagli, gli errori, le cose più brutte […]. L'identità culturale la definisco come un'autocoscienza, profonda, globale e gioiosa del proprio volto interiore. A prescindere dai nemici. Da coltivare, da custodire, da offrire. Sapendo che anche gli altri hanno altre comprensioni globali, profonde e gioiose. Io parto da questo. Se la mia identità è frutto di questa autocomprensione, allora l'altro non è più un nemico della mia identità. È semplicemente un altro. Con cui entrare in dialogo»[136].

Capitolo secondo

Il Gruppo per il pluralismo e il dialogo a Verona

IL «DISGELO» ITALIANO

Raccontandomi la storia del Gruppo per il pluralismo e il dialogo don Luigi Adami a un certo punto disse: «Senza il Concilio Vaticano II il nostro gruppo non sarebbe nato»[1]. Come potremo interpretare queste parole?

La visione dualistica del mondo creatasi nel secondo dopoguerra, come abbiamo visto, portò alla fine degli anni '40-'50 a una pressoché totale incomunicabilità tra le parti avverse. Nel territorio veronese, diventato dopo le elezioni del 1951 una specie di roccaforte della Dc[2], la situazione era particolarmente seria. Ecco come la ricorda don Luigi:

> «Quando in Italia c'era un partito chiamato Dc, di maggioranza relativa, tra l'altro, la Chiesa lo guardava con particolare attenzione e simpatia. Anzi la Chiesa spingeva a votare per quel partito; i cristiani avrebbero dovuto caso mai, se si candidavano, preferire quel partito. Potevano essere tollerati gli altri partiti, di centro, ma dovevano evitare il Pci. Questa storia aveva fatto soffrire molte persone».

La sua memoria di prete conserva parecchi ricordi delle persone costrette a dividersi tra la propria coscienza e le convinzioni politiche da una parte e la fede e le leggi della Chiesa cattolica dall'altra. Ne ricorda uno, in particolare, che sul letto di morte si voleva confessare, chiedendo l'assoluzione del peccato di essere stato un socialista. Si giustificava: «Volea assicurar el pan par mi e par me fioi». La diffusione delle idee socialiste o comuniste nel veronese non era favorita di certo dalla situazione generale in cui si trovava la popolazione locale negli anni '40-'50 del Novecento e che, soprattutto in campagna, conservava ancora molti tratti tipici della società feudale. Dino Coltro parla di un «atavico legame tra luogo e abitante che, un tempo, costituiva la base di una "cultura di paese" differente dalla "cultura di città". Se qualcosa c'era in comune tra le due culture, questo era il conformismo inteso nel senso di difesa contro il forestiero e la novità. E non è da credere che la città fosse più "aperta" del paese»[3].

Nel corso di una mia indagine antropologica dalle interviste fatte ad alcune anziane signore del posto è emerso, ad esempio, che nel veronese, nelle zone del lago di Garda, fino agli anni '50 del Novecento era ancora in vigore il diritto della prima notte. Ho notato che l'argomento tuttora rappresenta un tabù, facendo parte di un grande «segreto collettivo», di quelle cose «implicite», conosciute ma non dette, che sono oggetto di studio, ad esempio, della scuola di etnopsicoanalisi di Parigi (Università Paris VIII, Centre George Devereux)[4]. Infatti i racconti avevano carattere di confidenze personali e si concludevano con l'immancabile: «Adesso che te lo se, tientelo par ti».

In particolare una signora mi ha raccontato la storia di sua madre di origini lombarde, andata sposa a un mezzadro del parroco di un paese gardesano nel 1947. Celebrate le nozze, la giovane sposa all'improvviso si vede lasciata sola con il fratello del parroco che cerca di abusare di lei. Spaventata, prende il forcone e caccia via il malintenzionato. La famiglia dello sposo, che in seguito avrebbe avuto dei problemi con il padrone del terreno, accusava la nuora di aver violato le tradizioni locali, finora rigorosamente rispettate da tutti. È inutile dire che in seguito sia la donna che sua figlia diventarono simpatizzanti della sinistra.

Un altro caso riguarda una signora ucraina, diplomata in biblioteconomia a Dnepropetrovsk alla fine degli anni '30 del Novecento, persona di grande cultura, amante dei libri e dei viaggi. Durante l'occupazione nazista dell'Urss fu deportata in Germania al posto di sua sorella più piccola. Nei campi di lavoro conobbe un veronese che a guerra finita la portò in un paese alle porte di Verona. Il suo inserimento è stato difficilissimo. Lei non riusciva a capire come mai nelle case non ci fosse neanche un libro. I compaesani, a loro volta, guardavano con grande sospetto la nuova arrivata, attribuendole tutti i vizi e i difetti consoni ai «rossi russi», predilezione per la tenera bistecca di bambino compresa.

A un certo punto le donne del posto l'avevano accusata di stregoneria, attribuendole la colpa per la moria delle vacche, capitata in quel periodo. Alla suocera è stato imposto di cacciarla via di casa e quella ha dovuto farlo, anche se «piansea masa e disea "me despiase"». Per una settimana la povera Tania ha dormito nei campi sotto uno steccato. Per fortuna era estate e non pioveva. Per essere accettata dal paese la donna, battezzata alla nascita nella Chiesa ortodossa russa, ha dovuto convertirsi al cattolicesimo e al marito è stato chiesto di garantire con i propri terreni un grosso prestito chiesto da un parente del parroco locale. Visto che il debito non è stato onorato, il marito ha perso i beni ipotecati. Da lì a poco è morto *dal despiaser*, come mi spiegava la signora Tania che, quando l'ho conosciuta io, parlava un misto di italiano, russo, ucraino e dialetto veronese.

Questi singoli fatti testimoniano non solo la sopravvivenza delle realtà feudali nella società patriarcale rurale, dove spesso il parroco rappresentava non solo il potere spirituale, ma era di fatto anche il signore del paese, inserito nella scala gerarchica del padronato locale. Questi fatti mostrano anche il grado di arroccamento sulle proprie tradizioni, di diffidenza verso il mondo esterno, verso l'«altro», visto in alcune zone come causa del potenziale «disordine» (nell'accezione antropologica del termine). Le ventate di novità creavano inevitabilmente focolai di tensione negli ambienti veneti dell'epoca. Era quello che Jemolo definiva come «misoneismo» della provincia italiana. Lo stesso don Luigi, da giovane, dovette fare i conti con i notabili locali che esigevano da lui gli ossequi dovuti secondo gli usi del posto[5].

Nella realtà intrisa di rapporti di stampo medievale anche il confronto ideologico da entrambi le parti inevitabilmente assumeva forme consone alla mentalità dominante e agli stereotipi comportamentali, nonché alle tradizioni radicate nelle strutture sociali. Solo con l'inizio negli anni '60, con i cambiamenti strutturali della società italiana, il suo *boom* economico, gli intensi flussi migratori interni, l'impennata dei processi di urbanizzazione e la conseguente disgregazione della comunità rurale e della famiglia tradizionale, difese e protette dalla Chiesa[6], il processo di rinnovamento sociale e politico, artificialmente tenuto a freno nel periodo precedente, comincia ad acquisire una base reale e, sebbene non diventi proprio una rivoluzione, assume non di rado delle forme piuttosto violente.

A livello politico-ideologico la ripresa del dialogo divenne possibile solo quando le cose cominciarono a cambiare sia ai vertici del mondo comunista sia, soprattutto, ai vertici del mondo cattolico. Da un lato le acque furono smosse dal processo di destalinizzazione e di critica al culto della personalità di Stalin[7] che, facendo crollare (in parte) il «mito sovietico», misero in crisi l'alleanza tra il Partito comunista e quello socialista. Durante il congresso socialista di Venezia del febbraio 1957, Nenni, dichiarando la rottura con il Pci, prospettò l'apertura alla Dc. Questa svolta venne accolta con un messaggio di saluto, considerato un gesto senza precedenti, da parte di Angelo Giuseppe Roncalli, all'epoca patriarca di Venezia (1953-1958)[8].

Per quanto riguarda i vertici del mondo cattolico, qui il cambiamento è stato molto più lungo e tortuoso. L'inizio è legato al «rivoluzionario»[9] papato di Giovanni XXIII[10], iniziato nel 1958 e caratterizzato da una forte volontà di dialogo con gli «erranti» al di là dell'«errore» e da una fortissima volontà di rinnovamento del cattolicesimo[11]. A questo proposito don Luigi Adami ricorda che da giovane non riusciva ad accettare la tesi insegnata nei seminari:

> «"La verità ha diritti, l'errore non ha diritti". Finalmente negli anni 1960-1962 durante una conferenza del cardinale Agostino Bea[12], che Giovanni XXIII aveva valorizzato, si sono sentite le parole: "La verità, l'errore sono astrazioni, non possono essere soggetti di diritto [...]. Solo l'uomo concreto, anche l'uomo errante è soggetto di diritto". Il Concilio ha fatto parecchie di queste liberazioni. Poi ho cominciato a cercare e ho trovato tanti amici tipo Balducci, Turoldo...».

«Nell'Italia cattolica degli anni Cinquanta e Sessanta – osserva Andrea Riccardi – si sviluppa un filone di personalità che chiede il distacco dal potere e dalla politica. È un'opposizione cristiana all'orientamento prevalente: "Beati quelli che hanno fame e sete di opposizione", scrive paradossalmente padre David Turoldo, che era stato partecipe del "movimento di Nomadelfia" di don Zeno Saltini»[13]. Nello stesso tempo don Milani si interrogava se mai «la persecuzione potrà essere peggio dell'essere liberi, avere in mano sacramenti, Camera, Senato, radio, stampa, campanili, pulpiti, scuola» e con tutto ciò «essere derisi dai poveri, odiati dai più deboli, amati dai più forti. Aver la chiesa vuota. Vedersela vuotare ogni giorno di più». Il pontificato di papa Giovanni «rappresenta una stagione di decompressione per alcune espressioni di questa "opposizione cristiana"»[14], anche se non bisogna sopravalutare le sue aperture né sul piano politico né su quello ecclesiale. Ne potrebbe essere d'esempio la discussione sulle teorie di Maritain[15], che ha avuto serie conseguenze per Montini, severamente ammonito dal Santo Uffizio per voler concedere al filosofo la laurea *ad honorem* dell'Università cattolica[16].

Un altro esempio riguarda lo stesso Balducci, fondatore di «Testimonianze»[17], che a seguito della pubblicazione di un articolo-intervista su «Il Giornale del mattino» del 13 gennaio 1963, dal titolo *La Chiesa e la Patria*, ha dovuto affrontare un processo, svoltosi tra il 1963 e il 1964, per apologia di reato per la difesa dell'obiezione di coscienza, conclusosi con la condanna in appello e in cassazione e la contemporanea denunzia al Sant'Uffizio sulla base delle stesse accuse[18]. Infine, non dimentichiamo che anche il famoso *Dubium* del 4 aprile del 1959 sul divieto per i cattolici di votare i partiti filocomunisti uscì dalla Sede pontificia presieduta da Roncalli[19]. La linea prevalente del pontificato giovanneo rimane quella della lotta al laicismo e al comunismo, portata avanti dal cardinal Siri[20]. Significativo in tal senso si presenta l'appello del Sinodo di Pesaro, riportato da Andrea Riccardi: «Lo stesso orrore che hanno sacerdoti e fedeli per i protestanti, lo stesso e anche maggiore devono averlo e coltivarlo verso comunisti, materialisti ed atei»[21].

Tuttavia, «senza una riforma nel governo della Chiesa, il papa aveva innescato un'onda lunga, rappresentata soprattutto dal Concilio, che avrebbe cambiato i rapporti della società con la Chiesa»[22]. Per Balducci, allontanato dalla Firenze «lapiriana» ed esule a Roma, testimone involontario del Vaticano II, il Concilio stesso «ha costituito un punto di avvio non univoco, ma problematico, per un ripensamento della presenza cristiana nella società e quindi anche per un recupero della laicità»[23]. Con il pontificato di Giovanni XXIII, sebbene il papa, come sembra, non avesse un proprio progetto politico, né fosse propenso a crearlo, nascevano nuove tendenze nei rapporti tra la Chiesa e la politica, espresse nelle encicliche *Mater et magistra* (1961)[24] e *Pacem in terris* (1963)[25]. Queste tendenze, nonostante le ostilità di certi circoli della curia vaticana, furono sviluppate in seguito da papa Paolo VI (1963-1978)[26] nelle encicliche *Ecclesiam suam* (1964)[27] e *Populorum progressio* (1967)[28], e nella lettera apostolica *Octogesima adveniens* (1971), dedicata all'ottantesimo anniversario dell'enciclica *Rerum novarum* di Leone XIII[29].

I messaggi di Paolo VI lo dicono chiaro: «La Chiesa deve venire a dialogo col mondo in cui si trova a vivere»[30]. La parola «dialogo» appare nel testo dell'enciclica *Ecclesiam suam* per più di sessanta volte. C'è un intero paragrafo (§ 67) dedicato al dialogo: «La Chiesa si fa colloquio». «Quando la Chiesa si distingue dall'umanità non si oppone a essa, anzi si congiunge». E questa distinzione «non è separazione», «non è indifferenza, non è timore, non è disprezzo»[31]. Qui appare timidamente anche la parola «pluralismo». Prima solo come la constatazione del processo di trasformazione della società moderna, con il «pluralismo delle sue manifestazioni» che comprende la «maturità dell'uomo, sia religioso che non religioso»[32].

Tre anni dopo, nella *Populorum progressio* troviamo già un paragrafo intero dedicato al «Pluralismo legittimo» (§ 39), dove, sebbene si ribadisca la non conciliabilità tra la dottrina cristiana e quella materialistica e atea, si afferma che per salvaguardare i valori quali «l'orientamento religioso della vita verso il suo fine ultimo, la libertà e la dignità umana [...], un pluralismo di organizzazioni professionali e sindacali è ammissibile e, da certi punti di vista, utile, se serve a proteggere la libertà e a provocare l'emulazione. E di gran cuore Noi rendiamo omaggio a tutti coloro che vi lavorano al servizio disinteressato dei fratelli»[33]. Queste parole, più che togliere gli ostacoli finora insormontabili sulla strada della riconciliazione sociale e politica in Italia, sembrano, piuttosto, constatare ed accettare un dato di fatto: l'Italia sta cambiando e non c'è più nulla da fare.

Neanche un mese dopo il «perduto» referendum del 12 maggio 1974, all'undicesima assemblea generale della Cei italiana

(3-8 giugno 1974) il presidente, cardinale Antonio Poma, si interroga sul perché del comportamento dei cattolici, rimasti indifferenti alle direttive dei vescovi. Tra vari ragionamenti appare anche l'invito a «una riflessione più accurata sul pluralismo nella Chiesa»[34]. Così il pluralismo viene di fatto «sdoganato», come un fenomeno che, abbandonando il caotico «mondo», irrompe inatteso *intra moenia* della stessa Chiesa.

In quegli anni si è cercato di sciogliere l'annosa questione dei rapporti tra comunismo e cattolicesimo, affrontata più volte sia dagli esponenti del Pci, quali Palmiro Togliatti ed Enrico Berlinguer[35], che dalle forze cattoliche progressiste, in particolare dalla rivista «Testimonianze» con le sue iniziative, tra cui *Il dialogo alla prova*, una raccolta di scritti su temi dottrinali e d'attualità di intellettuali cattolici e comunisti[36]. Lo spirito di speranza in tal senso traspare chiaramente dal libro di Alceste Santini, il più noto dei vaticanisti italiani di parte marxista, uscito nel 1975 e intitolato *Questione cattolica, questione comunista*[37].

Nel frattempo anche la Dc, senza perdere i suoi legami con la Chiesa, diventava sempre di più un partito nazionale, reclamando (dopo i fatti del 1953, legati alla «legge truffa» e all'uscita dalla scena politica di De Gasperi), soprattutto con l'ascesa nel 1954 ai suoi vertici di Amintore Fanfani[38], uno spazio di autonomia maggiore e arrivando persino a decisioni in netto contrasto con le posizioni del cardinal Siri, come nel caso del congresso democristiano di Napoli del 1962, che approvò l'apertura a sinistra[39]. Ma mentre si caldeggiavano le aperture del Psi verso la Dc, il movimento inverso (proposta di Moro) fu all'inizio duramente criticato da alcuni esponenti del mondo cattolico. In questo senso si distinse l'organo di stampa scaligero «Verona fedele» che, prima delle elezioni del 28 aprile 1963, avviò una pesante campagna elettorale in cui si sosteneva, sulla traccia dell'appello dei vescovi italiani[40], che il voto era un «dovere religioso», oltre che civico[41].

Si affermava poi che il Psi, per la sua natura marxista, non era un alleato adatto poiché non si sarebbe mai sganciato dal Pci. Una settimana prima del voto si davano precise indicazioni su quali partiti non si doveva assolutamente votare. Nell'elenco troviamo, praticamente, tutti i partiti (Pci, Psi, Psdi, Pri, Pli, Msi) tranne la Dc. Al primo posto è indicato il Pci («chi vota per il Pci non fa altro che scavarsi la fossa»), dopo segue il Psi, con ben sette «capi di accusa», tra cui marxismo, ateismo, materialismo, sostegno al divorzio, l'assenza delle garanzie riguardo al Concordato, programma di nazionalizzazioni, ecc. Il funesto elenco si conclude con il Msi, di cui si dice che «la socialità del Movimento sociale è tutta una mascheratura, dietro la quale sta la difesa del padronato più cieco e intransigente»[42]. La domenica in cui si votava gli elettori trovarono titoli come *Contro ogni ingannevole seduzione: radicale incompatibilità fra cattolicesimo e marxismo*. Mentre nell'articolo *Parole chiare ai cattolici* si ammoniva:

> «In ogni caso riteniamo sia chiaramente da disapprovarsi l'attività di coloro i quali o come esponenti del mondo cattolico oppure utilizzando il nome cattolico facessero pubblicamente propaganda per dissuadere dal seguire l'invito della Gerarchia: in tal caso alla mancanza di ossequio personale si aggiungerebbe un implicito dispregio dell'autorità assai rilevante»[43].

Tuttavia i risultati delle elezioni furono piuttosto deludenti per la Dc e sconcertanti per la Chiesa cattolica[44].

Gli anni Sessanta, quindi, segnarono una grande svolta per l'Italia. Profondi cambiamenti subirono il tessuto sociale, gli usi e i costumi, la cultura generale del Paese. Come scrive Andrea Riccardi:

> «Alla metà degli anni Sessanta iniziava quel lungo processo che portò la cultura di sinistra, superando la crisi del

’68, a esercitare un’importante funzione di attrazione e di orientamento tra gli intellettuali, nell’editoria, nella stampa e nei dibattiti del Paese. Questo processo è rivelatore non solo del logorio del “potere cattolico” e della funzione di opposizione della cultura di sinistra, ma soprattutto della fragilità della stessa cultura cattolica e del suo scarso impegno nel rispondere alle domande delle giovani generazioni o ai gruppi emergenti del Paese»[45].

La Chiesa cattolica cerca di accogliere le sfide del tempo, inserendo le questioni più attuali nelle agende delle sue assemblee annuali. Con regolarità si affrontano le grandi tematiche per la ricezione del Concilio: «Cultura teologica del clero e del laicato» (1967), «I laici nella Chiesa in Italia dopo il Concilio» (1968), «La collegialità episcopale» (1969), «Il sacerdozio ministeriale» (1970). Sono i problemi della Chiesa postconciliare, il laicato, il clero, la teologia[46]. Segno dei tempi: nel 1965 il Sant’Uffizio si trasforma in Congregazione per la dottrina della fede. Come nota Carlo Melegari a proposito delle iniziative dei cattolici veronesi degli anni ’70 e ’80, queste ultime «senza il Concilio alle spalle non sarebbero state possibili. Il Concilio ha dato ai loro promotori, vescovi, preti e/o laici che fossero, la legittimità a farne incontestabile azione di Chiesa»[47].

Nello stesso tempo la situazione politica diventa sempre più esplosiva. Le contestazioni del Sessantotto, che coinvolgono non solo i giovanotti di sinistra ma anche i rappresentanti di ampi ambienti ecclesiali, mettono a dura prova tutto l’ordinamento politico e ideologico del Paese. Per quanto possa sembrare strano, «tra il movimento del Sessantotto e la contestazione ecclesiale ci sono però profonde connessioni, forme comuni di sociabilità». Come nota Andrea Riccardi:

> «La nuova sociabilità cristiana si connette alla dimensione della “comunità”, uno degli aspetti importanti della riscoperta della Chiesa conciliare. Si viene a determinare una

forte ondata di socializzazione, specie giovanile, che produce un movimento molecolare di gruppi, comunità, iniziative, spesso affiancate da una notevole produzione di stampa, testate, giornali (rafforzata dalla diffusione del ciclostile)»[48].

In queste condizioni, di primaria importanza diventano le questioni come la separatezza del clero e dei religiosi dai laici. Tra accesi dibattiti in merito e una crisi senza precedenti del clero, si arriva a ipotizzare una eventuale «morte del prete». Su questa onda non tardano ad arrivare anche numerosi casi di abbandoni del servizio[49]. «L'onestà e l'amore»[50] impongono un nuovo modo di essere servitori di Dio. Lo dimostra la vita del «pastore pensante»[51] don Luigi Adami, fondatore del Gruppo per il pluralismo e il dialogo.

Prima di approdare alla parrocchia di San Zeno di Colognola nel 1973, don Luigi[52] aveva passato alcuni anni negli ospedali veronesi come cappellano, dove ha assistito centinaia di persone prossime alla morte, ha visto tanta sofferenza e ha combattuto per i diritti dei malati. Dovendo confrontarsi da giovane anche lui con una grave malattia, è stato prima – secondo le sue parole – «malato tra i malati» e quindi «non utilizzabile dall'azienda ecclesiastica», poi convalescente e quindi «sottoutilizzabile» sempre dalla stessa azienda[53]. Una volta sano, ha lavorato come vicario cooperatore di una parrocchia di duemila abitanti e poi per cinque anni in un ospedale zonale di trecento posti letto[54].

Fare il cappellano di un ospedale all'epoca non era proprio il massimo per una carriera ecclesiastica. Era diffusa opinione che «nessun sacerdote che si rispetti lascia la parrocchia per una cappellania di ospedale. Sarebbe una degradazione agli occhi del clero e di certi fedeli»[55]. Quindi, come dice don Luigi: «Ho vissuto tante gioie, sono stato attraversato da molte speranze, non sono mai mancate le fatiche, qualche volta le tribolazioni sono state pesanti, specialmente quelle *par l'Égli-*

se più ancora di quelle *pour l'Église*»[56]. Ma soprattutto proprio nell'ospedale di Villafranca di Verona si è manifestato il suo talento di organizzatore, di persona che sa cogliere le speranze della gente, pronto a dibattere con le istituzioni e a stare dalla parte del più debole.

Dopo il suo arrivo la vita dell'ospedale si è molto vivacizzata. Sono nati tre gruppi di base che volevano garantire democrazia interna e trasparenza nella gestione delle attività dell'ospedale: il consiglio pastorale, il consiglio di comunità e il consiglio dei lavoratori. Don Luigi cercava di attirare l'attenzione sui problemi dal «contenuto umano», quali il trattamento dei lavoratori invalidi, dei malati poveri, il dovere della solidarietà. Come testimonia lo stesso don Luigi, il suo modo di fare la pastorale, il suo tentativo di «umanizzare l'ospedale» non piaceva alla gerarchia ospedaliera.

Nel luglio del 1971 ebbe luogo un significativo dialogo tra don Luigi e il direttore amministrativo dell'ospedale di Villafranca. Quest'ultimo gli telefonò dicendogli in modo imperativo: «Il cappellano o è con l'amministrazione o è neutrale!». La risposta di don Luigi fu: «Io non sono né con l'amministrazione né contro l'amministrazione e neppure sono neutrale nel modo in cui lo intende lei. Sono prete e mi sforzo di esserlo in modo libero e responsabile». Alla replica «si ricordi che lei è un dipendente», don Luigi rispose: «Sono un dipendente per l'aspetto funzionale del mio lavoro, ma non certamente per il contenuto e per il metodo della mia attività»[57]. Non c'era da meravigliarsi che gli screzi, crescendo, si trasformassero in dissidi. Così il 10 aprile 1972 don Luigi fu convocato d'urgenza dal vescovo ausiliare che gli comunicò che «l'amministrazione dell'ospedale non è ben disposta verso di lei», e subito gli propose di trasferirlo in «una parrocchietta» che poteva essere o Santa Lucia dei Monti o Roncanova. «Così avrà anche lei una comunità con cui crescere». In risposta don Luigi disse che era disposto ad andare e anche a restare, che non aveva preferenze. «Ho imparato a non dare troppa importanza al luogo in cui svolgere la mia attività di prete», aggiunse. La sorpresa di don Luigi era dovuta al fatto che nessuno fino ad allora gli aveva mosso accuse concrete. Invece, a dire del vescovo ausiliare, si trattava di una sua presunta attività sindacale.

L'incontro con il vescovo Carraro che si svolse pochi giorni dopo sembrò confermare l'ipotesi di un imminente trasferimento. Il vescovo ribadì che la parrocchia di Santa Lucia dei Monti avrebbe consentito a don Luigi di rimanere vicino a Villafranca. Inoltre assicurò che non si trattava di un trasferimento «punitivo» e che non c'entrava niente l'indisponibilità dell'amministrazione ospedaliera, mentre la nomina a Santa Lucia era legata alla necessità di occuparsi di pastorale degli anziani. La situazione si aggravava anche per il fatto che, sebbene da parte dell'amministrazione non venisse rivolta a don Luigi alcuna concreta accusa, continuavano le pressioni sulla diocesi per farlo rimuovere. Ma sembrava che il vescovo non volesse cedere. Così, come nota don Luigi, «la questione che mi riguardava era diventata un testa a testa tra il vescovo e l'amministrazione dell'ospedale». A questo punto l'amministrazione fece un passo molto drastico: decise di disdire del tutto la convenzione per il servizio religioso. Come scriveva don Luigi nella sua lettera, lui si dichiarava «reo di salto di corsia ed eccesso di velocità». Comunque sia, il trasferimento diventava una necessità. Invece di Santa Lucia dei Monti, fu mandato nella lontana Val d'Illasi, nella parrocchia di San Zeno di Colognola ai Colli[58].

Il trasferimento in una delle zone più tradizionaliste della provincia veronese metteva don Luigi davanti a delle realtà nuove. Se mettiamo a confronto alcuni dati statistici, possiamo meglio cogliere le differenze tra diversi territori veronesi. Secondo l'indagine del Comune di Verona, alla metà degli anni Settanta a Villafranca l'indice del reddito pro-capite – dove 100 equivale al valore nazionale – si avvicinava a 113, il che collocava questo comune al terzo posto dopo Verona (135) e Peschiera del Garda (121), mentre a Colognola ai Colli l'indice pro-capite era pari a 78. I dati sulla popolazione riportano circa 23.000 abitanti a Villafranca e 5.500 a Colognola ai Colli. A Villafranca era alta, rispetto alla media provinciale, anche la scolarizzazione. Nell'anno scolastico 1974-1975 si contavano 316 iscritti al primo anno delle scuole superiori, di cui 246 maschi e 70 femmine, contro 456 alunni delle prime delle scuole medie (220 maschi, 236 femmine) e 2.203 iscritti alle prime delle elementari (1.147 maschi, 1.056 femmine). A Colognola ai Colli, rispettivamente, 37 allievi (20 maschi, 17 femmine) frequentavano le superiori, 147 le medie (68 maschi, 79 femmine), 1.004 le elementari (516 maschi, 488 femmine). Già da un semplice paragone tra le cifre vediamo che a Villafranca su 2.203 bambini delle elementari c'erano 316 ragazzi delle superiori, mentre a Colognola ai Colli, il rapporto era un po' diverso: su 1.004 alunni delle elementari solo 37 ragazzi decisero di proseguire gli studi nelle superiori[59]. C'è da notare che dalla metà degli anni Sessanta si assiste a un'esplosione della scolarità che impone un piano coordinato tra edilizia e assistenza[60].

Ricordiamo ancora le già citate osservazioni di Dino Coltro, attento osservatore dell'evoluzione della comunità di Colognola ai Colli, quando faceva notare che l'omogeneizzazione dei costumi e dei comportamenti degli ultimi decenni ha profondamente inciso in un secolare sistema di distinzioni e di diversità. Inoltre questa omogeneizzazione ha anche mutato l'atavico legame tra luogo e abitante che un tempo costituiva la base di una «cultura del paese», differente dalla «cultura della città». E se qualcosa c'era in comune tra le due culture, sostiene lo studioso, questo era il conformismo, inteso nel senso di difesa contro il forestiero e la novità. In questo contesto assumeva particolare importanza la figura del parroco che diventava di fatto un punto di raccordo tra diverse fazioni e interessi che agivano all'interno del paese[61]. Lo stesso don Luigi ammetteva che per lui non fu facile, perché al suo arrivo la comunità era «una comunità piccola, chiusa, monolitica, molto strutturata. C'era un piccolo gruppo che pensava e decideva e la stragrande maggioranza doveva obbedire e accettare e, caso mai, mormorava»[62].

Questo modo di fare era molto diffuso nei primi anni '70 e don Luigi lo conosceva bene ancora dai tempi in cui aveva lavorato come coadiutore del parroco a San Pietro in Cariano (1962-1968). «Negli ambienti parrocchiali era già tutto definito, previsto, organizzato. C'erano solo ordini da ricevere dall'alto: pregate, organizzate, votate democristiano, diffondete la stampa cattolica»[63]. Fin da subito il nuovo parroco ha dovuto confrontarsi con il notabilato locale che esigeva certi comportamenti e certe scelte. Tuttavia la nuova posizione dava a don Luigi un ruolo istituzionale in quanto parroco di una parrocchia di 750 anime[64], il che gli permetteva di proseguire il cammino alla ricerca delle «forme nuove di fedeltà».

«FORME NUOVE DI FEDELTÀ»

Il Gruppo per il pluralismo e il dialogo nacque nel 1975 in una delle regioni più cattoliche d'Italia, il Veneto. Quattro anni dopo la sua costituzione, Ernesto Balducci commentava questo evento così: «Io sono nella Verona fedele, eppure anche in questa Verona fedele finalmente ci sono molte infedeltà! Quando le infedeltà sono in realtà forme nuove di fedeltà all'unica fede, questo è un fatto di crescita da mettere nel bilancio del nostro ottimismo messo così alla prova in questi anni»[65].

Quali sono i motivi che portano alla fondazione di un gruppo che con il suo stesso nome sembra sfidare le rigide istituzioni ecclesiastiche di Verona, città fuori dalle mura della quale, secondo un famoso detto, persino non c'è vita? Su quali appoggi poteva contare questo gruppo in una terra dove ognuno doveva avere un proprio posto nella rigida struttura sociale sancita dalla Chiesa?

Ecco come in un'intervista definisce questo gruppo don Luigi Adami: «"Pluralismo e dialogo" è un gruppo che non ha nessuna rilevanza istituzionale. Non è un gruppo dell'Azione cattolica, un gruppo ecclesiale o un partito. Niente. È un gruppo di amici». Per molti versi la nascita del gruppo era dovuta all'amicizia. Tutto era incominciato da un fatto personale. Don Luigi Adami lo racconta così:

> «Nel 1975 ci sono state le elezioni amministrative a Villafranca che coinvolsero un mio carissimo amico, [...] un professore, Gianni Martari, che avevo sposato [1972] perché la moglie era infermiera all'ospedale di Villafranca. Gianni era un uomo tutto dedito alla vita parrocchiale, presidente del Csi [Centro sportivo italiano, di ispirazione cattolica], era nel consiglio pastorale parrocchiale, nel consiglio pastorale diocesano, faceva il catechista in casa sua... Ecco, lui non aveva mai fatto politica. Quella volta aveva fatto la scelta proprio di entrare in politica perché aveva visto che era dovere per lui di entrare. Aveva rifiutato la Democrazia cristiana perché per lui a Villafranca era diventata un comitato d'affari. Tra l'altro era uomo tutto d'un pezzo, questo Gianni Martari, professore d'ispirazione milaniana[66], quindi molto dedito ai ragazzi, ai poveri, alla giustizia, e quindi [...] queste presenze nella Democrazia cristiana di interessi particolari, questo utilizzare il nome cristiano per fare i propri affari gli dava molto fastidio. Così si è sganciato e ha fatto la scelta di entrare come indipendente nei socialisti»[67].

La moglie di Gianni Martari, Loredana Mazzonelli, di forte personalità, infermiera nell'ospedale di Villafranca, dove all'epoca don Luigi faceva il cappellano (1968-73)[68], impegnata nelle iniziative di solidarietà a favore degli operai delle fabbriche locali, racconta che suo marito negli anni '70 «simpatizza per la Dc (nella quale militano parecchi amici della parrocchia), ma non si iscrive; anzi, si vede rifiutare la tessera [...]. Osserva la politica amministrativa locale, la studia, ne coglie le incoerenze. Si convince che dietro la grande balena bianca, dietro al comodo aggettivo "cristiana" questa Democrazia emargina i migliori [...], preferisce logiche di interesse e potere, che poco hanno a che fare con i precetti cristiani».

Dopo aver conosciuto il socialismo

«ne coglie la forte propensione per gli ultimi [...]. Si investe di questa forte idealità fino al punto di farsene carico: decide di intraprendere un nuovo tipo di servizio per il suo paese, attraverso la politica. E lo fa aderendo senza riserve alla causa socialista. È il 1975: in paese, e soprattutto in parrocchia, nasce lo scandalo»[69].

È significativo che – fedele all'antico stereotipo biblico – «molta gente, malignamente, ritiene che la colpa di tutto ciò sia da attribuire» alla moglie di Martari vista come «troppo rivoluzionaria, troppo di sinistra». Il marito «avverte e soffre per queste accuse, per queste cattiverie»[70].

Don Luigi spiega che il fatto ha provocato un grande scandalo, perché il nome di Martari era molto noto a Villafranca. Vista la situazione, alla vigilia delle elezioni amministrative, dove Martari si presenta come indipendente nelle file del Psi, egli decide di affrontare insinuazioni e accuse e invia a tutti gli elettori una lettera aperta. In questa lettera spiega il perché della scelta socialista: «Ho scelto il socialismo per trovare uno spazio adeguato per il mio impegno di cristiano nella società d'oggi, [poiché] il socialismo è una profezia di uguaglianza e di fratellanza fra gli uomini». Mentre la Dc, per Martari, è diventata «ormai solo un partito di potere, di clientele, priva di ideali e di impegno morale. Di più, è un partito nel quale gli uomini validi vengono emarginati e umanamente distrutti».

Come se non bastasse, qualche tempo prima Gianni, nominato «improvvisamente e inopinatamente»[71] rappresentante della sua parrocchia al Consiglio pastorale diocesano, durante una riunione si permette di esprimere «apertamente e liberamente il proprio pensiero» riguardo sia al modo di impostare il lavoro nell'ambito del possibile Sinodo diocesano, sia alla dura presa di posizione del vescovo Carraro verso un gruppo di preti, firmatari di una «scandalosa» dichiarazione relativa alla libertà di voto in occasione del referendum sul divorzio del 1974.

Secondo quanto ricorda la moglie, Gianni da un lato manifesta perplessità sui metodi di lavoro della curia, dall'altro esprime solidarietà verso gli otto presbiteri (tra cui don Luigi Adami) che avevano sottoscritto il documento inquisito. A questo punto «il vescovo, risentito per tanta e tale irriverenza, lo invita a lasciare subito l'assemblea, ammonendolo pubblicamente sull'inopportunità di un tale intervento»[72]. Poco dopo gli viene recapitata personalmente dal suo parroco, che Gianni considerava una persona a lui molto vicina («monsignor Aldegheri dimostrava di aver fiducia in quel giovane»), una lettera che lo invita a fare «una spontanea rinuncia al Consiglio pastorale diocesano». Sbalordito e incredulo, Martari il 10 giugno 1975 scrive una lettera al vescovo nella quale tra l'altro chiede a Carraro:

> «di intervenire direttamente perché esiste il reale pericolo che la lettera del mio parroco possa venire strumentalizzata politicamente proprio nel corso di questa campagna elettorale. E nel mentre non vedo quale incompatibilità possa esistere tra la mia scelta socialista e il mio incarico di membro del Consiglio pastorale diocesano, restando la mia fede ben salda e viva la mia quotidiana testimonianza al cristianesimo».

La risposta arriva otto mesi dopo (il 14 febbraio 1976). Eccone alcuni stralci:

«Lei certamente si rende conto del clima di smarrimento e di oscuramento su certi valori fondamentali che pervade la società odierna e non risparmia neanche l'area della Chiesa [...]. Rifiutare l'appello dei vescovi e contraddire al loro magistero, che nella economia di Cristo è ordinato al progresso di una civiltà di libertà e di amore, costituisce motivo di tensione e di divisione all'interno della Chiesa».

Poi si comunicava che le scelte e i pronunciamenti «compiuti negli ultimi mesi» non si riescono, «nonostante ogni buona volontà, a conciliare con quella comunione ecclesiale che è elemento costitutivo della piena professione cristiana». «Questo fatto si riflette negativamente sulla comunità cristiana, che non è composta solo di Villafranca e di qualche gruppo [un riferimento forse al Gruppo per il pluralismo e il dialogo che si è costituito nel frattempo?], ma di tutta la Chiesa locale, che il vescovo è tenuto a rispettare nelle sue giuste esigenze». Quindi a Martari si chiedeva «di voler lasciare temporaneamente [...] la rappresentanza nel Consiglio pastorale e il ministero di catechista», augurando che il ritiro da queste mansioni «che sono strettamente ecclesiali avvenisse senza clamore e senza strappi e senza dare rilievo al fatto in Consiglio pastorale né richiedere la sostituzione».

A nostro avviso questo documento mostra con molta chiarezza che la principale colpa di Martari consisteva nella sua disubbidienza alle direttive della Chiesa locale. Martari, se voleva considerarsi cristiano, doveva tornare nei ranghi. Nella lettera del vescovo non troviamo alcuna risposta alla diretta e concreta domanda riguardo alla compatibilità tra il socialismo e il cristianesimo, tranne una vaga riflessione: «Le assicuro che mi sforzo di comprendere, come un anelito generoso di giustizia sociale, che a nessuno è lecito comprimere, arrivi talvolta ad annebbiare la veduta globale di esigenze spirituali, proposte dal Vangelo da Chi ha il mandato di trasmetterlo autenticamente».

Sorge spontanea la domanda: come mai il vescovo attende ben otto mesi prima di rispondere? Si potrebbe supporre che questo tempo sia stato impiegato per osservare lo svolgersi degli eventi, studiare la situazione generale, nonché il comportamento dell'«imputato». Cosa succede in questi mesi e, più in generale, in questi anni a Verona? Di quale «smarrimento», di quale disordine parla il vescovo nella sua lettera?

VERONA «CARRARESE» (1958-1978)

Il vescovo Giuseppe Carraro arriva alla curia scaligera nel 1958, l'anno della morte di Pio XII. L'abbandona nel '78, l'anno dell'assassinio di Aldo Moro e della morte di Paolo VI. Vittorio Castagna lo descrive così: «Trevigiano, proveniente dalla diocesi di Vittorio Veneto, vescovo indimenticabile, fine teologo, dotato anche di formazione scientifica come idrobiologo. Lasciò a Verona un'impronta profonda di spiritualità»[73]. In vent'anni passati a guidare la diocesi, Giuseppe Carraro realizzò numerose iniziative, tra cui la riqualificazione dell'ordinamento degli studi nel seminario vescovile, nell'ambito della quale «in risposta alle esigenze di rinnovamento della formazione e degli studi promosso dal concilio Vaticano II, secondo criteri di unitarietà e di pastoralità» nacque lo Studio teologico San Zeno, affiliato all'Università Lateranense[74]. Venne istituito il Centro studi Giuseppe Toniolo quale strumento di promozione culturale per la diocesi, nonché un'emittente diocesana, dapprima radiofonica, Radiopace, poi televisiva, Telepace[75].

Come sappiamo, questi vent'anni sono cruciali per la Chiesa cattolica e per tutto il Paese. Non dimentichiamo che Verona è anche una città che, essendo all'epoca sede del comando delle forze alleate del Sud Europa, ha una grande importanza strategico-militare in quella nuova edizione del «grande gioco» che si era avviato nel secondo dopoguerra, gioco a cui, con la scelta atlantica di Alcide De Gasperi, aderiva anche l'Italia. I fatti della cronaca locale in certe circostanze potevano quindi trascendere il valore dei «fatti nostri», diventando parte dei contesti geopolitici mondiali: basti pensare al rapimento da parte delle Brigate rosse del generale statunitense Dozier nel dicembre 1981. Sfogliamo, intanto, le pagine dei giornali locali dell'epoca, in particolare del quotidiano «L'Arena» di Verona, raccolte minuziosamente dallo storico veronese Francesco Vecchiato.

Appena arrivato a Verona, il vescovo Giuseppe Carraro ha dovuto affrontare i postumi di una grave crisi democristiana, scoppiata nella città scaligera l'anno prima. Nel 1957 un conflitto d'interessi tra l'avvocato Luigi Selmo e l'avvocato Guido Ghedini per la carica di presidente dell'ospedale civico di Verona (il primo è stato nominato presidente dal Consiglio comunale di Verona, nonostante il candidato ufficiale della maggioranza della Dc fosse Ghedini) ha portato all'espulsione dell'avvocato Luigi Selmo dal partito[76]. Qualche anno dopo non è passato inosservato alla stampa di Verona, città che ospitava una manifattura tabacchi, il caso del senatore Giuseppe Trabucchi[77], accusato nel 1965 di aver autorizzato due società appartenenti al deputato democristiano De Martino a vendere ai monopoli di Stato il tabacco coltivato in Messico[78]. Grande risalto è stato dato anche al gesto plateale di Paride Piasenti, deputato e senatore per tre legislature, il quale nel 1970 «non condividendo i continui cedimenti del partito», a cui era iscritto dal 1945, restituì la tessera della Dc[79].

L'ondata di violenza e di odio che investe il Paese negli «anni di piombo» si fa sentire anche a Verona. I notiziari sovente si trasformano in bollettini di guerra. La carta stampata locale di quegli anni offre un ampio resoconto della drammaticità del confronto politico e sociale che scuote la società veronese, crocevia di diverse correnti ideologiche, provenienti da Trento, Padova, Milano[80]. Le pagine de «L'Arena» di Verona riportano le notizie sulle occupazioni di scuole e dell'università, nonché sugli scontri in piazza Bra' (27 novembre 1975)[81]. Ad aumentare la sensazione dell'assedio contribuiscono le continue notizie sugli incidenti accaduti agli aerei partiti dall'aeroporto militare di Villafranca, città che ospita una grande caserma. Tuttavia, a giudizio dello storico veronese Vittorio Castagna, in quegli anni «a Verona non si verificarono episodi gravi: in certi momenti si avverte un clima di tensione, soprattutto nelle scuole medie superiori; c'è qualche sporadica occupazione di aule universitarie, ma senza attentati»[82].

Toni accesi assume il dibattito sulla resistenza. «La Resistenza è rossa, non democristiana» – riecheggia sulle pagine del quotidiano scaligero lo scontro tra il rettore dell'Università statale di Milano Schiavinato e gli studenti della sinistra. La risposta del rettore («Alcuni partiti dell'arco costituzionale, dopo avere fornito per anni coperture non solo ideologiche a giovani che teorizzano, delirando, nuove tirannidi, si astengono troppo spesso dal compiere concrete azioni rivolte all'isolamento di forze che agiscono, tanto spudoratamente, dentro e contro la democrazia») viene accuratamente riportata nell'edizione del 29 gennaio 1975[83].

La guerra in Vietnam fornisce il pretesto per affrontare per l'ennesima volta delle scottanti questioni interne. Il vescovo di Verona Giuseppe Carraro, nel chiedere preghiere e aiuti per le popolazioni colpite dalla guerra, afferma: «Tragedia così feroce e disumana, come poche nella storia [...]. Le dimensioni sono spaventose: vi sono coinvolti milioni di creature umane [... che] cercano disperatamente di sopravvivere alla miseria, alla fame, alla distruzione, alla fuga verso un avvenire ignoto» (17 aprile 1975).

L'ansia e la preoccupazione generale sono un terreno fertile per l'impennata del misticismo religioso di tutti i segni. All'inizio di dicembre 1974 viene profanata l'urna di san Zeno, patrono di Verona.

> «Ladri sacrileghi ripetono l'impresa messa a segno undici anni fa. Rubato il prezioso anello episcopale del santo, con ametista e brillanti, donato dal vescovo monsignor Giuseppe Carraro, in sostituzione di quello rubato un decennio fa[84]. Inaudito oltraggio dei banditi, che hanno strappato le mani e le vesti del santo. L'anello fatto riavere per posta quasi subito dai trafugatori (11-12 dicembre 1974)»[85].

La restituzione dell'anello, a nostro avviso, potrebbe essere un chiaro segnale che si trattava di un gesto simbolico e non di un volgare furto[86]. La sfida viene degnamente accolta dalle forze cattoliche. Nella chiesa dei Filippini nei giorni 17-18 aprile 1975 (è passato quasi un anno dopo il famoso referendum; c'è da dire che nella fedelissima Verona i voti favorevoli al divorzio raggiunsero il 54%, contro il 49,3% del Veneto e il 59% al livello nazionale[87]) incomincia a lacrimare per un'ora e mezzo la statua di san Valeriano «davanti all'urna con i resti del martire, che fu sposo di santa Cecilia». Non dimentichiamo che il 1975 è entrato nella storia come l'«Anno santo del rinnovamento e della riconciliazione», il venticinquesimo giubileo indetto da papa Paolo VI.

Il 29 aprile 1975 le pagine de «L'Arena» riportano la profezia di Henry Kissinger, segretario di Stato americano: «Entro dieci anni l'Europa sarà marxista». L'anno dopo sempre nel veronese si verifica un'«isteria collettiva causata dalle profezie visionarie di un frate. Un cappuccino, originario di Villafranca, chiamato fra' Lino, ha messo in subbuglio i cittadini veronesi e causato l'intasamento dei centralini del Comune, della polizia e dell'"L'Arena", con un ciclostilato dove prediceva una serie di catastrofi, se non si fossero trovate "cento persone disposte a digiunare tre giorni per scongiurare il flagello". Lo strampalato frate è stato dichiarato preda di un forte esaurimento nervoso (16 maggio 1976)»[88].

In un solo anno, sempre nel 1975, furono sequestrati sette veronesi (Ilaria Meloni, Saverio Garonzi, Ivo Antonini, Gianfranco Lovati, Ennio De Vecchi, Aldo Mirandola, Filiberto Fraccari)[89]; sull'altare della droga viene immolata la prima vittima scaligera, Rossella Veronesi, figlia di Germano Veronesi, medico condotto e sindaco di San Pietro in Cariano[90].

In questa atmosfera poco serena si svolgono le elezioni amministrative del 1975. «Con le elezioni del 1975 – scrive Vittorio Castagna – la pressione politica dei socialisti si fa più forte e diventa più stringente il patto che essi impongono: in Comune, dove la politicizzazione è più elevata e dove si sperimentano le operazioni più avanzate, si va verso una cauta ma significativa apertura, verso il coinvolgimento dei comunisti»[91]. Subentra anche un altro fattore. Proprio quell'anno il parlamento abbassò da ventuno a diciotto anni la soglia della maggiore età. Quindi per la prima volta ai seggi elettorali si presentarono i ragazzi dai diciotto ai vent'anni. «Il risultato è un forte spostamento a sinistra dell'elettorato. La Dc scende al 35%, il Pci sale al 33%» (17 giugno 1975). A proposito dei risultati delle elezioni la cronaca annota per inciso: «Pci + 5,2; Dc - 3,8; Psi + 2,2». Di fronte a questo quadro assai preoccupante per le forze di destra, «la rivista dei gesuiti "Civiltà cattolica" critica la Democrazia cristiana che "deve avere il coraggio di espellere chi si è reso colpevole di abusi di potere, di peculato, di corruzione" (6 luglio 1975)»[92].

Ma ormai i giochi sono fatti. Cambiano i quadri politici dirigenti. Il democristiano Giorgio Zanotto, dopo aver ricoperto la carica di sindaco di Verona (1956-1964)[93] e presidente della provincia, lascia la politica. Il nuovo sindaco della città scaligera è Renato Gozzi (1965-1970)[94], votato anche dal Pci. Alla presidenza della provincia sale il socialista Bruno Castelli. La notizia suscita clamore. Si tratta di «una soluzione abbastanza forzata e illogica, in quanto in provincia la Dc è più forte che in città»[95]. Sulle pagine dei quotidiani locali egli viene definito come «il primo socialista» eletto a dirigere la provincia veronese. In realtà ce n'era già stato uno, mezzo secolo prima. Si chiamava Giulio Barbarani. Aveva ricoperto la carica di presidente della Deputazione provinciale dal novembre 1920 all'ottobre 1922[96]. Inoltre era socialista anche il primo sindaco del secondo dopoguerra, Aldo Fedeli (1945-1951), dopo di che ha avuto luogo un lungo periodo democristiano[97]. In seguito alle elezioni del 1975 «tutto il centro e tutta l'ala sinistra dello schieramento politico sono più o meno direttamente coinvolti nelle responsabilità delle amministrazioni (a Villafranca viene eletto anche Martari). Ne rimane esclusa solo l'ala destra, con l'Msi: perché cadano le barriere da questa parte occorreranno ancora diversi anni»[98].

In quest'ottica diventa chiaro come mai la scelta del partito trascendeva da una semplice questione personale, diventando una questione non solo di appartenenza al gruppo sociale di origine, ma anche – nel caso di una scelta non allineata e non approvata dalle autorità ecclesiastiche – di «tradimento» dei «valori tradizionali», strettamente legati a quelli della Chiesa ufficiale. Ciò era particolarmente drammatico in una società come quella veneta, non solo impregnata al massimo dallo spirito religioso e dall'influenza delle gerarchie cattoliche, ma in cui per tutta una serie di vicissitudini storiche la realizzazione personale di un individuo passava quasi esclusivamente attraverso un gruppo socialmente riconosciuto: una parrocchia, una corporazione, un partito, una loggia... Nel Paese, spaccato dall'ideologia, ma tenuto unito dalla Chiesa investita anche del potere politico, i ragionamenti di tipo *«mi son democristian, son a posto»* o *«mi son comunista, son fora»* dalla Chiesa erano all'ordine del giorno. L'urgenza del compromesso tra le ostili forze politiche, avvertito in tutto il Paese, diventava questione di sopravvivenza non solo nel senso metaforico della parola. Il «caso Moro» ne è una tragica prova.

Sergio Paronetto, autore del saggio *La questione cattolica a Verona tra il 1968 e il 1978*, ciclostilato dall'allora Centro studi del Pci[99], in occasione del centesimo incontro del Gruppo per il pluralismo e il dialogo diceva:

> «Negli anni '60, di fronte ai primi segni del "dissenso" cattolico e, politicamente, dell'esperienza di centro-sinistra, la parola d'ordine della curia veronese era "salvare Verona dalla contestazione" [...]. Negli anni '70, dopo l'avvio della "strategia della tensione", il referendum sul divorzio e l'avanzata politica delle sinistre (elezioni del '75 e del '76), il grido di dolore è stato: "salvare Verona dal neocomunismo, aiutare il rilancio della Dc". Il "Bollettino ecclesiastico veronese" del 1976 è pieno di allarmismo e contiene anche espressioni di dubbio gusto come "marea di fango", "turbine dell'impostura". È in questo clima che nasce il Gruppo per il pluralismo e il dialogo»[100].

Alle parole di Paronetto si potrebbe aggiungere anche un altro fatto di cronaca. Appena insediatosi sulla cattedra vescovile, Giuseppe Carraro, in pieno accordo con la risoluzione dei cardinali della Congregazione del Santo Uffizio dell'aprile 1959 convocati da Giovanni XXIII[101], e con la tesi ribadita dall'«Osservatore romano» sull'inconciliabilità tra cattolicesimo e socialismo[102], nell'omelia pasquale diceva: «Il comunismo ateo è il veleno più pericoloso che distrugge la religione e l'ordine civile» (31 maggio 1964)[103].

I metodi che si usavano a livello parrocchiale per arginare il dissenso ce li descrive la testimonianza personale di Guglielmo Frapporti, membro del Gruppo fin dalla sua fondazione nel 1975. All'età di ventidue anni, Guglielmo si era iscritto al Pci. All'epoca, dice,

> «nel Pci del paese c'erano contadini poveri, operai, pensionati, vecchi, emarginati, donne: persone semplici che, forse perché vivevano una specie di emarginazione culturale ed erano etichettati come mangiapreti, si volevano bene tra loro [...]. E questa, tuttavia, è stata [...] rottura,

> involontaria, che non mi sarei mai aspettato, con l'apparato del potere della Chiesa [...]. Quando è arrivato il momento del matrimonio il parroco mi ha rifiutato il matrimonio religioso perché ero visibilmente esposto come appartenente a un partito i cui aderenti erano scomunicati e, alle mie obiezioni, lui si sentiva in dovere di rincarare la dose dicendo che ne avrebbe parlato in vicaria proponendo agli altri parroci lo stesso atteggiamento nei miei confronti (era il 1982). È stato un momento doloroso»[104].

Il dolore di cui parla Frapporti era provocato dal fatto che per lui «la parrocchia non era il luogo della fede, ma il luogo dove si snodano tutta la vita e le relazioni sociali»[105]. Sergio Paronetto parlava di una

> «particolare forma di "'moderatismo di massa" che trova spesso nella parrocchia l'unico centro di aggregazione culturale e sociale e in una fitta rete di organizzazioni il frutto della strategia di graduale conquista della "società civile" che relega a un ruolo nettamente minoritario le associazioni di sinistra e le comunità di base. Lo specifico cattolico veronese va collocato, pertanto, all'interno dello specifico modello veneto di sviluppo ("una fabbrica per ogni campanile", l'"operaio-contadino", la "vocazione terziaria" di Verona "capitale verde d'Europa") e del particolare sistema di potere costituito dai dorotei[106] e cementato per molti anni (praticamente fino al 1975) dalla concezione politico-religiosa di Guido Gonella[107] e della curia»[108].

Nel 1983 Gianni Martari con amarezza annotava: «Comunque rimane la sensazione che l'elemento che determina anche oggi l'emarginazione sia sempre la pubblica scelta partitica diversa dalla Dc»[109]. Due anni dopo, nel 1985, Lorenzo Dani constatava: «La Chiesa, per la sua caratteristica interna, rimane ancora profondamente intollerante»[110]. In base a un'indagine sociologica, fatta all'interno del Gruppo per il pluralismo e il dialogo, risultava che il giudizio sulla parrocchia era molto severo: «La parrocchia senz'altro non è una scuola di tolleranza e di pluralismo. Piuttosto è una scuola di perbenismo, proprio nel senso preciso della parola, per cui chi frequenta normalmente la parrocchia [...] da una certa evangelizzazione si sente rassicurato e confermato nel suo mediocre individualismo egocentrista»[111]. Si è parlato di «una sostanziale intolleranza locale» che nasce «dalle strutture religiose centrali, là dove si trovano i veri "motori" di questa intolleranza che poi si traduce a livello locale»[112].

Il dirigente scolastico Paolo Bertezzolo, appartenente fin da giovane alle Acli[113] e arrivato a ricoprirne la carica di presidente provinciale[114], asserisce che «la questione del pluralismo e della laicità delle scelte politiche non è stata semplice nemmeno negli anni successivi» e a riprova di questo riporta il suo caso personale, quando nel 1992 candidandosi alla Camera dei deputati per il movimento La Rete[115] ha avuto un'ammonizione da «ben due monsignori piuttosto importanti della Chiesa veronese» che gli «fecero capire in modo esplicito» che la sua scelta era sbagliata perché non si era impegnato nella Democrazia cristiana. E poi ribadisce: «Ed eravamo nel '92. Ripeto, l'anno in cui esplose tangentopoli e iniziò il crollo del sistema politico imperniato sulla Dc»[116].

LO SCANDALO DELLA *LETTERA APERTA*

Nel 1974, alla vigilia del referendum sul divorzio del 12 maggio, scoppiò uno scandalo che investì in pieno la curia scaligera. Un gruppo di quarantaquattro preti[117], tra cui otto veronesi, scrisse una *Lettera aperta* ai vescovi e ai sacerdoti del Veneto. La lettera fu divulgata «con diffusione di pubblica stampa e di volantini»[118], tra cui anche «Qui Veneto»[119] e «L'Unità» che la pubblicò l'11 aprile 1974[120]. Per don Luigi di particolare importanza era il fatto che su «L'Unità» la lettera apparve nel giorno del Giovedì santo. Il titolo della pagina diceva: *Pesante intervento dell'arcivescovo di Genova nella campagna del referendum. La grave lettera del cardinale Siri e la risposta dei cattolici democratici.* Nell'articolo firmato da Flavio Michelini si riportavano i più importanti passaggi della lettera del cardinal Siri che chiamava a raccolta tutti i cittadini, cattolici e non cattolici, per salvare la famiglia, definita «cellula della compagine sociale, ultimo argine per arrestare la marea distruttrice della nostra civiltà». Votare per l'abrogazione del divorzio, secondo il cardinal Siri, «è obbligo di coscienza». Si lanciava anche un appello: «Attenti che si vota "sì". Tutti gli inganni saranno tentati facendo credere che, per andare contro il divorzio, si vota "no". Il "no" serve al divorzio, non all'abolizione di esso».

Il testo della lettera dei quarantaquattro sacerdoti, pubblicata subito dopo, aveva come sottotitolo *Il «no» come scelta radicalmente antifascista.* È superfluo dire che la lettera suscitò un enorme scalpore. Nella lettera, firmata per primo da don Luigi Adami (le firme vanno in ordine alfabetico), si esprimeva la perplessità sulla notificazione della Cei a favore del «sì» e sul comunicato dei vescovi del Veneto circa la linea da seguire in occasione del referendum:

> «Ancora una volta i vescovi italiani si sono pronunciati impegnando il loro magistero senza nessun dialogo con le proprie comunità ecclesiali. Per questo ci pare opportuno esprimere il nostro parere che intende essere una voce ecclesiale che aiuti sia a un dialogo all'interno della Chiesa, fuori di qualsiasi tentazione di polemica e di divisione, sia a capire come scelte sociali diverse siano possibili nell'ambito della stessa fede. E inoltre ci troviamo, come preti, in enorme imbarazzo a causa dell'atteggiamento con cui i vescovi si sono espressi nel doverci impegnare a predicare una morale familiare che risulta del tutto astratta da quei

problemi reali che la gente vive nelle contraddizioni sociali quotidiane e che spesso sono di fatto la causa dell'attuale crisi famigliare. Ci sembra opportuno innanzitutto riconoscere che una distinzione tra matrimonio religioso e matrimonio civile, oggi in Italia di fatto impedita dal regime concordatario, potrebbe evidenziare molto meglio l'indissolubilità non come vincolo giuridico imposto dalle leggi dello Stato a tutti i cittadini indistintamente, ma come segno di fede in Cristo liberamente assunto. D'altra parte ci riesce difficile dire con sicurezza che il matrimonio è indissolubile anche come "istituto naturale" [...]. È chiaro che quando le scelte politiche e sociali non hanno mai investito la base o l'hanno investita solo in occasione delle scadenze elettorali, il fare appelli di questo tipo non può che far leva su atteggiamenti emotivi. In particolare la confusione tra sociale e religioso che questo referendum presenta non può che lasciare ampio spazio a strumentalizzazioni e manovre che possono riproporre il clima di guerra di religione [...]. È impossibile improvvisare questa chiarezza politica dei cattolici quando per anni si è strumentalizzato l'apparato ecclesiastico per sostenere il cosiddetto partito dei cattolici, quando da anni esiste uno stretto connubio clientelare di reciproco favoritismo tra strutture ecclesiastiche e Dc [...]. Inoltre il malessere di questo referendum deriva dalle trame, non troppo oscure per la verità, che esso nasconde [...]. È per questo che siamo portati a rivestire il nostro "no" alla abrogazione del divorzio anche di una dimensione particolare qual è quella di una scelta radicalmente antifascista»[121].

La risposta non tardò ad arrivare. Il 25 aprile 1974 su «Verona fedele» usciva la *Deplorazione ufficiale della curia* con il sottotitolo *L'atteggiamento assunto da alcuni preti veneti, e strumentalizzato a fini di propaganda, è «una ferita inferta alla comunità ecclesiale veronese»*. Nella lettera si esprimeva la speranza che «qualcuno abbia firmato senza rendersi conto sufficientemente e del contenuto e delle conseguenze di questo gesto». Intanto i firmatari venivano invitati «con cuore aperto» «a riflettere e a rivedere, a mente tranquilla e illuminata dallo spirito di verità e di carità, il loro atteggiamento, e a prestare il loro aiuto per neutralizzare il triste effetto che la loro azione ha prodotto e produrrà nella comunità ecclesiale». La deplorazione si concludeva con una precisazione un po' ambigua: «È da notare che la puntualizzazione del vescovo e dei vicari non si riferisce assolutamente alla libera estrinsecazione delle proprie personali convinzioni attraverso il voto, quanto alla opportunità, da parte di questi sacerdoti, di dare, attraverso partiti e organizzazioni che in questa occasione hanno assunto molto spesso posizioni apertamente contrarie alla Chiesa cattolica, pubblicità e rilievo di stampa a convinzioni che contrastano nettamente con quelle unanimemente e da sempre assunte dalla Chiesa»[122].

Queste dichiarazioni ufficiali sono state seguite da uno scambio di lettere private tra la curia e gli aderenti all'iniziativa. Prima è stata inviata una lettera di risposta, firmata dalle otto persone in questione, poi la corrispondenza ha assunto un carattere individuale (evidentemente si cercava di dividere il gruppo, chiedendo a ciascuno un pronunciamento personale sul fatto). È interessante che all'indomani del referendum la faccenda della *Lettera* si è sgonfiata e, come ribadisce don Luigi, di tutta la questione non solo non si parlò più, ma addirittura nel colloquio personale con don Adami il vescovo sarebbe arrivato ad ammettere che sarebbe stato meglio che non ci fosse alcun Concordato tra lo Stato e la Chiesa[123].

Tornando al discorso di prima, ricordiamo che proprio questa faccenda, definita «scandalosa», è stata sollevata nel 1975 durante il Consiglio pastorale diocesano dal vescovo Carraro con delle conseguenze cariche di significato. Come ricordiamo, la solidarietà espressa da Gianni Martari nei confronti dei preti firmatari della lettera e la conseguente ira del vescovo ha contribuito in modo non indifferente alla fuoriuscita del «buon giovane di Chiesa»[124] dalle strutture diocesane.

Quindi non c'è da meravigliarsi che in un tale clima e in un tale contesto storico una semplice decisione personale di aderire al socialismo a discapito della Dc, presa da Gianni Martari, potesse «spaccare la Chiesa». Perché, spiega don Luigi Adami, «allora non era ancora concepibile, era uno scandalo, erano le persone che dovevano essere allontanate dalla Chiesa». Mentre Martari asserisce: «Il candidarsi nelle liste di un partito o prendere pubblicamente la tessera di un partito diverso dalla Dc, per comune esperienza, è sempre stato motivo quasi automatico di emarginazione dalla vita della Chiesa»[125]. Ma nonostante una tale severità nel giudicare le scelte politiche dei credenti, il numero dei cattolici «che facevano la scelta di fare la militanza politica fuori dalla Democrazia cristiana» cresceva sempre di più. Questo succedeva, sempre secondo la testimonianza di don Luigi Adami, perché nella Dc, che all'inizio era un partito basato su

> «alti ideali, tante brave persone, con la faccenda del potere ci è entrato di tutto. Di tutto, insomma. Quindi alcune persone a un certo momento negli anni '70 si distanziavano ed entravano negli altri partiti. Però questo comportava anche delle "punizioni", tra virgolette. Di tipo affettivo, di tipo amicale: "Non sei più mio amico", o degli allontanamenti dalle parrocchie».

Gli amici emarginati[126] sentivano il bisogno di creare una forma associativa, costruita su principi assolutamente diversi da quelli che stavano alla base dei gruppi di potere. Niente strutture ufficiali, niente interessi particolari, né appoggi, né schieramenti. Solo condivisione, dialogo, libertà di scelte personali, amicizia. Ventisei anni dopo, in occasione del centesimo incontro, don Luigi scriverà: «Abbiamo sempre voluto che il Gruppo restasse una "cosa" piccola, informale, occasionale. L'amicizia è stato il valore più coltivato e tutto il resto (organizzazione, ideologia, risultati, apparire...) non ci ha interessato»[127]. Così «pluralismo e dialogo» prende forma di un gruppo.

«PLURALISMO E DIALOGO» DIVENTA GRUPPO

L'idea di base era quella di creare un gruppo indipendente fondato sul dialogo tra diverse forze politiche. Tra i promotori di questa iniziativa c'era don Luigi Adami che, stando alle sue parole, aveva «sempre teorizzato la libertà e il pluralismo delle scelte politiche dei cattolici. Non per distanziarsi dalla fede, ma per avere un continuo rapporto, un confronto con la fede» a prescindere dall'appartenenza politica. Ancora negli anni '60 monsignor Sennen Corrà[128] aveva definito don Luigi come «specialista degli infedeli». Come dice lo stesso don Luigi: «Sono sempre stato in zona di confine, mi è sempre piaciuto».

Reduce dal dibattito su divorzio e libertà delle scelte dei credenti, che ha travolto anche il suo amico Gianni Martari, don Luigi ha voluto dare un segnale concreto alle aspirazioni di rinnovamento che crescevano sempre di più tra le persone a lui vicine. Data la situazione politica contingente, è stato deciso di non ricorrere alle solite azioni, quali volantinaggio, articoli sui giornali, manifestazioni politiche – che con il passare del tempo svanivano nel nulla e rischiavano di perdersi nel trambusto generale degli anni '70 – ma, mettendo insieme tanti cattolici appartenenti a partiti politici diversi, creare un vero «luogo di confronto».

È molto importante ribadire che il nucleo iniziale del gruppo fu costituito proprio in base ai legami di amicizia e non a interessi particolari. A far parte del gruppo entrarono due rappresentanti di quattro correnti politiche diverse: della Dc, del Pci, del Psi e della lista civica Ud (Unità democratica, a sinistra della Dc). Inoltre sono state scelte altre due persone in qualità di osservatori. Conscio della propria «non importanza» («Io ero niente. Al livello della Chiesa veronese il parroco di San Zeno di Colognola non era niente. Ero importante solo per gli amici») e per tutelarsi, come crediamo noi, davanti alle autorità ecclesiastiche, don Luigi invita un personaggio di rilievo che all'epoca era monsignor Lorenzo Bellomi, il futuro vescovo di Trieste (1977-1996)[129] («era il delegato, l'assistente generale dell'Università Cattolica di Milano. Era l'uomo, il prete che il vescovo usava come la faccia pubblica della Chiesa. Era anche un amico»).

Così si sono messi insieme otto politici, due osservatori e due preti. Nel foglio del Gruppo per il pluralismo e il dialogo sulle ultime pagine che riproducono la sua cronistoria troviamo (rigorosamente in ordine alfabetico e senza titoli onorifici) i nomi di L. Adami, C. Arduini, L. Bellomi, P. Bertezzolo, L. Dani, F. Cottini, G. Fasoli, G. Frapporti, C. Marinello, G. Martari, A. Perotti, P. Turra. Dei militanti democristiani G. Fasoli e C. Arduini sappiamo (dalle parole di don Luigi) che il primo era «un assessore di Colognola ai Colli, un dirigente, una bravissima persona» e il secondo era di Villafranca, «poi è stato sindaco di Villafranca, figlio di un sindaco di Villafranca, dirigente dell'Azione cattolica, in seguito vicepresidente della Provincia. Era una personalità anche in vista». Gli osservatori erano Lorenzo Dani, sociologo, che si occupava anche della sociologia della religione, e Paolo Bertezzolo, filosofo, appartenente alle Acli.

Quindi tra i membri del gruppo s'annoverano, accanto ai rappresentanti del clero, persone appartenenti al ceto medio-alto della società, soprattutto dell'«intellighenzia» italiana (un architetto, un medico, un filosofo, un sociologo, un dirigente della Mondadori, un sindaco, un assessore, ecc). Il sociologo Lorenzo Dani, a dieci anni dalla fondazione, fece una indagine sociologica su trentotto partecipanti del Gruppo. I risultati, assieme a una specie di «diagnosi», vennero presentati al quarantunesimo incontro del 1° dicembre del 1985[130]. Peccato, dal nostro punto di vista, che mancano anche i dati sul genere degli aderenti. Visto il non scontato ruolo sociale della donna in Italia all'epoca, sarebbe interessante vedere quante di esse (classificate anche, secondo le domande del questionario, per titolo di studio, età, partecipazione ai partiti politici, gruppi sportivi, associazioni religiose, altre associazioni) condividevano un'esperienza così particolare. Stando alle parole di don Luigi, alla base dell'adesione c'era il fatto che «tutti erano cattolici, tutti praticanti, molti venivano dall'Azione cattolica» e sebbene non tutti si conoscessero tra di loro, «tutti erano miei amici».

Alla prima riunione c'è stato un episodio che ha turbato un po' il corso degli eventi. Monsignor Bellomi, ricoprendo anche un ruolo istituzionale, non poteva accettare di venire in casa di Martari. Allora, senza tante obiezioni, si decise di spostare l'incontro in casa del democristiano Arduini. Inoltre dalla lettera del vescovo Carraro si evidenzia il fatto che Carlo Arduini aveva svolto le mansioni di intermediatore tra Gianni e il vescovo stesso[131]. Tutti questi fatti si nascondono dietro la laconica nota n. 1 del foglio: «11 ottobre 1975 a Villafranca (casa Arduini). L'incontro ha offerto l'occasione per verificare l'omogeneità delle diverse esperienze che ormai da anni e a diversi livelli si vanno moltiplicando». Non a caso il secondo incontro dell'11 gennaio 1976 a San Pietro in Cariano (casa Perotti), a cui parteciparono già ventitré persone, era dedicato alla questione più dolente: «Possono conciliarsi scelte pluraliste a livello politico e comunione ecclesiale?». Ricordiamo che la risposta del vescovo alla lettera di Martari, che arriva dopo il secondo incontro, contiene un'allusione a «qualche gruppo», l'attività del quale, in concomitanza con il comportamento di Martari, potrebbe riflettersi «negativamente su tutta la comunità cristiana».

Fin dall'inizio il Gruppo, al quale si faticava addirittura a dare un nome (come scrive Lorenzo Dani, «più volte, soprattutto agli inizi, ci si chiedeva: ma il nostro è veramente un gruppo?»[132]), rifiutò un qualsiasi inquadramento ufficiale. Questo permetteva al gruppo di mantenere la massima libertà di scelta sia degli argomenti da affrontare, sia delle persone da invitare alle riunioni senza dover rendere conto né alle autorità ecclesiali né a quelle politiche.

Quando la ragione per cui si era istituito il Gruppo venne meno, dopo un po' di tentennamento, affrontato anche nell'incontro «Continuare o fermarsi?» del 31 ottobre 1976, si decise comunque di andare avanti, limitandosi a due-tre incontri l'anno. In quasi quarant'anni di attività il Gruppo organizzò più di centocinquanta incontri (il 7 giugno 2015 si svolse il centocinquantatreesimo incontro) sugli argomenti più svariati, ma sempre molto attuali per i cattolici italiani. Mentre nei primi anni i temi erano legati soprattutto al rapporto tra la fede e le scelte personali, sia a livello politico-ideologico che a quello etico-sociale, con il passare del tempo gli orizzonti delle ricerche spirituali si allargano in tutti i sensi. Come se dopo aver guardato dentro la propria Chiesa si avvertisse il bisogno, come nella famosa metafora di Socrate[133], di alzarsi in volo per accorgersi dei problemi del mondo intero. Temi inerenti alle realtà politiche italiane[134] prevalgono fino al ventiduesimo incontro (5 aprile 1981). Tra questi spicca per importanza l'intervento di Ernesto Balducci, «La laicità nella prassi politica del credente» (tredicesimo incontro, domenica 4 febbraio 1979)[135], che riassume il percorso compiuto dalla Chiesa italiana e dalla Dc negli anni '70:

> «Mi sembra che il partito democristiano si avvii ad essere laico nelle motivazioni pubbliche della sua scelta. E in questo ci guadagnano tutti, è molto meglio così perché allora finisce lo spirito di crociata e, dato che la ragione ci fu data, si usa la ragione. Io credo che questa fatica nella nostra crescita di credenti e di cittadini sia stata ampiamente ripagata in pochi anni [...]. E sicuramente bisogna agire a livello delle strutture perché senza agire a quel livello le differenze gerarchiche della società ci saranno sempre. E ogni istituzione ha i suoi chierici. Di clericalismi ne abbiamo tanti in Italia, non c'è solo quello dei preti. Noi vogliamo una società egualitaria, dove le gerarchie, se sopravvivono, diventino servizi e non livelli di differenziazione di autonomia [...]. E la stessa Dc, che al riguardo ha

certo molte responsabilità storiche (d'altra parte essa esprimeva una Chiesa come era), mi pare che in questi ultimi anni cerchi di motivare la propria presenza nella società non con riferimenti a particolari primogeniture ecclesiali (non so come va nel Veneto per la verità!), ma con ragioni immediatamente politiche anche se poi nel retrobottega il vecchio imbroglio continua»[136].

Con l'inizio degli anni '80 incominciano i primi approcci alle realtà oltre confine che s'inaugurano con «Omaggio ai contadini, operai, intellettuali, suore, preti, vescovi che in America Latina testimoniano la solidarietà» (n. 23, 14 giugno 1981). Dopo un anno (il 6 giugno 1982) a Colognola ai Colli si organizza anche il primo «Incontro ecumenico con riflessione e preghiera sulla pace». Gli anni successivi sono dedicati alle riflessioni sull'emarginazione sociale e religiosa, alle ricerche di riconciliazione e di superamento delle divisioni interne della società italiana, per poi passare ai diversi aspetti della presenza degli stranieri in Italia[137] e ai problemi del «Pluralismo e dialogo per costruire insieme la pace»[138].

Le tappe del cammino di questa «carovana poco organizzata e quasi informale»[139] vengono riassunte nelle pubblicazioni *pro manuscripto*, preparate in occasione dei traguardi più significativi raggiunti dal Gruppo. Così il 1° dicembre 1985 si fa il punto dei primi dieci anni dell'attività[140]. Nel 1995 esce l'opuscolo intitolato «Dopo vent'anni... dall'11 ottobre 1975 al 19 novembre 1995». Il traguardo successivo è legato al centesimo incontro del Gruppo, definito «piccolo sinodo permanente» (24 febbraio 2002). Nel libretto dedicato all'evento troviamo interessantissimi interventi dei membri storici del Gruppo. Colpisce per l'originalità del pensiero e la ricercatezza stilistica – che evoca nella mente i *Primi principi di una estetica futurista* di Soffici – l'intervento di Lorenzo Dani sull'identità del «pluralista»[141]. Nella relazione di Sergio Paronetto troviamo, insieme alla consapevolezza che l'attività del Gruppo rappresenta «per Verona (e per l'Italia) un'esperienza rara ancora feconda», un'ampia valutazione storica sia del cammino già compiuto che delle prospettive delle ricerche future[142]. Don Luigi dopo anni di attività ribadiva che il Gruppo ha realizzato una presenza competente e discreta nella realtà ecclesiale e civile veronese. «Non è stato uno dei tanti gruppi del dissenso, ma ha maturato un'identità originale: coltivare il dialogo nel pluralismo e il pluralismo nel dialogo, senza cadere né nella chiusura autosufficiente ed esclusiva, né nel "laicismo" o nel "relativismo" che propugna una pluralità indifferente ai valori»[143].

IL FILONE ECUMENICO

Dagli argomenti presentati nell'elenco cronologico, tenuto con cura dagli esponenti del Gruppo per il pluralismo e il dialogo, risulta che il filone ecumenico subentra nei temi degli incontri con l'arrivo di una nuova persona, di primaria importanza, don Giovanni Gottardi[144]. Don Giovanni, dopo essersi formato al Biblicum[145], ha sempre mantenuto un vivo interesse verso le confessioni religiose cristiane non cattoliche. Rafforzando le conoscenze del mondo «del confine» durante gli incontri ecumenici, nati sull'onda del Concilio Vaticano II, si avvicinò al movimento Sae (Segretariato attività ecumeniche), fondato da Maria Vingiani[146]. Questa studiosa del protestantesimo ebbe occasione di conoscere il patriarca di Venezia Roncalli che, come mi aveva spiegato don Giovanni, le aveva accordato il permesso, all'epoca indispensabile, per reperire i libri protestanti necessari per il suo lavoro di ricerca. Don Gottardi rappresentò una corrente del processo di rinnovamento avviato dal Vaticano II, quella puramente religiosa, propensa ad aprirsi alle realtà spirituali delle confessioni cristiane diverse da quella cattolica.

Anche per il movimento ecumenico di Verona l'anno 1975 rappresenta una tappa significativa, perché proprio allora presso lo Studio teologico San Bernardino dei frati minori furono avviati i primi corsi di ecumenismo. Nel maggio del 1989 la Congregazione per l'educazione cattolica dava la sua approvazione all'attuazione di un biennio di licenza in teologia con specializzazione in studi ecumenici. Per l'avvio dell'attività accademica venne scelta una nuova sede, il convento di San Francesco della Vigna a Venezia[147], dove esisteva già una lunga tradizione ecumenica.

C'è da dire che i primi segni di apertura religiosa nella Chiesa veronese precedevano addirittura il Vaticano II ed erano legati soprattutto all'attività di don Giovanni Calabria (1873-1954), beatificato il 17 aprile 1988 e proclamato santo il 18 aprile 1999 da papa Giovanni Paolo II[148]. Sono note le relazioni epistolari di don Calabria con rappresentanti delle altre confessioni cristiane: con un pastore luterano e con C.S. Lewis, un laico anglicano, professore dell'Università di Oxford[149]. Per due anni, con il consenso della Santa Sede, don Calabria ospitò nell'abbazia di Maguzzano (a Lonato, in provincia di Brescia) «il metropolita della Chiesa ortodossa rumena, S.E. Visarion, profugo dopo la conquista del potere da parte del comunismo»[150]. Ora nell'abbazia è attivo un centro ecumenico che cerca di mettere a frutto il pensiero calabriano, sia per quanto riguarda i rapporti tra le confessioni cristiane, che per quelli tra diverse religioni[151].

Negli anni '30 don Calabria si era schierato contro le leggi razziali, facendo un bel gesto di solidarietà verso la comunità ebraica di Verona. Nel suo *Diario* troviamo la seguente annotazione: «Oggi, con l'approvazione del mio Padre spirituale, mi sono portato dal Rabbino di Verona [dr. Ermanno Friedental], per dire tutto il mio dolore per la prova che subisce il popolo ebreo»[152]. Inoltre don Calabria ha dato un aiuto concreto a Mafalda Pavia, celebre pediatra veronese, prima, insieme ad altri due medici ebrei, cacciata dall'ospedale in cui lavorava, poi minacciata di essere mandata nei campi di concentramento a causa dell'ordine di polizia del 30 novembre 1943, secondo il quale «tutti gli ebrei, anche se discriminati, a qualunque nazionalità appartengano e ovunque residenti nel territorio nazionale, devono essere avviati in appositi campi di concentramento»[153]. Per diciotto mesi don Calabria nascose Mafalda, sotto il nome di Beatrice, presso la sede del noviziato della Congregazione delle Povere Serve della Divina Provvidenza a Roncà (Vr)[154]. Oltre a intuire l'urgenza e la necessità di dialogare «con i fratelli di altre confessioni, don Calabria intuisce pure l'importanza del ruolo dei laici nella Chiesa». Scrive nel suo *Diario* il 6 luglio 1947: «O ci riformiamo noi, o ci penserà il Signore»[155].

A livello della Chiesa ufficiale il primo segnale tangibile era tuttavia legato all'istituzione presso la curia veronese, all'inizio degli anni '80[156], della Commissione diocesana per l'ecumenismo e il dialogo, nata come risposta alle esigenze maturate negli ambiti cattolici più sensibili ai segni di apertura del Vaticano II[157] (anche se, come ammetteva il vescovo Amari, «l'acqua del Concilio scorre troppo nel profondo e non riesce a irrigare adeguatamente il campo della Chiesa locale»[158]). Come ci ha riferito don Luigi Adami, il primo responsabile della Commissione fu padre Tecle Vetrali, l'organizzatore dei corsi ecumenici avviati nel 1975[159]. Nel 1988 (o 1989) il delegato vescovile della Commissione per l'ecumenismo e il dialogo diventa don Giovanni Gottardi.

Come si può vedere, le aspirazioni ecumeniche maturano quindi lentamente anche nell'ambiente cattolico veronese, considerato comunemente tradizionalista e integrista: sebbene la commissione ecumenica nascesse solo con l'arrivo del vescovo Giuseppe Amari (1978-1992)[160], le prime spinte in questo senso si manifestarono sia nel periodo «carrarese» come anche prima[161]. Questo, per l'ennesima volta, testimonia la complessità del quadro generale della storia della Chiesa cattolica veronese del secondo dopoguerra.

L'avvicinamento di don Giovanni Gottardi al Gruppo risale agli anni '70, quando subentra come osservatore della curia al posto di monsignor Lorenzo Bellomi, diventato vescovo di Trieste nel 1977. Come spiega don Luigi, tra lui e don Giovanni esisteva già da tempo un rapporto di amicizia basato sulla «contiguità del pensiero e della cultura, su vicinanza di vedute e di opinioni». Per questo don Luigi chiese a Giuseppe Carraro di mandare proprio lui come nuovo osservatore del Gruppo. Il vescovo, però, aveva in mente un'altra persona, uno stimmatino di nome De Paoli. A questo punto don Luigi fece una controproposta, quella di chiamarli tutti e due: sia don Giovanni, sia la persona proposta dal vescovo. È molto interessante questo particolare della storia del Gruppo. Un'associazione di soli amici, che cerca di evitare qualsiasi inquadramento ufficiale o ufficioso, che vuole mantenere il massimo livello di libertà, deve comunque fare i conti con il parere, anche se non istituzionale ma personale, del vescovo locale. Tuttavia non pare verificarsi alcuna imposizione e alla fine il candidato del vescovo non si presentò nemmeno.

Il 15 maggio 1978, con l'arrivo nella sede vescovile di Verona di Giuseppe Amari, come abbiamo già visto, si concluse il lungo periodo «carrarese». Nello stesso anno il nuovo vescovo incaricò in modo informale don Giovanni di occuparsi delle questioni ecumeniche. Grazie all'adesione al Gruppo per il pluralismo e il dialogo di don Giovanni e, soprattutto, dopo la sua ascesa alla guida della commissione ecumenica diocesana, membro della quale fin dall'inizio diventa anche don Luigi[162], il Gruppo entra in una fase nuova della sua storia. Si crea un fruttuoso binomio tra quest'ultimo e l'istituzione diocesana. Don Luigi trova del tutto naturale questa alleanza tra il Gruppo, che essendo laico, ha un interesse più politico che religioso, e questa commissione puramente religiosa. In fin dei conti, anche l'ecumenismo (che si presta alle più svariate interpretazioni[163]), almeno idealmente, si basa sugli stessi principi che stanno alle origini del Gruppo per il pluralismo e il dialogo: superamento della visione totalitaria del mondo, della mentalità esclusivista e integrista, accettazione della varietà delle realtà confessionali, e, quindi, della necessità di dialogare con esse.

Inoltre una simile organizzazione «mista» lasciava grande spazio di manovra nell'affrontare gli eventi e le persone. Nelle situazioni ufficiali si agiva per mezzo della commissione diocesana che «pur non essendo molto riconosciuta nell'ambito diocesano, ha camminato, ha pensato, soprattutto ha tentato dei collegamenti personali con cristiani non cattolici»[164]. Nei casi più complessi e meno scontati si ricorreva al Gruppo che permetteva di muoversi liberamente senza dover richiedere permessi e autorizzazioni di vario genere. Così, alle manifestazioni ufficiali, come ad esempio per l'incontro ecumenico di Basilea del 1989 («La prima assemblea ecumenica europea di Basilea»), si partecipò come commissione ecumenica. Anche i primi contatti con il giornalista Luigi Sandri sono stati presi in veste di commissione ecumenica. Quando, invece, si è deciso di invitarlo a Verona nell'autunno del 1989 per parlare della Russia, è stato messo in moto il Gruppo per il pluralismo e il dialogo per non dover chiedere permessi e autorizzazioni indispensabili in questi casi. Diverse persone facevano parte sia dell'una che dell'altra realtà. Proprio questo meccanismo mobile ed elastico è servito da cornice e mezzo per avviare e gestire i rapporti con la Chiesa ortodossa russa.

Risulta quindi evidente che l'approccio da parte del Gruppo per il pluralismo e il dialogo al mondo dell'ortodossia russa non fu una curiosità occasionale e vana, né frutto di propositi missionari integralisti, ma tappa di un lungo cammino attraverso problemi e dolori della propria Chiesa e della propria società. Questo incontro era preparato da tutto il precedente percorso del Gruppo per il pluralismo e il dialogo e la sua realizzazione era soltanto una questione di tempo e di opportunità.

Capitolo terzo

Religione ortodossa e tradizione spirituale russa

ALCUNE CONSIDERAZIONI DI CARATTERE GENERALE

Per capire meglio le insidie e le prospettive del dialogo tra le realtà religiose italiane e russe bisogna avere un'idea sul tipo di retroterra culturale che posseggono i partecipanti del dialogo[1]. Dopo aver tracciato i lineamenti generali del contesto storico in cui nasceva il Gruppo per il pluralismo e il dialogo a Verona, volgiamo il nostro sguardo verso la Russia. Ora dobbiamo allargare ancora di più i nostri orizzonti spazio-temporali per introdurre un'idea di estrema complessità, che si nasconde dietro l'apparentemente così chiara definizione «Russia» (in russo *Россия,* «Rossìa»)[2].

Lo dobbiamo fare anche perché l'esistenza dell'«antimito russo», frutto del meticoloso e metodico lavoro per fronteggiare le emergenze ideologiche dei secoli passati[3], seguendo le regole classiche del genere, ha semplificato[4] fino all'inverosimile la percezione delle realtà culturali di questo enorme e complesso Paese agli occhi di uno spettatore europeo in generale e di quello italiano in particolare. Uno dei maggiori bizantinisti italiani, Antonio Carile, nel constatare il fatto che la «cultura occidentale impone una visione gerarchica in cui la società occidentale è superiore a quella orientale», parla anche di una «ignoranza funzionale [...] a un programma di egemonia culturale in una specularità di scelte da cui nessuna cultura sembra immune»[5].

Ben lungi dal proclamarci seguaci delle teorie di Samuel P. Huntington[6], o dal condividere in pieno il pensiero che irrimediabilmente contrappone la via «eurasiatica» a quella «atlantica»[7], compresi i suoi risvolti neoeurasiatici[8], soffermiamoci su alcuni aspetti, e soprattutto su quello religioso, che hanno influito sullo sviluppo della cultura russa quale fenomeno storico mondiale. Prima, però, dovremmo sfatare alcuni luoghi comuni riguardanti la tradizione cristiano-ortodossa che si sono diffusi in Occidente nel tempo.

Quando si parla della Chiesa ortodossa russa – che Enrico Morini definisce «la grande sconosciuta» o, forse peggio, «la grande misconosciuta» (con l'aggravante che conoscere male è assai peggio che non conoscere affatto)[9] – la prima cosa che di solito viene in mente è la devozione alla tradizione patristica, ai sette Concili ecumenici, a realtà che ormai sembrano del tutto superate, a tutto ciò che può dare impressione di un qualcosa di immutabile, quasi stagnante[10]. In effetti, è noto che le Chiese ortodosse dal punto di vista organizzativo si basano sulla tradizione risalente agli albori del cristianesimo. I dogmi teologici principali, tra cui il dogma trinitario, cristologia, soteriologia, ecclesiologia, il concetto del territorio canonico, il principio di «pentarchia» si erano affermati passo dopo passo nei secoli IV-VIII, dal primo (Nicea, 325) al settimo (Nicea, 787) Concilio ecumenico[11].

Tuttavia la proverbiale fedeltà alla tradizione non significa affatto la negazione dello sviluppo spirituale, dogmatico e organizzativo. La Chiesa ortodossa russa ha assorbito ed elaborato un ricco patrimonio lasciatole da diverse tradizioni spirituali precristiane e cristiane, che va ben oltre una semplice e fedele ricezione della tradizione bizantina[12]. Durante il primo millennio dopo Cristo le tribù slave disperse nella vasta pianura fluviale dell'Europa centrorientale entrarono in contatto con diverse popolazioni che migravano dal nord al sud, dall'est all'ovest. Il processo stesso della formazione statale nella seconda metà del primo millennio fu contornato da un intricato contesto etnolinguistico, culturale e religioso – tra le popolazioni ugro-finniche, germaniche, scandinave, ebraiche, turche, greche, iraniche, ecc. – che circondava gli slavi antichi.

Non a caso nella storiografia degli ultimi anni si afferma la teoria della sintesi che sta alla base della formazione dell'*humus* culturale dello Stato russo che, nonostante la predominante e basilare componente slava orientale, prima, e russa dopo, ha sempre mantenuto il suo carattere plurietnico e multiculturale[13], privilegiando il «suolo» anziché il «sangue» (alla stregua, d'altronde, dell'impero bizantino), senza ricorrere alla prassi di un mirato e sistematico annientamento etnico, in uso in alcuni Paesi oltreconfine. Quindi, facciamo nostre le parole di Antonio Carile: «Gli operatori politici, economici, culturali e religiosi del prossimo futuro dovranno partire da una adeguata visione storica dell'Oriente europeo nelle sue componenti di cultura mediterranea, cioè da ultimo ebraismo, cristianesimo e islamismo, e nelle sue componenti turcofone fra sciamanesimo e islamismo. Dovranno cioè operare su una visione complessa dell'Europa rispettosa della sua ricchezza storica»[14].

Nonostante una lunga, a quanto sembra, storia dell'avvicinamento degli slavi orientali al cristianesimo, attraverso ben cinque battesimi[15], la conta ufficiale del momento dell'ingresso della Rus' antica nel seno della Chiesa cristiana incomincia solo con il principe Vladimir (980-1015) che, secondo la tradizione, introdusse la Russia nella «famiglia dei principi e regnanti» cristiani sotto l'egida di Bisanzio[16]. Perché viene preso in considerazione solo l'ultimo battesimo? Perché questo atto di grande valenza spirituale fu anche una risposta alle esigenze politico-ideologiche del giovane Stato Rus' di Kiev. Il principe Vladimir, persona molto controversa e ambigua, fu uno statista con uno spiccato fiuto politico. Appena salito sul trono di Kiev avvertì l'esigenza di consolidare il Paese, di trasformarlo da una confederazione di tribù in un vero e proprio organismo statale. Quale fattore, se non quello religioso, poteva corrispondere a queste esigenze?

La strada verso la cristianizzazione non era però facile. Come ci narra la cronaca *Racconto dei tempi passati* (XII sec.)[17], all'inizio Vladimir tentò di effettuare una riforma religiosa sulla base del sistema politeistico degli antichi slavi[18]. Il sistema di credenze era molto ricco e legava gli slavi antichi alle tradizioni europee comuni (dai celti ai greci)[19] risalenti al II millennio a.C., come mostrano le ricerche paleolinguistiche, antropologiche e archeologiche. Vladimir cercò di dare un comune denominatore agli svariati sistemi religiosi slavi, di unificare i riti pagani. Ma la riforma iniziata nel 980, di cui si conosce molto poco, non portò i frutti sperati. Il paganesimo per il suo modo di concepire il mondo e l'uomo, con i suoi valori morali e religiosi, non poteva più soddisfare le esigenze del potere centrale. La venerazione delle divinità locali conservava a livello ideologico e politico il separatismo etnico tribale, mantenendo il concetto di clan con tutto un insieme di norme consuetudinarie che ne regolavano l'esistenza, tra cui la responsabilità collettiva in caso di trasgressione delle regole vigenti e la vendetta di sangue nella quale doveva impegnarsi tutta la schiatta.

Nelle condizioni delle nascenti istituzioni statali urgeva invece passare al principio della responsabilità personale davanti allo Stato, adottare delle regole morali comuni, a prescindere dall'appartenenza etnica e tribale. Inoltre, dal punto di vista politico, il politeismo non forniva una sufficiente giustificazione della concentrazione del potere al centro, come poteva darla una religione monoteistica. L'unico Dio in cielo, l'unico regnante in terra, l'unico credo degli abitanti dello Stato – cioè le tendenze universalistiche della religione monoteista – furono fattori imprescindibili per il consolidamento appunto dello Stato, per la sostituzione del potere locale tribale con quello centrale[20]. Il livello politico-sociale raggiunto dopo un secolo di vita dalla giovane realtà russa, le esigenze della politica internazionale, il confronto con i Paesi vicini, tutto ciò richiedeva una decisiva svolta ideologica. Questa svolta fu il «battesimo della Rus'» nel 988.

Il *Racconto dei tempi passati* fornisce una narrazione dai tratti epici (la scelta della religione è un *topos* della letteratura medievale) di come i rappresentanti delle varie religioni monoteiste, presentandosi davanti al grande principe, vollero convertirlo alla propria fede. Grazie a questa narrazione si può capire quanto complessa fu la situazione religiosa in Europa orientale a cavallo tra i due millenni. Prima arrivarono i bulgari[21] «di fede maomettana» e parlarono della loro fede, accennando tra l'altro anche al divieto di bere il vino. Vladimir, dopo averli ascoltati, li congedò con le parole: «Noi russi amiamo bere, non possiamo vivere senza ciò». Agli inviati del papa che esposero le fondamenta della loro fede fu detto: «Tornatevene, giacché i nostri avi non accettarono ciò». Poi si presentarono gli ebrei Khazari, cercando di convincere Vladimir della superiorità della loro fede[22] rispetto a quella cristiana e maomettana. Ma anche loro furono mandati via con le parole: «Come istruite gli altri se voi stessi siete stati respinti da Dio e dispersi? Se Dio avesse amato voi e la fede vostra, allora voi non sareste stati dispersi per le terre straniere. O volete che ciò avvenga anche a noi?»[23]. Finalmente alla corte di Vladimir giunse un «filosofo mandato dai greci» che pronunciò un lungo discorso sui difetti delle fedi altrui e i vantaggi della fede «greca». Il suo discorso, un'ovvia interpolazione posteriore, presenta un breviario della storia sacra a partire dalla Genesi fino al Nuovo Testamento.

La questione della cristianizzazione dell'antica Rus' rimane ancora molto controversa e discussa nella storiografia moderna. Invece della visione semplificata che stabiliva un legame inequivocabile con la tradizione religiosa bizantina, è subentrato il tentativo di analizzare il contenuto teologico dei testi collocati nella *Cronaca*, tra cui il discorso fatto al principe dal summenzionato «filosofo greco», la forma e sostanza del «credo» pronunciato da Vladimir dopo il suo battesimo, ecc. Si nota subito che all'epoca la corte dei principi russi fu crocevia di diverse correnti cristiane. Appena qualche decennio prima, la nonna di Vladimir, la principessa Olga (945-957), dopo aver ricevuto verso l'anno 957 il battesimo a Costantinopoli secondo il rito bizantino, chiede di mandarle un vescovo di rito latino dalla Germania. Il vescovo Adalberto, una volta arrivato a Kiev, viene cacciato via, probabilmente dalla comunità cristiana morava (del rito di Cirillo e Metodio), che dopo la morte di Olga non può più sopportare il clero tedesco[24] (sorge spontanea la domanda se proprio a questo alludeva il principe Vladimir parlando del rifiuto da parte degli avi di accettare la fede latina. O, magari, si trattava di reminiscenze dello scisma foziano dell'867?[25]).

Il contenuto del discorso fatto a Vladimir dall'anonimo «filosofo greco» ha una fortissima impronta dualistica. La storia umana viene illustrata come un infinito gioco tra Dio e Satana che cerca di contrastare le manifestazioni della volontà divina nel mondo, il che fa pensare alle teorie dei *bogomili* che fiorivano nel X secolo in Bulgaria, da poco cristiana. Inoltre il «credo» che viene recitato da Vladimir secondo alcuni studiosi ha una forte impronta ariana[26]. La presenza di due tipi di organizzazione ecclesiastica a Kiev induce alcuni studiosi a pensare che accanto ai preti bizantini venuti al seguito della principessa bizantina Anna, sposa di Vladimir, ci fossero anche chierici che portavano un'altra tradizione ecclesiastica, che non riconosceva la struttura gerarchica bizantina, ma per converso accettava la decima, detestata dai greci (da qui nasce la famosa «chiesa della decima», il primo edificio ecclesiastico in pietra della città di Kiev, che rappresenta nella sua struttura certe caratteristiche delle chiese occidentali). Tutto ciò induce alcuni studiosi a pensare addirittura alla presenza di monaci di rito irlandese, rifugiatisi presso la corte di Kiev[27]. Tra l'altro, come pare, all'epoca i monaci irlandesi, restii ad accettare alcune imposizioni della Chiesa latina, a volte venivano chiamati appunto «greci» perché sovente officiavano in greco e in altre lingue.

Vladimir, dopo aver ricevuto il battesimo, fa venire in Rus' le reliquie di san Clemente, papa di Roma, martire dell'inizio del II secolo (si festeggia il 25 novembre). Inoltre, più tardi, in Russia viene indetta (a prescindere da Bisanzio) la festa dedicata alla traslazione delle reliquie di san Nicola a Bari avvenuta nel 1087. Evidentemente, nei secoli IX-XI gravitavano attorno a Kiev diverse comunità cristiane che cercavano di affermare la propria influenza presso la corte. La patinata immagine dell'eredità ortodossa bizantina trasmessa fin dall'inizio al giovane popolo russo si è creata sotto la spinta delle esigenze di carattere politico e ideologico nei tempi successivi.

La tradizione bizantina prende il sopravvento nell'antico Stato Rus' di Kiev solo verso il XII secolo. Ciò è dovuto, forse, anche al fatto che mentre la Chiesa latina è troppo presa dalle questioni della gestione interna e dai problemi nei rapporti con le realtà politiche europee dell'epoca, la Bisanzio dei Comneni (1081-1185) vive il periodo del suo splendore politico[28]. Tuttavia dalla religiosità russa non sono mai spariti neanche gli elementi delle credenze precristiane[29]. Come diceva Pavel Florensky, «la fede russa si è formata da tre forze: dalla fede greca importata dai monaci e dai preti bizantini, dal paganesimo slavo che ha incontrato questa fede nuova e dal carattere del popolo russo che ha elaborato a modo proprio l'ortodossia bizantina»[30].

La Russia per secoli cercherà la propria strada spirituale e farà di tutto per svincolarsi il prima possibile dalle pressioni politiche da parte della Chiesa greca. Secondo Dmitrij Lichačëv persino la famigerata «teoria normanna» venne formulata per declinare le pretese dei greci di mantenere, attraverso la gerarchia ecclesiastica, il suo primato politico sulla Rus' di Kiev[31]. Ma per secoli la Russia dovrà anche fare i conti con le diverse realtà religiose che la circondano da tutte le parti: mongolo-tatari, prima pagani, poi musulmani, che soggiogheranno la Russia per più di due secoli (XIII-XV sec.); ordini militari tedeschi a nord-ovest, che nell'ambito della campagna *Drang nach Osten* contro gli slavi[32] – versione regionale del grande movimento crociato della Chiesa cattolica romana verso l'Est – daranno filo da torcere ai principi russi nel XIII secolo (un secolo-chiave, che determinerà in modo decisivo il futuro carattere della geopolitica europea); ambizioni ideologiche e militari dello Stato polacco-lituano attraverso le quali si cercherà di introdurre in Russia il cattolicesimo; la pressione della Svezia, diventata protestante nel XVI secolo, ecc.

Dal punto di vista della contrapposizione ideologico-religiosa, il confronto più carico di tensione sarà comunque quello con la Chiesa cattolica. Questa contrapposizione forgerà il carattere del popolo russo. Ne determinerà una certa chiusura nei confronti dell'Occidente che spesso verrà percepito come un potenziale aggressore[33]. Però le tendenze alla chiusura si alterneranno con i periodi di apertura e di interscambio. Questo duplice gioco, questa dicotomia costituirà per sempre la caratteristica intrinseca dei russi. Forse per questo la Russia sceglie come sua patria ideale l'ormai dissolto impero romano d'Oriente.

Certo, la Russia deve molto a Bisanzio[34]. A parte la questione culturale e geopolitica (l'ingresso nel *Commonwelth* bizantino[35]), gli deve i fondamentali concetti teologici, l'idea di «sinfonia»[36] nei rapporti tra la Stato e la Chiesa, la centralità delle icone nella vita religiosa, le strutture delle sue migliori chiese – basti citare le due Santa Sofia (quella di Kiev e quella di Novgorod) –, la tradizione liturgica, i libri sacri e molto, molto altro[37]. Ma soprattutto gli deve la mistica percezione della possibilità di un diretto rapporto con Dio, la possibilità di vedere e di accogliere in sé la luce increata come successe agli apostoli sul monte Tabor. Negli ultimi secoli dell'esistenza di Bisanzio (XIV-XV sec.), in condizioni di estrema debolezza politica, si accende una intensissima discussione teologica sulla luce increata e le energie divine tra i palamiti[38] e i loro oppositori, tra cui uno dei più eminenti esponenti della cultura bizantina, dell'«umanesimo paleologo»[39], Nicephoro Gregoras[40]. L'esicasmo[41], penetrato nella Russia devastata dal giogo mongolo-tataro, dalla penisola balcanica[42], assediata dai turchi, ha intriso il pensiero religioso russo, indicando la via di contemplazione e di unione personale con Dio attraverso l'esperienza mistica puramente individuale[43].

La disputa quattrocentesca tra i due «pilastri» della Chiesa russa, Nil Sorskij (1435-1527) e Iosif Volotskij (1439-1515), ha evidenziato la duplice natura della religiosità russa, posta tra due poli, due modi di vivere la fede: la fuga dal mondo, la ricerca della salvezza individuale, sovente lontano dalle strutture ufficiali della Chiesa visibile (Nil Sorskij)[44] e la fusione nella Chiesa forte e onnipresente, strettamente legata allo Stato in un connubio di natura teocratica, erede della teoria bizantina di «sinfonia» tra il potere secolare e quello religioso (Josif Volotskij)[45]. Nonostante quest'ultima, al servizio del crescente potere centrale, abbia avuto la meglio, raggiungendo la sua massima espressione nella teoria «Mosca, terza Roma» (Filofej, 1465-1542)[46], l'aspetto individualistico non è mai stato sradicato dalla coscienza religiosa russa. Tutto ciò ha creato quella dicotomia spirituale che penetra tutto il modo di vivere il cristianesimo in Russia[47].

In concomitanza con questo, l'evoluzione dell'ecclesiologia ortodossa russa oscilla tra le due tendenze, contrapponendole a volte una all'altra in misura assai drastica come potremo notare nel periodo dello scisma all'interno della Chiesa russa nel Seicento[48], nonché in quel particolarissimo fenomeno, spesso contrastato dalla Chiesa ufficiale, che è lo *starčestvo*[49], termine che potremmo tradurre come «paternità spirituale» (o «maternità» quando a guidare il cammino spirituale è una donna).

Come un popolo comincia a interrogarsi sulla propria identità confrontandosi con un altro popolo[50], così anche la Chiesa assume il proprio connotato spesso dovendosi confrontare con un'altra realtà ecclesiastica. Avendo fatto il suo ingresso nella famiglia dei Paesi cristiani alla fine del X secolo, la Chiesa russa, crescendo, dedica tutte le sue forze prima per svincolarsi, essendo un satellite di Bisanzio, dal controllo soffocante di Costantinopoli[51], poi per entrare alla pari nell'esclusivo «club» dei patriarcati. Riesce a raggiungere lo scopo solo nel 1589, quando ormai del glorioso impero romano d'Oriente rimane solo un ricordo ed è la stessa Chiesa bizantina a cercare l'appoggio del suo ex-discepolo ingigantito. Assieme all'eredità politico-ideologica, la «terza Roma» assume anche un posto in prima fila nel drammatico confronto con la Chiesa cattolico-romana, «latina», passando così dalla lotta per l'indipendenza alla lotta per la difesa della propria identità religiosa.

Non dimentichiamoci che la fine del '500 è un periodo di grandi tensioni con la Chiesa cattolica inasprite dall'Unione di Brest del 1596 e dall'invasione polacca in Russia dell'inizio del XVII secolo durante una gravissima crisi sistemica della società russa, meglio conosciuta come «tempi torbidi» (che oggi sempre più spesso vengono paragonati ai tempi eltsiniani, ovvero agli anni '90 del ventesimo secolo). Certo, non è un periodo facile neanche per i cattolici, messi a dura prova dal diffondersi del protestantesimo, e intenti a compensare le perdite riportate a ovest inglobando nella sfera cattolica la Moscovia ortodossa, con lo scopo di creare sotto la guida polacca un grande Stato cattolico slavo. A ricordare il fallimento di questo progetto e la cacciata delle guarnigioni polacche dal Cremlino è la «Festa dell'unità nazionale» – reintrodotta nel 2005 dopo l'oblio dei tempi sovietici – celebrata in Russia il 4 novembre. Dato il ruolo della Chiesa ortodossa russa in queste vicende, la sua influenza diventa enorme, raggiungendo il suo apice durante il regno del primo zar della dinastia

Romanov, Michail (1613-1645), il cui padre Filaret diventa addirittura patriarca con il titolo di «grande sovrano».

Il consolidamento della monarchia assoluta portava tuttavia a una inevitabile revisione dei principi basilari nei rapporti tra i due poteri. Tra i segnali premonitori più significativi in questo senso, ancora nei tempi prepietrini, s'annoverano ad esempio – oltre alle vaste confische dei possedimenti ecclesiastici – l'istituzione nel 1649 del Dicastero dei monasteri (Монастырский приказ) che toglieva alla Chiesa le funzioni giudiziarie sulle popolazioni residenti nei suoi territori. Il culmine del conflitto, variante russa della «lotta per le investiture», cadde sul patriarca di Nikon (1652-1666) che, sostenendo la superiorità del potere ecclesiastico su quello secolare («священство выше царства»), pretese di essere chiamato niente meno che «il grande sovrano», seguendo, per certi versi, in chiave ortodossa la tesi di *plenitudo potestatis* di Innocenzo III (1198-1216), nonché le aspirazioni politiche di alcuni patriarchi bizantini di maggior rilievo. Ma quello che poteva accettare il fanciullo Michail Romanov nei confronti del proprio padre Filaret, non poteva di sicuro accettarlo uno zar forte e affermato come Aleksej Michajlovič (1645-1676), malgrado tutta la sua iniziale devozione al patriarca. La destituzione di Nikon al Concilio del 1666 per volere dello zar presagiva il declino imminente del ruolo politico della Chiesa ortodossa russa e la sua definitiva subordinazione allo Stato.

Quindi era del tutto logico che l'occidentalizzazione forzata della Russia ad opera di Pietro il Grande (1682-1725) all'inizio del XVIII secolo dovesse avere delle gravi ripercussioni sulla Chiesa ortodossa russa, portando nel 1721 alla soppressione del patriarcato – ripristinato solo nel 1917 – e alla riforma della gestione degli affari ecclesiastici in chiave protestante, subordinandoli in tutto e per tutto alla ragion di Stato. Ma proprio il periodo sinodale (1700/1721-1917)[52] crea delle condizioni favorevoli per lo sviluppo sia delle forme di «dissidenza interna», spesso in forma di *starčestvo* (la vita di Serafino di Sarov ne fu uno degli esempi più eminenti[53]), sia delle idee più originali e significative riguardo alla concezione della Chiesa e del suo ruolo nella società. Queste idee scaturiscono dalle dispute tra gli slavofili e gli occidentalisti negli anni '40 del diciannovesimo secolo[54]. Uno tra i più importanti filosofi religiosi russi fu Khomiakov[55], che riuscì a cogliere i tratti essenziali dell'ortodossia russa in tutta la sua complessità[56].

Khomiakov contrappone l'ortodossia russa al cattolicesimo e al protestantesimo. Egli sostiene che i cattolici, attraverso la figura del papa, possiedono «unità senza libertà», mentre i protestanti hanno «libertà senza unità». Khomiakov contrappone allora a questi due estremi la nozione di *sobornost'*, una conciliarità comunitaria che è stata definita come «il consenso o la concordanza comune del popolo russo nella fede trasmessa dai primi sette Concili ecumenici, sotto la guida della grazia dello Spirito Santo»[57]. La parola *sobor* (собор, ma anche собирать, сбор, ovvero raccogliere, unire) in russo ha significati che si riconducono sia all'ambito puramente ecclesiale (una Chiesa con più sacerdoti o una cattedrale), sia all'ambito politico-sociale in quanto organo rappresentativo politico e religioso della Russia prepietrina.

Questa parola viene inoltre usata tuttora come equivalente della parola *katholica* nella definizione «l'unica, santa, cattolica e apostolica Chiesa» (*Credo*)[58]. Nelle preghiere ecumeniche, quando i russi assieme ai cattolici recitano le parole del Credo di Nicea-Costantinopoli, pronunciando *cattolica* non si convertono perciò al cattolicesimo, ma semplicemente rendono in italiano *sobornaja*, «conciliare, sinodale». Oggigiorno i preti ortodossi di origine italiana per evitare equivoci e accuse da parte dei credenti di fare subdolo proselitismo cattolico, nella recita del credo in italiano tendono talvolta a sostituire la parola *cattolica* con il russo *sobornaja* o con l'italiano «universale». È significativo che nella sua epistola enciclica *Slavo-*

rum apostoli del 2 giugno 1985 Giovanni Paolo II ribadisse che Cirillo e Metodio vedevano la Chiesa come «una, santa e universale»[59].

Come scrive il teologo cattolico Gino Piovesana, «comunque sia [...] *sobornost'* diventò la parola chiave per designare il carattere della vera Chiesa: naturalmente la Chiesa ortodossa, che per Khomiakov rappresentava una comunione d'amore sul modello della Chiesa di Gerusalemme descritta negli Atti degli Apostoli (2,42), contro l'autoritarismo cattolico-romano e l'individualismo protestante. *Sobornost'* viene quindi a significare la partecipazione corale alle decisioni della Chiesa, dai laici all'episcopato, oltre che il governo "sinodale" mediante i concili ecumenici: tutto ciò vuol dire, per Khomiakov, universalità della Chiesa in senso etnico e geografico e integralità di una conoscenza religiosa non ristretta al mero significato intellettuale». Il concetto di *sobornost'* (secondo Khomiakov) permette di raggiungere senza costrizioni esterne l'unità nella molteplicità anche nella vita politica[60], visto che Khomiakov idealizzava il potere zarista.

Questa teoria, con il suo tentativo di riconciliare il principio individuale con quello collettivo, pur avendo suscitato parecchie critiche, ha influito molto sul pensiero teologico dell'800 e del '900 (il pensiero teologico russo dell'800-inizio '900 è un tema assai vasto, che in questa sede non sfioriamo nemmeno). Questo fatto, che riconduce alla sostanziale parità di tutti davanti a Dio, è molto caro all'animo del credente russo, costituendo a livello dell'antropologia religiosa un elemento imprescindibile dell'essere ortodosso. Il concetto dell'infallibilità è attribuibile a tutta la Chiesa nel suo insieme e mai e poi mai a una persona sola. Questo rende particolarmente difficile il dialogo cattolico-ortodosso, soprattutto nella parte inerente al dogma romano del primato pontificio e dell'infallibilità papale.

Al Concilio giubilare della Chiesa ortodossa russa del 2000 è stato ribadito che «l'unità della Chiesa è superiore a ogni unità umana e terrena, poiché è data da Dio come dono perfetto e divino. Le membra della Chiesa sono unite in Cristo da lui stesso, sono come i tralci della vite, radicate in lui e convocate nell'unità della vita eterna e spirituale»[61].

PRINCIPALI DIFFERENZE TRA LA CHIESA CATTOLICA E LA CHIESA ORTODOSSA

Adesso vediamo in cosa consistono le maggiori differenze tra le due Chiese cristiane. Queste differenze sono presentate in modo dettagliato da Enrico Morini nei suoi libri sull'ortodossia che abbiamo già citato più volte[62]. Noi ci limitiamo ad alcune caratteristiche generali che ci aiutano a capire il motivo delle incomprensioni e delle divergenze che impediscono un rapporto sereno e paritario.

1. *Questione del territorio canonico*. L'organizzazione delle Chiese ortodosse è basata sul principio delle Chiese particolari[63], introdotto e sviluppato dai primi concili ecumenici (Nicea, 325; Costantinopoli I, 381; Calcedonia, 451). Le Chiese ortodosse pur essendo *autocefale*, ovvero autogovernate[64], erano unite in una comunione ideale nella Chiesa ecumenica secondo un prestabilito ordine, *taxis*, definito anche *pentarchia* per il numero dei patriarcati (cinque) che lo componevano. Fino alla fatidica data comunemente accettata (anche se recentemente messa in discussione) dello scisma del 1054[65], nell'ordine dei cinque patriarcati antichi s'annoveravano Roma, Costantinopoli, Alessandria, Antiochia e Gerusalemme. Alla sede di Roma veniva riconosciuto il primato d'onore – secondo il principio *primus inter pares* – e non quello giuridico (anche se, secondo un noto documento vaticano, «nessun romano pontefice riconobbe questa equiparazione delle sedi né accettò che alla sede romana venisse riconosciuto soltanto un primato di onore»[66]).

Dopo la scissione tra le Chiese, la pentarchia rimase incompleta, dal momento in cui Roma diventa una realtà a sé stante e Costantinopoli prende il primo posto nella *taxis* ridotta a quattro elementi. Ovviamente ogni proposito universalistico dei papi di Roma veniva fermamente respinto. Ogni territorio canonico adotta la propria lingua liturgica, di solito quella nazionale. Mentre fino alla caduta di Costantinopoli, nel 1453, i principali protagonisti delle controversie cattolico-ortodosse, tra tentativi di unioni e nuove spaccature, rimangono comunque Costantinopoli e Roma, con l'ascesa del giovane Stato moscovita e la nascita – con il benestare del patriarcato di Costantinopoli – nel 1589 del patriarcato di Mosca viene ricostituita la *pentarchia*, di cui Mosca diventa l'ultimo anello, raccogliendo anche l'eredità bizantina in quanto sostenitrice della causa ortodossa[67].

Nei tempi successivi il numero dei patriarcati e delle Chiese locali è cresciuto notevolmente[68]. Ma nonostante tutto rimane intatto il principio ecclesiologico che distingue le Chiese ortodosse da quella cattolica: «I modelli ecclesiastici della Chiesa ortodossa e della Chiesa cattolica romana sono essenzialmente diversi, e il patriarca di Costantinopoli non ha mai avuto lo stesso ruolo che il vescovo di Roma ha nella Chiesa cattolica»[69]. Le Chiese ortodosse sono estremamente sensibili alla violazione del principio «una diocesi, un vescovo»[70]. L'attività non concordata sul territorio canonico da parte di una Chiesa «ospite» viene considerata quale atto di non lealtà e di proselitismo.

Da qui nasce un grande equivoco nella comprensione sia del concetto dell'unità tra cattolici e ortodossi che dell'etica dei rapporti interecclesiastici. Mentre i primi non smettono di aspettare il ritorno dei «fratelli separati» nel seno della Chiesa cattolica, il cui territorio canonico è tutto il mondo poiché «Chiesa universale, una, santa, cattolica e apostolica, non è sorella ma madre di tutte le Chiese particolari»[71], per i secondi l'unità è più un fattore ideale, inteso come *sobornost'* tra le Chiese locali perfettamente uguali fra loro. Oltre al ben noto caso del «proselitismo cattolico»[72] esistono anche forme di proselitismo «interortodosso», i cui esempi più recenti sono i contenziosi con Mosca apertisi negli ultimi decenni da parte del patriarcato di Costantinopoli (per l'Estonia) e da parte del patriarcato di Romania (per Moldavia e Transnistria).

2. *Il potere supremo* nel mondo ortodosso appartiene alla Chiesa nel suo insieme, intesa come la Chiesa universale, e si realizza attraverso il Concilio panortodosso (secondo il principio di «conciliarità», *sobornost'*) che, per ragioni varie, manca ormai da quasi dodici secoli. Per i problemi inerenti al concreto territorio canonico, le questioni più importanti, compresa l'elezione del patriarca, si decidono secondo le tradizioni radicate in ciascuna Chiesa. Nella Chiesa russa ciò avviene al Concilio locale (Поместный Собор) che rappresenta, tramite i delegati, tutto il popolo di Dio inteso come clero e laicato del proprio territorio[73]. Non esiste un'istituzione simile al Collegio cardinalizio, né al conclave. Il patriarca detiene un potere rappresentativo e non assoluto[74]. Il capo della Chiesa ortodossa non viene considerato infallibile. In casi molto gravi (ad esempio adesione a una corrente eretica, reati penali) può essere sottoposto al tribunale ecclesiastico e rimosso[75]. Tuttavia il principio dell'infallibilità esiste, solo che non appartiene a una persona, ma all'insieme della Chiesa.

Nei periodi intercorrenti tra i Concili locali, l'amministrazione compete al Sinodo, composto dalle cariche ecclesiastiche più alte (membri permanenti e a rotazione), che è tenuto a convocare almeno una volta ogni quattro anni il Concilio dei vescovi (*Архиерейский Собор*) che a sua volta decide se e quando convocare il Concilio locale (vedasi l'ultimo *Statuto della Chiesa ortodossa russa* varato nel 2000[76]). Nikos Kokosalakis definisce l'*ethos* ortodosso come sostanzialmente democratico nel senso che l'autorità religiosa non è imposta dall'alto[77]. «La Chiesa ortodossa ha sempre manifestato una particolare capacità di conciliazione tra religiosità personale e istituzione. Un ortodosso può praticare la sua religione pur senza un continuo riferimento a un magistero corrente della Chiesa. Nell'ortodossia esiste un principio che si potrebbe definire "anarchico", o forse meglio "personalistico", legato all'idea che la salvezza dipende inestricabilmente dalla libertà individuale e da scelte personali»[78].

Ovviamente questa sensazione di libertà personale, la valorizzazione della ricerca individuale della verità, del bene e della bellezza[79] è molto cara agli ortodossi che hanno sempre una «via di fuga» spirituale senza incorrere in eresie, come mostra l'esperienza del famoso «pellegrino russo» (o di un altro pellegrino, altrettanto famoso, che era Berdjaev[80]). Incompreso e respinto dalle gerarchie ecclesiastiche di tutti i livelli, l'anonimo cercatore si mette in viaggio e trova un ricchissimo «sottobosco» spirituale al riparo dalla Chiesa ufficiale[81]. In questa zona d'ombra, amata e temuta allo stesso tempo, spesso perseguitata dalle gerarchie, ma mai dalla Chiesa intesa come *sobornost'*, si cancellano le distinzioni imposte dalla rigorosa regola ecclesiastica, si staccano le incrostazioni del cristianesimo storico, lasciandone battere il cuore vivo, la preghiera di Gesù. Spariscono persino le pulsioni misogine dell'etica giudaico-cristiana.

Anche il fenomeno dello *starčestvo* (paternità spirituale maschile e/o femminile) appartiene a questo modo «democratico» di vivere la propria fede. È interessante che questo slancio dell'animo libero può convivere in modo paradossale con le forme più drastiche di discepolato spirituale che, nel caso di persone di indole remissiva, acritica e masochista, rischia, se non si tratta di una scelta consapevole, di sfociare in forme di vero e proprio soggiogamento psicologico. È per questo che uno degli argomenti frequenti nei discorsi del patriarca russo Aleksij II (1990-2008) era la necessità di contrastare il fenomeno di *младостарчество*, ovvero dei falsi padri spirituali che, essendo persone ambiziose e prepotenti, potevano diventare pericolose come guide. Ecco cosa scrive Enzo Bianchi a questo proposito:

> «Non è un caso che Sua Santità Aleksij II abbia lucidamente indicato in un'autentica e sana paternità spirituale, radicata nella grande tradizione della Chiesa ma aperta ai nuovi interrogativi che abitano il cuore dell'uomo contemporaneo, uno dei luoghi cruciali del possibile incontro tra il disorientamento moderno e il rinascente monachesimo russo: e anche qui è significativo che il patriarca non abbia taciuto i pericoli, evidenti in quello che egli chiama il fenomeno dei "falsi *starcy*", le insidie di un fraintendimento della tradizione col tradizionalismo, del confondere la sottomissione cristiana nella libertà con la cieca obbedienza ai fanatismi e ai culti della personalità»[82].

Uno dei più fini esploratori di questi meandri dell'animo russo è stato Dostojevskij[83]. Nelle sue opere troviamo un'intera enciclopedia delle forme di fede viva e una specie di «tipologia» dello *starčestvo* russo, non solo in senso strettamente religioso. La tradizione cattolica con la sua rigida gerarchia e disciplina, con il ruolo imprescindibile della Chiesa nella salvezza dell'uomo, rimane estranea all'antropologia religiosa degli ortodossi.

3. *I principali fondamenti dogmatici* si basano sulla tradizione tramandata dalle Scritture Sacre, dai sette Concili ecumenici (325-787) e dagli insegnamenti dei Padri della Chiesa[84]. Non vi sono state aggiunte significative a livello dogmatico nei secoli successivi. Ciò è legato forse anche al fatto che finora non è stato possibile convocare un nuovo Concilio panortodosso.

4. *Cristologia e pneumatologia*. Alla base del dogma trinitario sta il *Credo* formulato dai concili di Nicea (325) e di Costantinopoli I (381). Gli ortodossi non condividono il dogma della processione dello Spirito Santo non solo dal Padre ma anche dal Figlio, ovvero il *Filioque*[85] della Chiesa latina (aggiunto,

secondo un'opinione diffusa tra gli ortodossi, durante il terzo Concilio di Toledo nel 589, quando viene introdotto l'uso di recitare il *Credo* durante le messe[86], ribadito nel 809 per contrastare il dilagarsi dell'eresia ariana in Europa occidentale). Per esperienza personale, posso dire che la cartina di tornasole da questo punto di vista è la diversità nell'interpretazione della *Trinità* di Andrei Rublev fatta dai cattolici e dagli ortodossi[87]. Tutta la composizione dell'icona non lascia spazio all'ambiguità. Così il cristocentrismo cattolico, portando a identificare la figura centrale con il Figlio, inevitabilmente gli subordina il Padre. Mentre per un ortodosso il Padre, in quanto origine di tutte le cose visibili e invisibili, è indiscutibilmente al centro.

5. *Soteriologia ed escatologia*. Nella dogmatica ortodossa è assente il concetto del purgatorio, affermatosi nella Chiesa cattolica nel XIII secolo. Non esiste il concetto dei «meriti eccedenti», dei santi, né possibilità di riscattare i peccati tramite le indulgenze. I mezzi principali per espiare i propri peccati sono: pentimento, eucaristia, preghiera, buone azioni, ecc. Nel cuore dell'ortodossia sta il concetto di *theosis* (divinizzazione). La definizione per eccellenza del concetto di divinizzazione dell'uomo è la famosa frase che troviamo per la prima volta in sant'Ireneo (ca. 126-202): «Dio si è fatto uomo affinché l'uomo potesse diventare Dio»[88]. Questo concetto viene sviluppato in seguito da sant'Atanasio d'Alessandria (295-373), secondo il quale «Dio si è fatto *sarcoforo*, portatore della carne, perché l'uomo diventasse *pneumoforo*, portatore dello Spirito», e dai membri del gruppo di Cappadocia, san Gregorio di Nazianzo e san Gregorio di Nissa, nella seconda metà del IV secolo[89].

Sul suolo russo questa tesi trova il suo riscontro nella frase di san Serafino di Sarov: «Il vero fine della vita cristiana è l'acquisizione dello Spirito Santo»[90]. Quindi la via verso la salvezza passa sì attraverso la Chiesa, in quanto è la rappresentazione della *sobornost'*, ma non è l'unica strada. L'enfasi si pone sullo sforzo individuale e sulla grazia divina, così cara agli esicasti[91]. Qui ritorniamo a quel principio «anarchico» o «personalistico» a cui abbiamo accennato poco prima.

6. *Mariologia.* Nella dogmatica ortodossa non esiste il dogma dell'immacolata concezione della Madre di Dio[92]. La semprevergine Maria, «nuova Eva», simbolo della Chiesa ideale, pur essendo «la benedetta tra le donne» non ha origini «divine». Nella Chiesa ortodossa russa delle origini, Maria veniva spesso identificata con Sofia (la Sapienza). Il culto mariano era intriso anche di reminiscenze di credenze precristiane legate al culto della madre (è interessante notare che tra gli slavi orientali la donna spesso veniva associata con il sole, mentre l'uomo con la luna)[93]. Questo traspare anche da alcune immagini iconografiche della scuola *novgorodiana*, ad esempio da quella di San Giorgio con in mano lo scudo solare che potrebbe rappresentare, a nostro avviso, quello che in un altro contesto Massimo Peri definisce come «l'eterno femminino»[94].

7. *Sacramenti.* Ci sono alcune divergenze nella questione dei sacramenti. Ad esempio il battesimo si fa per immersione completa, ed è seguito subito dopo dalla cresima. Così il battesimo e la cresima si ricevono nell'ambito della stessa funzione religiosa. La comunione si riceve a partire dalla prima liturgia dopo il battesimo e la cresima. L'eucaristia viene ricevuta *sub utraque specie*, pane e vino, sia dal clero che dai laici. Per la comunione si usa il pane lievitato *artos* e non quello *azimo*. Tra gli ortodossi è diffusa l'opinione che la comunione cattolica *sub unica specie* essendo «depauperata» di una specie sia incompleta. Il valore simbolico della comunione, fulcro della liturgia, è talmente importante che ha rappresentato un grosso problema per le Chiese uniate[95]. Tra le Chiese cattolica e ortodossa non è ammessa l'intercomunione, almeno per ora. Ci sono anche alcune divergenze liturgiche: nella Chiesa ortodossa ai laici è vietato l'accesso nella *sancta sanctorum* separata dalla navata dall'iconostasi.

8. *Il segno della croce* si fa in maniera diversa sia per la posizione delle dita (pollice, indice e medio raccolti insieme

come simbolo della Santissima Trinità; mignolo e anulare piegati verso il palmo della mano per ricordare la duplice natura, divina e umana, di Cristo), che per il movimento della mano: alto-basso, destra-sinistra.

9. Come nei primi secoli del cristianesimo, *i preti ortodossi si possono sposare*, purché lo facciano prima dell'ordinazione. Il clero è suddiviso in «clero bianco» (sposato) e «clero nero» (monaci). Le alte gerarchie della Chiesa – vescovi, arcivescovi, metropoliti, il patriarca – provengono dal clero nero, quindi sono tutti monaci, mentre la maggior parte dei parroci e il clero «basso» appartengono al clero bianco.

10. *Esiste il divorzio* (per gravi motivi di incompatibilità morale e psicofisica di uno dei coniugi, alcolismo e tossicodipendenza cronici, violenze perpetuate in famiglia, inclinazioni sessuali anomale, ecc.) e sono ammessi fino a tre matrimoni in chiesa. Non tutti sanno che questa regola è frutto degli antichi dissidi tra Roma e Costantinopoli[96].

11. *Le Chiese ortodosse normalmente non detengono il potere secolare.* C'è una netta divisione tra la Chiesa e lo Stato. Invece la Chiesa cattolica, nel suo vertice (la Santa Sede), per tutta una serie di circostanze storiche, è diventata col tempo anche una formidabile entità politica, uno Stato vero e proprio con tutti i suoi attributi, comprese guardie di sicurezza, finanza, corpo diplomatico, ecc.[97]. La sua posizione in Italia, nonché lo Stato della Città del Vaticano, sono garantiti dai Patti lateranensi (dell'11 febbraio 1929) e dalla Costituzione[98]. Questo «status» permette alla Santa Sede – e al sommo pontefice – di agire a livello internazionale, di concludere accordi con altri governi, stringere alleanze, promuovere e difendere i propri interessi con mezzi diplomatici e giuridici. Grazie a tutto ciò, la Santa Sede riesce sovente ad acquisire notevoli vantaggi sulle Chiese ortodosse che sono prive di simili strumenti «secolari».

Questa breve sintesi ci offre già un'idea delle profonde divergenze che incombono sui rapporti tra le due Chiese. Infatti, sebbene alcuni contrasti del passato appaiono abbastanza facilmente superabili, emergono però due questioni principali che rendono assai ardua una riconciliazione tra cattolicesimo e ortodossia: la diversità nell'interpretazione del concetto di territorio canonico e del primato/infallibilità papale. Perciò, pensando al futuro, è meglio non abbandonarsi alle illusioni, quasi che tutti i nodi controversi tra le due parti siano facilmente risolvibili. Le due citate questioni fanno intravvedere mentalità assai differenti, e non sarà così semplice trovare una soluzione condivisa. Così «la diversità, frutto della pluralità delle sintesi culturali e implicitamente ordinata alla complementarietà, diventa un fattore antagonistico che porta fatalmente all'alterità»[99]. Come precisa Timoty Ware:

> «L'ortodossia è un mondo nuovo e sconosciuto, poiché non è una sorta di cattolicesimo romano senza il papa. Essa è profondamente diversa dai sistemi religiosi occidentali [...]. L'ortodossia è un'altra prospettiva della storia. Dal punto di vista occidentale, un cattolico romano e un protestante sono due estremi; dal punto di vista orientale essi sono simili alle due facce della stessa medaglia»[100].

Il pregiudizio verso la Chiesa ortodossa che si riscontra tuttora in Occidente (a dire il vero, ripagato con la stessa moneta anche dalla parte opposta) non è tanto frutto delle controversie puramente dogmatiche, quanto piuttosto un fattore di matrice antropologica e culturale. Le tracce di caratteristiche che possiamo far risalire ai tempi degli antichi romani sono state seguite da H. Hunger[101], attento indagatore delle loro molteplici trasformazioni secondo i concetti etici predominanti nelle diverse epoche. Basti pensare poi ai risvolti del contenuto semantico degli aggettivi «bizantino»[102] e «slavo»[103], funzionali a nutrire la subdola diffusione dei pregiudizi che nel loro insieme creano il fenomeno definibile come la «cultura del nemico».

Come scrive E. Morini:

> «Oltre a segnare la presenza, storicamente sedimentata nella nostra cultura, di tenaci stereotipi negativi pregiudizialmente antiortodossi [...] resta da rilevare un'ultima, ma non trascurabile, provocazione di cui suo malgrado è ancor oggi foriera, nei confronti dell'Occidente cristiano, l'ortodossia: si tratta della persistenza di un senso arcaico di ostilità culturale che l'Occidente nutre tuttora nei suoi confronti con precisi anche se forse inconsapevoli riscontri persino in ambito politico-strategico. Ne è testimone, ancora nello scorcio finale del XX secolo, la tendenza delle potenze occidentali, di matrice culturale cattolica o protestante, a raccordarsi piuttosto con etnie di fede islamica (nel contesto di entità statuali plurietniche), anziché con le componenti cristiane ortodosse»[104].

Comunque sia, con l'ingresso nella Comunità europea all'inizio del 2007 di Bulgaria e di Romania, tra le religioni «comunitarie» è cresciuto anche il ruolo delle Chiese ortodosse, che aggiungono la loro voce a quella della Chiesa greca, che finora era in schiacciante minoranza, e a quella della diaspora ortodossa di diverse denominazioni, disseminata qua e là nei vari Paesi europei, Italia compresa. Questo fatto, come ribadisce Emanuela Del Re nel suo articolo *L'impero del patriarca*[105], anziché rassicurare, inquieta una parte dell'opinione pubblica in Europa, che percepisce i quaranta milioni di ortodossi «come un esercito di alieni pronti a sedere nei nostri parlamenti, nelle nostre scuole, con conseguenze spesso descritte con toni apocalittici». Speriamo che con il tempo si riuscirà a superare quei pregiudizi e quelle incomprensioni che si sono accumulati in secoli di reciproca diffidenza, anche se il cammino sarà sicuramente molto lungo e faticoso.

Capitolo quarto

Lineamenti dei rapporti tra la Russia e la Santa Sede

«Nel corso dei secoli le relazioni con la Russia hanno costituito un capitolo a sé stante della politica estera vaticana e, se per molto tempo si è trattato soprattutto di relazioni tra due Chiese cristiane, dopo l'integrazione nell'orbita russa di territori abitati da cattolici e uniati, conclusasi con la spartizione della Polonia e la trasformazione della Chiesa ortodossa russa in un settore dell'apparato statale imperiale, il dialogo Vaticano-Russia fu avviato a livello diplomatico ufficiale tipico tra due Stati»[1].

QUALE UNITÀ?

Uno dei problemi della storia dei rapporti tra l'ortodossia e il cattolicesimo potrebbe essere riassunto in una frase, che avevamo già usato in un altro contesto, riferita alla storia italiana: «La guerra della memoria». La mancanza della memoria condivisa traspare anche dalla diversità del linguaggio, dai modi antitetici di emarginare o esaltare eventi storici che segnano le tappe del comune cammino. Manca persino reciprocità sull'«ora X», il momento a partire dal quale la divisione diventa irreversibile, aprendo un capitolo nuovo intitolato «Storia dello scisma». O, forse meglio, «degli scismi»...[2] In ogni caso, sembra ormai appurato che quello che ha reso inequivocabile agli occhi dei contemporanei la divisione tra le due Chiese è stata la quarta crociata e gli avvenimenti a essa conseguenti[3].

Lo storico gesuita Gill sosteneva che ben undici imperatori bizantini cercarono in un modo o nell'altro l'unione con Roma[4]. Lasciando da parte la fondatezza di questa affermazione, possiamo solo constatare che tutte le volte che si avviava un «dialogo ecumenico» concreto che comportava il riconoscimento da parte del clero ortodosso del primato papale, ciò avveniva in condizioni di estrema debolezza della Chiesa ortodossa da un lato e di preponderante forza della Chiesa cattolica da un altro. Curiosamente, questo fatto sembra essere completamente rimosso dai documenti papali dedicati alla questione. L'unione di Lione (1274) era l'unico rimedio per scongiurare la crociata di Carlo d'Angiò contro il neo ricostituito impero bizantino. Michele VIII Paleologo (1259-1282)[5] fu costretto ad accettare l'*unìa* sotto la minaccia della crociata contro Costantinopoli. Questo fatto, positivo dal punto di vista della politica estera – nonostante qualche rimostranza da parte di Venezia – perché allontanava la minaccia dell'invasione straniera, causò un gravissimo conflitto all'interno della società bizantina, spaccando persino la famiglia imperiale[6]. L'unione del 1439 di Firenze venne accettata dalla Chiesa bizantina come un estremo rimedio per poter contare sul sostegno dell'Occidente cattolico di fronte alla minaccia turca[7].

Dopo la caduta di Bisanzio nel 1453 la Chiesa bizantina subì un forte ridimensionamento politico, mentre cominciò a crescere il ruolo della Chiesa ortodossa russa, che entrò a sua volta nel mirino politico della Santa Sede. A raccogliere l'eredità bizantina si affrettarono i grandi principi moscoviti, tra cui Ivan III (1462-1505), che nel 1472 sposò Zoe Paleologa, una nipote dell'ultimo imperatore bizantino Costantino XI eroicamente caduto nella battaglia contro i turchi che conquistarono Costantinopoli nel maggio del 1453. Le nozze facevano parte di un grande progetto, perché dovevano permettere la realizzazione di un ampio piano escogitato da papa Paolo II (1464-1471), veneziano d'origine, e dal suo successore Sisto IV (1471-1484) per l'organizzazione della crociata contro i turchi per liberare Bisanzio e convertire al cattolicesimo lo Stato russo. Questo piano fallì sia perché Zoe-Sofia riabbracciò la fede dei padri, tornando all'ortodossia, sia perché Ivan III era troppo impegnato a contenere le minacce provenienti dall'Orda d'Oro e dallo Stato lituano e non mostrò alcun interesse verso le aspirazioni papali. Nella vicenda prese parte attiva un certo Giovambattista Della Volpe, vicentino, stabilitosi a Mosca negli anni '50 del Quattrocento. Le fonti russe lo menzionano con il nome di *Ivan Frjazin*, dal greco φράγκος, denominazione usuale degli stranieri di origine italiana nella Russia dell'epoca[8].

Le nozze con l'erede dell'ultima casata degli imperatori bizantini celebrate nel 1472 permisero a Ivan III di elevare la propria posizione proclamandosi nel 1479 «sovrano di tutta la Rus'». Allo stemma della casata di Mosca raffigurante san Giorgio fu aggiunta l'aquila bicefala paleologhiana. Così vi erano tutti i presupposti per proclamare Mosca «terza Roma». In questo contesto storico ebbe luogo la famosa missione presso la corte dello zar Ivan IV (1533-1584) del gesuita Antonio Possevino[9]. Nel 1589, sotto il regno dello zar Fedor Ivanovič (1584-1598), la Chiesa russa venne elevata al rango di patriarcato, che andava a occupare il quinto posto nella scala gerarchica dell'antica pentarchia cristiana.

La reazione della Santa Sede[10], che «mirava alla conversione degli ortodossi, destinata a compensare in qualche modo le perdite subite in seguito all'affermazione e alla diffusione del protestantesimo e del calvinismo»[11], è tempestiva: nel 1596 viene fatta l'unione di Brest-Litovsk, che interessava i territori ortodossi di Bielorussia e dell'Ucraina della riva destra, appartenenti all'epoca alla Polonia. Come ribadisce Andrea Riccardi, «il caso dell'"unìa" ucraina, con il sinodo di Brest, fu il primo di una politica nuova della curia romana verso l'Oriente. Da allora Roma avrebbe praticato questa politica, favorendo l'uniatismo in Medio Oriente, nei Balcani, in India»[12]. Come tre secoli prima l'unione di Lione del 1274 suscitò lo sconcerto di Venezia, anche l'*unìa* di Brest del 1596 non fu vista di buon occhio dalla Polonia, baluardo del cattolicesimo est-europeo dai tempi del Concilio di Costanza (1414-1418): tra i russi ortodossi e i polacchi cattolici latini non esisteva una terza via. Ma nella geopolitica vaticana non erano contemplate le pretese polacche. «Si trattava di due strade diverse della Chiesa di Roma verso Oriente, quella di Varsavia polacca e latina e quella di Leopoli ucraina e cattolica. Roma aveva coltivato e incoraggiato entrambe le vie»[13].

All'inizio del Seicento, in Russia, non ancora ripresasi dopo l'alquanto sconvolgente regno di Ivan IV (1533-1584), scoppiò una gravissima crisi politica, sfociata in una vera e propria crisi strutturale della società russa, nota come «tempo dei torbidi» (1598-1613). Proprio in questo periodo di estrema debolezza dello Stato moscovita si cercò di applicare appieno i frutti dei freschi successi della Santa Sede sul fronte orientale e le speranze di formazione di un grande Stato slavo cattolico dominato dalla Polonia, cullate ancora da Stefano Bathory (1575-1586) e portate avanti dal re Sigismondo (1587-1632)[14]. La Russia uscì dalla crisi cacciando nell'ottobre 1612 i polacchi insediatisi a Mosca e convocando nel 1613 il Concilio panrusso per eleggere un nuovo zar. Di questo concilio facevano parte tutti i ceti sociali della Russia dell'epoca: il clero, i boiari, la piccola nobiltà, i cittadini e persino alcuni rappresentanti di contadini. Come ribadisce N. Riasanovsky, «il numero di possibili candidati al trono fu fin dall'inizio ridotto dalla decisione di escludere gli stranieri. Tra una mezza dozzina e forse più di russi proposti, l'assemblea scelse Michele Romanov, il quale divenne zar inaugurando il governo della famiglia Romanov sulla Russia, durato oltre trecento anni, dal 1613 al 1917»[15].

Tra gli argomenti a suo favore, di non poco conto fu anche quello che suo padre Filarete era un metropolita della Chiesa ortodossa, molto stimato e amato, vittima delle persecuzioni polacche. Dopo la sua liberazione dalla prigionia polacca nel 1619 Filarete venne intronizzato quale patriarca della Chiesa ortodossa russa (1619-1633) e divenne in sostanza co-reggente con suo figlio Michele (1613-1645). Come abbiamo già visto, nell'opinione pubblica russa odierna si è consolidata la percezione del tormentato periodo della *perestrojka* gorbacioviana e dei conseguenti anni eltsiniani come il ritorno dei «tempi torbidi». Un segno tangibile di questa idea ce lo dà il fatto della reintroduzione dal 4 novembre 2005 della festa dell'Unità nazionale russa (dopo la sua abolizione nel periodo sovietico), che rievoca proprio gli avvenimenti legati all'occupazione da parte dei cattolici polacchi del Cremlino e alla loro successiva cacciata da Mosca nel 1612[16].

Per conoscere meglio la versione ufficiale delle vicende interconfessionali dell'epoca bisogna rivolgersi all'interessantissima enciclica di Benedetto XIV[17] *Allatae sunt* del 26 luglio 1755 (*De ritibus orientalibus servandis*) che dà una vasta panoramica dei rapporti interecclesiali, pur rappresentati in chiave cattolica[18]. È curioso che la storia dello scisma si faccia risalire non alla canonica data del 1054, ma ai tempi del patriarca bizantino Fozio (820-891): «Certo non si può ignorare quanto abbiano fatto i romani pontefici, fin dai primi tempi della Chiesa, per ridurre a unità gli orientali, dopo il funesto scisma di Fozio» (ut orientalis ad unitatem adducerent post funestum schisma Photii)[19]. Nello stesso tempo i fatti del 1054 diventano solo una tappa nella divisione tra le Chiese: «San Leone IX, nostro predecessore, mandò i suoi ambasciatori a Costantinopoli per eliminare tale scisma che, sopito per circa due secoli, Michele Cerulario[20] aveva rianimato; ma i suoi tentativi caddero nel nulla»[21]. Nell'enciclica viene data la cronistoria dei concili di unione più importanti: del 1274 e del 1438-1439 (la colpa del fallimento di quest'ultimo viene attribuita a Marco, arcivescovo di Efeso, che «come un nuovo Fozio cercò di distruggere l'unione e cominciò ad alzare la voce contro di essa, e subito il frutto desiderato andò perduto completamente»)[22]. Nonostante il fallimento di questi tentativi, «per nulla trattenuti dagli insuccessi dei tempi passati», i romani pontefici «sempre pensarono di riportare i greci all'unione, [...] sempre insistettero e ancor oggi insistono, come si comprende chiaramente dalle loro parole e dai loro comportamenti»[23].

Così, secondo l'enciclica, nel 1596 arriva la «celeberrima [...] unione dei ruteni con la Sede apostolica al tempo di papa Clemente VIII di felice memoria»[24]. Per non suscitare disordini e sollevazioni contro i cattolici, visto che «gli scismatici sono attaccatissimi ai propri riti», si era deciso di non toccare la ritualità tradizionale dei neoconvertiti («non si deve cambiare nulla»). La decisione di non cambiare i riti orientali creò una notevole confusione nelle zone di insediamenti comuni dei cattolici di rito latino e di rito ortodosso (la parola «ortodosso» non appare mai nel documento). In vista delle concessioni a favore degli orientali, alcuni preti latini cercarono di adottare i lati più piacevoli dell'essere greco-cattolico, ad esempio, la possibilità di sposarsi. L'enciclica di Benedetto XIV venne dedicata appunto a questi problemi delicati, alla regolazione degli usi e costumi nell'ambito di realtà confessionali diverse. Qui troviamo anche il durissimo: «Le donne non osino servire all'altare, ma siano inesorabilmente allontanate da questo mistero»[25].

Sono interessanti i fatti che si espongono nel documento. Ancor più interessanti sono i silenzi. Sia la Russia che la Chiesa ortodossa russa vengono completamente ignorate, salvo una breve menzione nella lettera del 1247 scritta da Innocenzo IV a Daniele di Galič, «re di Russia», il quale, in cerca di salvezza tanto dai pericoli interni che da quelli esterni – nella Rus' di Kiev imperversava il dramma dell'invasione mongola, mentre Costantinopoli era in mano latina in seguito alla quarta crociata –, rivolge il suo sguardo a Roma e si converte al cattolicesimo. Nella lettera si dà l'esplicito consenso a osservare i riti tradizionali, «che non siano contrari alla fede cattolica che la Chiesa romana professa»[26].

Ricordiamo che la Chiesa russa solo sette anni prima dell'unione di Brest-Litovsk diventa patriarcato (1589). Si potrebbe obiettare: il documento pontificio è emanato nel 1755, mentre nel 1721 il patriarcato di Mosca viene abolito da Pietro il Grande e sostituito dal Santo Sinodo (sappiamo inoltre che solo due anni dopo, nel 1723, il Santo Sinodo è stato riconosciuto dai quattro patriarcati antichi quale «fratello in Cristo» ed equiparato in tutto alla dignità patriarcale[27]). Ma come spiegare che, parlando di una faccenda del 1631, Benedetto XIV menziona solo i «quattro patriarchi d'Oriente»[28], ignorando il fatto dell'esistenza del quinto patriarcato, quello di Mosca? Nel testo i russi sono nascosti dietro la definizione di «orientali», accanto ai greci («errori nei quali gli orientali e i greci sono ora miseramente caduti»[29]) o scismatici. Non si fa una parola delle tragiche conseguenze dell'unione per la popolazione ortodossa ucraina, vittima di vessazioni da parte della nobiltà polacca per motivi religiosi. Le discriminazioni subite dagli ortodossi[30] costituivano uno dei motivi che spinsero una parte della società ucraina a unirsi alla Russia nel 1654[31]. L'enciclica si conclude con l'augurio «agli scismatici, che tornano all'unità cattolica, di non abbandonare i loro riti, ma solo che abiurino le eresie, desiderando fortemente che i loro differenti popoli siano conservati, non distrutti, e che tutti (per dire molte cose con poche parole) siano cattolici, non latini»[32].

L'IMPERO RUSSO E LA QUESTIONE ECCLESIASTICA

Con Pietro il Grande (1682-1725), noto per le sue simpatie filo-occidentali, incominciò il lungo percorso diretto al ridimensionamento del ruolo politico della Chiesa ortodossa russa e alla sua sottomissione allo Stato. Lo zar, dopo la morte nel 1700 dell'ultimo patriarca del primo periodo patriarcale Adriano (1627-1700), preferì nominare quale «esarca, luogotenente e amministratore della sede patriarcale» il metropolita di Rjazan' e Colomna Stefano Javorskij, per poter avviare con il suo consenso una graduale sostituzione delle gerarchie ecclesiastiche russe con quelle ucraine, impregnate della cultura occidentale e latineggiante, nonché riformare, secondo il modello protestante, l'organizzazione amministrativa della propria Chiesa[33]. Nel 1705 con un decreto dello zar venne sancita la libertà di professare la fede cattolica nel territorio russo[34].

L'anno 1721 fu cruciale per la storia russa. In quell'anno fu conclusa la pace di Nischtadt[35], per cui la Russia otteneva gli sbocchi sul Mar Baltico e acquisiva un certo numero di sudditi anche di confessione cattolica. Sempre nello stesso anno la Russia venne proclamata impero, il che rendeva inevitabile la revisione dei principi che stavano alla base delle relazioni con la Chiesa. Un segno tangibile di tale cambiamento fu l'abolizione del patriarcato di Mosca, sostituito con il Santissimo Sinodo[36]. Con l'ascesa al trono di Anna Ioannovna (1730-1740), nell'ambito delle «purghe» del tedesco Biron, il favorito dell'imperatrice, la Chiesa russa subì durissime persecuzioni, paragonabili in parte a quelle degli anni '20 e '30 del Novecento, cessate solo con la salita al trono della figlia di Pietro il Grande, Elisabetta (1741-1761)[37].

Caterina II (1762-1796) seguiva una politica di sostanziale tolleranza religiosa, dettata più che altro dal suo grande pragmatismo[38] e consona a quel concetto dell'«assolutismo illuminato» che caratterizzava il suo governo. Il suo motto era «rispettare la fede, ma non permetterle in alcun modo di influire sugli affari di Stato». Durante il suo regno ribadì più volte che le gerarchie ecclesiastiche devono servire, sì, l'altare, ma in primo luogo lo Stato, poiché «il potere del monarca è al di sopra delle leggi del Vangelo». Questo principio riguardava non solo la Chiesa ortodossa russa, ma anche quella cattolica. Così, il 12 febbraio 1769 uscì il *Regolamento per la Chiesa romano-cattolica* che affrontava le questioni giuridiche dei sudditi di fede cattolica, residenti in Livonia, Estonia e Finlandia[39].

La questione cattolica si acuì particolarmente con l'annessione alla Russia di territori polacchi, per cui il cattolicesimo divenne religione interna dell'impero russo nella variante sia «latina» che «greco-cattolica» o «rutena». Dopo la prima spartizione della Polonia tra la Prussia, l'impero austriaco e l'impero russo nel 1772[40], Caterina II emanò un decreto sull'uguaglianza religiosa delle tre confessioni cristiane: cattolica-romana, greco-cattolica e ortodossa. Quest'ultima doveva cercare, tuttavia, di convincere gli uniati a tornare nel seno della Chiesa russa[41]. Dopo la seconda spartizione della Polonia del 1793, all'ortodossia «tornarono» circa due milioni di «uniati», prevalentemente ucraini e bielorussi. Nel 1783 Caterina fondò l'arcidiocesi cattolica di Mohilev, «sotto la cui amministrazione pose in seguito le diocesi romano-cattoliche dei governatorati riuniti alla Russia dopo la seconda e la terza [1795] divisione della Polonia»[42]. Allo stesso anno risale anche l'arrivo in Russia del primo nunzio apostolico, monsignor Andrea Archetti[43].

Nel 1789 in virtù dell'accordo franco-russo (1786) che prevedeva anche la concessione della piena libertà di fede a tutti i sudditi francesi residenti in Russia, Caterina II, su richiesta della colonia francese di Mosca, autorizzò la costruzione di un edificio di culto. La Chiesa dedicata a San Luigi dei Francesi[44] fu completata e benedetta il 30 marzo 1791. Generalmente nella chiesa celebravano sacerdoti di origine francese e il particolare status della parrocchia venne regolamentato dal decreto del 16 marzo 1812, emanato dal capo delle Chiese cattoliche latine nell'impero russo, il metropolita Stanislaw Bohusz-Siestrzencewicz:

«I. La chiesa parrocchiale di San Luigi a Mosca, fondata dalla mia autorità episcopale con il consenso dell'imperatrice Caterina II di beata memoria, fu costruita, riparata e mantenuta a spese dei francesi, da cui consegue che la comunità della parrocchia cattolica latina di San Luigi a Mosca è composta esclusivamente dai francesi che risiedono in tutto il territorio della città di Mosca e dei suoi dintorni, sia da coloro che sono nati nei confini dell'attuale impero francese, sia da coloro che sono di origini francesi e usufruiscono dei privilegi concessi dal Concordato stipulato a favore degli abitanti della Francia dal Santo Padre papa Pio VII il 19 novembre 1801. II. Nel novero delle persone indicate al primo punto non rientrano tutti coloro che parlano in francese (poiché in questa lingua parlano anche gli stranieri), ma solo i rappresentanti della nazione che costituisce la parrocchia di San Luigi; in relazione a ciò emendiamo il punto 3 della disposizione del 5 aprile 1800, emanata in nostra assenza. IV. Tutti gli altri cattolici latini, residenti a Mosca e nei suoi dintorni, a qualunque nazionalità appartengano, sono parrocchiani della chiesa dei Santi Pietro e Paolo»[45].

C'è da aggiungere che la chiesa di San Luigi dei Francesi, sita in via Malaya Lubjanka, è attualmente famosa anche per il fatto di trovarsi all'ombra della temuta sede del Kgb e forse per questo fu risparmiata nei tempi sovietici, essendo rimasta l'unica chiesa cattolica aperta al culto a Mosca[46].

Paolo I (1796-1801), nel suo *Manifesto di coronazione* emanato il 5 aprile 1797, si autoproclamò capo supremo della Chiesa ortodossa russa[47]. Ciò fu ribadito in seguito anche dal codice di diritto civile e penale dell'impero russo del 1832: «L'imperatore, quale sovrano cristiano, è il difensore supremo e il custode dei dogmi, nonché garante dell'ortodossia e di ogni sacra devozione nella Chiesa»[48]. Così si completò il processo del graduale abbandono del principio di «sinfonia» ereditato da Bisanzio, e si creò quel fenomeno che a volte viene definito «cesaropapismo»[49] nella versione russa. La proclamazione dell'imperatore quale capo supremo della Chiesa era carica di molteplici conseguenze sia in senso positivo che negativo. Tra quelle, dal nostro punto di vista, positive, potremmo annoverare la possibilità di seguire una politica coerente nei confronti della Santa Sede.

Durante il regno di Paolo I, favorevole al cattolicesimo, la situazione dei cattolici in Russia era particolarmente buona. Sono note le inclinazioni dell'imperatore verso l'Ordine di Malta, di cui era diventato addirittura Grande Maestro[50], nonché l'ospitalità verso i gesuiti, che ricevettero a San Pietroburgo la chiesa di Santa Caterina. Paolo I arrivò persino a formulare il progetto dell'unificazione delle due confessioni cristiane, mandandone il testo al Santo Sinodo. Inutile dire che questo testo, ispirato da un dotto gesuita di nome Gruber[51], fu respinto con decisione dai gerarchi ortodossi. Tuttavia Paolo I era riuscito a ottenere da parte di Pio VII l'emanazione della bolla sulla ricostituzione dell'Ordine gesuita limitatamente al territorio russo (7 marzo 1801)[52]. Paolo I costituì due diocesi greco-cattoliche, quella di Luzk e quella di Brest. Nell'aprile 1797 arrivò il nuovo nunzio, monsignor Lorenzo Litta[53]. Nel 1798 fu istituito il Dipartimento della confessione cattolica romana, a cui venivano assegnati anche i greco-cattolici[54].

Alessandro I (1801-1825) all'inizio continuò la politica religiosa di suo padre, permettendo nel 1802 l'apertura della missione permanente russa a Roma[55] (la data non è sicura, potrebbe trattarsi anche del 1801[56], o addirittura di una data anteriore risalente a Caterina II[57]). Nel 1803 a San Pietroburgo, con l'incarico di ambasciatore del papa di Roma presso la corte russa, arrivò il nunzio Tommaso Arezzo[58] che, probabilmente, contribuì alla fondazione nel 1804 di un Collegio cattolico romano. L'anno successivo, nel 1805, all'interno di questo collegio fu creato il Dipartimento greco-cattolico. Tuttavia, mentre l'atteggiamento di Paolo I era sostanzialmente tollerante verso i greco-cattolici, sotto Alessandro si cercò di favorire il passaggio degli uniati all'ortodossia, dal momento che l'uniatismo veniva considerato come una «creazione artificiosa», senza radici né tradizioni, frutto di «trame e inganno». Bisognava quindi «correggere l'errore» e, in nome della giustizia storica, restituire alla Chiesa ortodossa «il patrimonio sottrattole illegalmente»[59].

Impressionato e spaventato dalle guerre napoleoniche, Alessandro I negli anni 1816 e 1817 cercò di coinvolgere la Santa Sede di Pio VII nella «Santa Alleanza». Avanzando questa proposta, l'imperatore russo sperava anche di consolidare le sue posizioni nella cattolica Polonia. Ma, visto che Pio VII era un convinto oppositore della politica europea russa e della confusione interconfessionale che danneggiava, dal suo punto di vista, sia la purezza dogmatica che il concetto del primato papale, le proposte di Alessandro I non trovarono accoglimento[60]. Comunque sia, nell'Ottocento nella politica vaticana degli zar si nota una sostanziale continuità che consisteva nell'osservazione di due imprescindibili principi: «Anzitutto, che non venissero diffuse bolle o disposizioni papali senza un particolare permesso di Sua Altezza e, in secondo luogo, che l'applicazione delle leggi cattoliche venisse autorizzata nella misura in cui non fossero in contrasto con le leggi generali statali e civili»[61].

La politica di Nicola I (1825-1855) fu molto più rigorosa, soprattutto dopo la rivolta polacca del novembre 1830, cui prese parte attiva anche il clero cattolico e greco-cattolico. Da qui parte una netta separazione nel rapporto con i cattolici «latini» e «greci». Mentre i primi si tolleravano in quanto rappresentanti di una Chiesa che, anche se «eterodossa», era comunque storica e rivestiva un importante ruolo internazionale, contro i secondi venivano adottate delle misure restrittive, mirate a spingerli a passare all'ortodossia e russificarli dove fosse possibile[62]. Nel 1832, nell'ambito di una vasta attività diretta a regolamentare l'ordinamento giuridico-amministrativo dell'impero russo, nonché a rafforzare e uniformare le basi politiche-ideologiche della monarchia, da Serghej Uvarov (1786-

1855) viene formulata la famosa teoria dell'«idea nazionale ufficiale»[63]. Questi provvedimenti andavano inevitabilmente a influenzare anche la politica confessionale imperiale.

Il 22 dicembre 1838 fu istituito uno speciale comitato segreto per gli affari degli uniati, preposto alla liquidazione delle Chiese uniate. Il 25 marzo 1839 Nicola I approvò il decreto sinodale «Sulla fusione della Chiesa greco-cattolica con l'ortodossia». Nello stesso giorno venne emanato il manifesto imperiale con cui la *unìa* viene dichiarata ufficialmente soppressa su tutto il territorio russo, tranne la diocesi di Chelm[64]. Come accade sovente in questi casi, i più accondiscendenti si mostravano gli alti prelati, mentre il basso clero e i credenti si erano decisamente opposti a questa imposizione. A sedare i disordini ci pensarono le truppe[65].

Nel 1845 Nicola I, di passaggio a Roma, ebbe un incontro con papa Gregorio XVI (1831-1846) che, lamentandosi per via delle discriminazioni nei confronti dei cattolici in Russia, chiese più diritti per la Chiesa cattolica ivi presente. L'imperatore, in cerca di alleanze diplomatiche in Europa, colse al volo l'occasione, promettendo di risolvere il problema[66]. Il preposto comitato segreto espresse un'opinione favorevole e così, neanche un anno dopo, nel mese di novembre 1846 per Roma partì il conte D.H. Bludov, capo del dipartimento legislativo del Consiglio di Stato, incaricato personalmente dall'imperatore di avviare le trattative con il Vaticano per la stipulazione del Concordato. Il Concordato fu siglato nel 1847. Era composto di trentuno capitoli, che riguardavano tutti gli aspetti della vita ecclesiale[67]. Accanto alle sei diocesi cattoliche già attive sul territorio russo (di Mohilev, di Vilna, di Samohit, di Minsk, di Luzk, di Kamenez-Podolsk), si aggiungeva la settima, quella di Cherson (di Tiraspol'). Venivano inoltre tracciati i confini di tutte le diocesi. I nomi dei vescovi, approvati sia dal papa che dall'imperatore, venivano confermati canonicamente dal papa. Il papa veniva riconosciuto quale capo di tutti i cattolici russi. Ricordiamo che l'imperatore, a sua volta, agiva quale capo supremo della Chiesa ortodossa russa, il che metteva le parti contraenti nelle condizioni di sostanziale parità politica e diplomatica e rendeva implicita ed effettiva la salvaguardia degli interessi della Chiesa ortodossa.

Di questo aspetto non sarà tenuto conto centocinquant'anni dopo, in occasione della stipula dell'accordo tra la Santa Sede e l'Urss di Gorbaciov. La dirigenza sovietica non vorrà dare voce alle richieste delle gerarchie ortodosse, noncurante del fatto che l'interlocutore cattolico possedesse la duplice natura di Stato-Chiesa. La salvaguardia degli interessi della Chiesa ortodossa non rientrava nei piani del Pcus, tanto meno si pensava alla possibilità di coinvolgere una rappresentanza del patriarcato nella trattativa con i cattolici. Saranno ignorate le avvertenze dei diplomatici russi a proposito del Vaticano[68] e si trascurerà il fatto che il papa «est en même temps un souverain étranger»[69]. Non si porranno, i compagni sovietici, la fatidica domanda che riflette l'aspetto cruciale delle relazioni tra la Russia e la Santa Sede nell'arco dei secoli – «cosa darà il Vaticano?» – formulata già dal capo della missione imperiale russa presso il Vaticano Serghij Sazonov nel 1914[70]. Come vedremo in seguito, sarà proprio questo vizio di fondo a complicare a dismisura i rapporti interecclesiastici del *post perestrojka*, mentre nel Concordato del 1847 avevano trovato accoglimento, in modo abbastanza bilanciato, tutte le questioni di ordinaria amministrazione delle diocesi e delle parrocchie cattoliche nel territorio russo. I cattolici ottenevano anche il diritto di aprire una loro accademia teologica a San Pietroburgo[71].

Purtroppo la durata di questo accordo non è stata lunga[72]. Quando scoppiò la rivolta polacca (1863-1864), sostenuta dal clero cattolico, tra Pio IX e l'imperatore Alessandro II (1855-1881) intercorse uno scambio di note diplomatiche dai toni assai duri. La veemenza papale traspare anche dalla sua enciclica *Ubi Urbaniano* del 30 luglio 1864[73]. Di conseguenza il 22 novembre 1866 con un decreto imperiale il Concordato con la Santa Sede fu revocato[74]. In seguito i rapporti con la Santa Sede si intratterranno solo tramite il ministero degli Esteri[75]. Il risentimento di Pio IX si coglie dalle encicliche *Levate* del 27 ottobre 1867[76], *Arcano Divinae* dell'8 settembre 1868[77] e *Iam vos omnes* del 13 settembre 1868. In quest'ultima si afferma con forza che solo nella Chiesa di Roma si conserva in modo esclusivo integra la dottrina di Cristo[78]. In queste condizioni si infiammano gli animi nelle zone dell'Ucraina occidentale. Di fronte al conflitto scoppiato negli anni '70 dell'Ottocento fra i «cattolici di rito greco-ruteno per iniziativa di indegne persone – talune anche appartenenti all'ordine ecclesiastico – che con pretesti liturgici mirano a indurre allo scisma le popolazioni di Leopoli e di altre diocesi limitrofe, Pio IX mette in guardia contro i pericoli che si profilano e sottolinea la necessità di seguire la liturgia approvata dalla Sede apostolica»[79].

Con Leone XIII, per tutta una serie di circostanze, dovute sia ai cambiamenti di rotta della politica vaticana, sia alla situazione in Russia, nei rapporti bilaterali arrivò il disgelo. Il 1° marzo 1881 in un attentato a San Pietroburgo perde la vita l'imperatore Alessandro II, chiamato «liberatore» per aver avviato radicali riforme del tessuto economico e sociale russo, tra cui l'abolizione nel 1861 della servitù della gleba. Il terrorismo radicale non suscita più i compiacenti applausi della società liberale russa. Sul trono sale Alessandro III (1881-1894) che cerca di porre rimedio al dilagare delle idee rivoluzionarie e incomincia la sua «controriforma». Inoltre la situazione internazionale richiede la creazione di alleanze per affrontare le nuove sfide del tempo. Così sorgono i presupposti per rinnovare i rapporti compromessi. Nel 1887 parte per Roma il rappresentante di Alessandro III, Izvol'skij, per indagare sulla situazione politica generale e cercare di riallacciare i rapporti con la Santa Sede. È interessante notare che, secondo le fonti vaticane, i negoziati sarebbero invece stati ripresi a Vienna ancora nel 1877-1880 e poi continuati a Roma (1881-1882). «Essi portarono a un nuovo accordo su alcuni dei punti già inclusi nel precedente Concordato. I russi, tuttavia, esclusero dalle trattative la questione dei greco-uniati e altri argomenti»[80].

Di queste vicende storiche parlano studiosi russi quali Olga Serova e Victor Gajduk[81]. Annotiamo solo che dopo una serie di trattative si riesce a ristabilire relazioni diplomatiche tra la Russia e il Vaticano e a istituire nel maggio 1894 la Missione imperiale russa presso la Santa Sede, della quale Izvol'skij viene nominato rappresentante. L'importanza del traguardo raggiunto fu ribadita anche dallo stesso papa Leone XIII nella sua lettera enciclica *Caritatis providentiaeque:*

> «È opportuno richiamare alla mente che Noi, fin dagli esordi del pontificato [1878], volendo migliorare la situazione del cattolicesimo nelle vostre contrade, abbiamo svolto il Nostro opportuno interessamento presso il Consiglio imperiale per ottenere ciò che la dignità di questa Sede apostolica e il patrocinio della vostra causa postulavano. A seguito di queste iniziative fu possibile stabilire, nel 1882, un accordo su alcuni punti. Tra questi è da annoverare il permesso concesso ai vescovi di governare liberamente i seminari dei chierici secondo la legge canonica, nonché il passaggio dell'Accademia ecclesiastica di Pietroburgo, aperta anche agli alunni polacchi, sotto la piena giurisdizione dell'arcivescovo di Mohilow [Mohilev], con la facoltà di potenziarla per rispondere meglio alle esigenze del clero e della religione cattolica. Abbiamo pure ricevuto la promessa che saranno abrogate, o mitigate, quelle leggi più severe di cui si lamentava fortemente il vostro clero. Da allora, approfittando di ogni occasione, o creandola, non abbiamo mai smesso di insistere per rendere operativi gli accordi pattuiti. Abbiamo anzi ritenuto doveroso presentare queste richieste allo stesso potentissimo imperatore. Abbiamo così potuto sincerarCi del suo sentimento di amicizia verso di Noi e ricevere un

significativo attestato del suo alto senso di giustizia per la vostra causa. Non smetteremo mai di inoltrargli le Nostre richieste, affidandole in modo speciale a Dio, perché "il cuore del re è nelle mani del Signore" (Pr 21,1) [...]. Poiché dunque potete voi stessi rendervi conto del Nostro impegno per procurare un clima di pace nel tessuto sociale dei popoli, continuate a operare nello stesso modo, perché il rispetto dei più alti poteri e il pubblico ossequio alle leggi restino un punto fermo per il clero e per tutti»[82].

Proprio in questo periodo, osserva Gajduk, viene pubblicata un'enciclica di Leone XIII, forse «l'unica enciclica papale integralmente tradotta in russo e diffusa nel Paese in un volumetto di comoda consultazione e a prezzo accessibile»[83]. Nel febbraio 1898, durante un colloquio, il papa avrebbe manifestato «la sua sincera disponibilità a riconoscere a tutte le confessioni orientali non solo le loro peculiarità di usi e di rito, ma anche quelle dogmatiche»[84]. Dai resoconti diplomatici appariva che Leone XIII intendesse rivalutare «l'orientalismo cattolico», cioè recuperare i valori del cristianesimo orientale. Grazie alle aperture di questo pontificato «audace e rivestito di toni progressisti», a dire degli stessi diplomatici russi, sembrava che stessero prospettandosi delle nuove svolte nei rapporti bilaterali. Ma dopo la morte del papa e la mancata elezione, in note circostanze[85], del cardinale Rampolla, ritenuto nemico dell'Austria, sul trono papale salì Giuseppe Sarto, rappresentante del «partito conservatore». Nella missione russa si temeva che la mentalità di Pio X potesse «mandare in rovina la "geniale eredità" del suo predecessore, riportando sulla via del "medioevo culturale" l'atteggiamento di Roma nei confronti della Russia». Per l'ambasciatore Sazonov il nuovo papa si distingueva per «assoluta mancanza di tatto»[86].

Una parvenza di svolta positiva s'affacciò con il *Manifesto* sulla libertà religiosa del 17 aprile 1905, che segnò una nuova tappa nella vita dei cattolici russi e non solo. Mentre in Russia imperversava la rivoluzione del 1905-1907, sotto la pressione dell'opinione pubblica veniva emanato un documento di grande portata storica. Si proclamava la libertà di professare qualsiasi fede, cambiarla, passare da una confessione all'altra, costituire comunità, fratellanze e associazioni religiose; erigere i luoghi di culto, produrre e diffondere opere di stampa; si eliminavano le restrizioni e le limitazioni dei diritti civili per motivi religiosi. Sebbene queste libertà non fossero assolute, le conseguenze non si fecero attendere: dal 1° aprile 1905 al 1° gennaio 1909 su 308.758 fuoriusciti dalla Chiesa ortodossa 167.957 erano i cattolici della Polonia e della Bielorussia, 12.068 persone passarono alla Chiesa luterana nei Paesi Baltici, 49.799 erano tatari e baškiri che riabbracciarono l'islam. Tuttavia, paradossalmente, mentre tutte le confessioni ottenevano la libertà, la Chiesa ortodossa rimaneva bloccata sotto lo strettissimo controllo dello Stato. Le richieste di concedere la convocazione del Concilio locale e restaurare il patriarcato caddero nel nulla. Questa anomalia generò nella società russa una accesa discussione sui problemi delle libertà religiose e sul principio «libera Chiesa in libero Stato»[87].

Il *Manifesto* ebbe un notevole apprezzamento da parte di Pio X, che lo lodò nell'epistola *Poloniae populum* del 3 dicembre 1905. Nel documento il papa vuole «elogiare pubblicamente la sapienza e la clemenza del vostro potentissimo imperatore, del quale abbiamo sperimentato l'amicizia, per l'editto emanato il 30 aprile scorso [secondo il calendario gregoriano] con cui ha assicurato ai popoli a lui soggetti la libertà di coscienza»[88]. Si invitavano i vescovi ad approfittarne per aiutare «con tutti i mezzi che il vostro zelo vi suggerisce» coloro che, «di loro spontanea volontà, vogliono passare alla comunità cattolica. Non si tratta di opera politica, ma soltanto della salvezza eterna delle anime»[89]. Tre anni dopo, nell'allocuzione *Le calde parole* del 13 ottobre 1908, durante un incontro con pellegrini ungheresi, Pio X li invita a difendere la Chiesa non più «dalla porta d'Oriente», ma contro «la porta d'Occidente dalla quale tante insidie si tendono alle anime»[90].

Ma si trattava solo di una parentesi. Già nel dicembre 1910 appare un'epistola in cui il papa si dice contrario a qualsiasi compromesso con le Chiese orientali sulle questioni dogmatiche come il *Filioque*, il primato papale, l'Immacolata Concezione e il purgatorio. L'epistola *Ex quo* del 26 dicembre 1910 uscì in occasione di uno scandalo, legato all'ingenuo articolo *Pensées sur la question de l'union des Eglises* del teologo-principe Max di Sassonia, pubblicato sul periodico «Roma e l'Oriente»[91]. Quasi tutte le copie di questo articolo furono distrutte[92], mentre l'autore si recò a Roma per ammettere la sua totale colpevolezza, e rendere pubblica la sua ritrattazione. Ma grazie alla premura del papa di confutare le scandalose idee, il contenuto dello scritto è arrivato fino a noi. Così veniamo a sapere che:

> «falsamente si dà peso all'opinione secondo la quale il dogma della processione dello Spirito Santo dal Figlio non avrebbe nessuna conferma dalle parole del Vangelo, o non sarebbe confermata dalla fede degli antichi padri; del pari con grande imprudenza si mette in dubbio che siano state riconosciute come verità dogmatiche dai santi cristiani dei primi secoli i sacri dogmi sul purgatorio o sulla Concezione Immacolata della Beata Vergine Maria [...]. Si inocula non meno falsamente la convinzione che la Chiesa cattolica non fosse nei primi secoli il principato di uno solo, che non fosse una monarchia, e che il primato della Chiesa di Roma non possa essere sostenuto da validi argomenti»[93].

L'epistola pontificia provocò una forte irritazione presso la corte russa e i reciproci rapporti subirono un pesante contraccolpo. Secondo Gajduk, proprio al periodo di Pio X risalerebbe il giudizio sulla Russia come *gubernium diabolicum*[94] (che di fatto andava ad aggiungersi alla famosa profezia di don Bosco secondo cui un giorno i cavalli dei cosacchi si sarebbero abbeverati alle fontane di San Pietro). L'indignazione di Nicola II (1894-1917) fu tale che quando nel 1914 il papa morì l'imperatore russo fu «l'unico tra tutti i capi di Stato che non desiderò esprimere il suo cordoglio per la morte di Pio X»[95]. Tuttavia, sembra che alla vigilia della prima guerra mondiale – negli anni 1912-1913 – visto il crescente pericolo bellico nella zona dei Balcani, durante una riunione speciale indetta da Nicola II si considerasse la possibilità di instaurare con il Vaticano veri e propri rapporti diplomatici[96].

Questi due secoli di rapporti russo-vaticani hanno lasciato più domande che risposte. Tutta l'esperienza accumulata in quel periodo potrebbe essere riassunta da questo interrogativo di Sergej Dmitrievič Sazonov:

> «Perché non trasferire le nuove formule contemporanee delle relazioni internazionali alle relazioni tra le Chiese? [...] Se l'unione, l'uniatismo tra le Chiese legate da interessi comuni sono impossibili, o semplicemente non auspicabili, perché non sollevare la questione della "convergenza", o dell'"intesa" tra queste Chiese, dal momento che proprio queste nuove formule soddisfano le esigenze politiche del tempo attuale? E poi sia come Dio vuole: intesa, convergenza, amicizia, ecc. non obbligano in sostanza né ad alcun sacrificio, né a un mutamento interno [...]. Nel migliore dei casi tali buone relazioni possono portare col tempo a una più stretta e amichevole convivenza che non contraddirebbe in nessun modo agli interessi e agli ideali della Chiesa cristiana [...]. Nel peggiore dei casi avremmo a che fare con quel fenomeno che gli studiosi di scienze naturali chiamano temporanea, casuale associazione che, ad esempio, nel periodo della migrazione unisce in stormi uccelli che solitamente vivono in gruppi separati»[97].

Come abbiamo visto, prima del 1917 le relazioni tra le Chiese assumevano carattere diverso a seconda sia dell'indole personale dei principali protagonisti, sia dei concreti eventi storici. Ci sono stati anche dei momenti favorevoli, tuttavia non sfruttati, per poter stabilire dei ponti tra le due sponde ecclesiastiche. Dopo lo scoppio delle rivoluzioni russe del 1917 i cattolici, come scrive Wenger, «si erano rallegrati della caduta della monarchia»[98], sperando finalmente di conquistarsi degli spazi nelle immense terre dell'ormai ex-impero e realizzare il «grande disegno» vaticano verso la Russia[99]. «La creazione, all'indomani della rivoluzione russa del 1917, della Congregazione orientale[100] [per volere di Benedetto XV[101]] inaugurò la strategia dell'attenzione verso il mondo d'Oriente, del quale la Russia era grande parte»[102]. Si approvavano persino i primi provvedimenti ristrettivi verso la Chiesa ortodossa russa. Le notizie sullo sfaldamento e sulle disgrazie di questa Chiesa, vittima delle persecuzioni dei bolscevichi, spingevano «la Santa Sede ad entrare al più presto in contatto con la realtà russa [...], prima che l'esperienza bolscevica, ritenuta transeunte, si concludesse e la Russia si riaprisse a tutte le influenze»[103].

Si potrebbe chiedere, insieme a Giorgio Petracchi, «in quale ancestrale convinzione si fondassero le aspettative della Santa Sede, al di là di ogni ragionevole speranza, che la Russia si aprisse all'influenza cattolica fino a ricomprendere gli ortodossi in una unica religione». Nella risposta tentata dallo storico spunta di nuovo una parola che avevamo già usato. Questa parola è «mito».

> «Il mito cattolico della riconversione della Russia nasce dallo stesso schema millenaristico, dalla premonizione cioè che il culmine di un'epoca di lutti e di ingiustizie fosse anche il momento scelto da Dio per ricondurre "nel medesimo ovile il suo gregge disperso". Nel mito cattolico di conversione della Russia si aggiunge, tuttavia, una componente scientifico-razionale: la considerazione pessimistica sulla fisionomia morale della Chiesa ortodossa e sulla tenuta della sua struttura ecclesiale»[104].

Ma col passare del tempo diventava chiaro che il nuovo regime non intendeva lasciare posto a nessuna religione che potesse rappresentare una qualche minaccia al proprio potere. Così si apre un nuova pagina che forzosamente unisce i destini di ortodossi e cattolici processati dalle stesse *troike*[105], gettati negli stessi lager, fucilati dagli stessi plotoni di esecuzione. Incomincia un vero martirio «ecumenico» di tutte le confessioni cristiane sul suolo russo[106]. A distanza di pochi anni si spalancheranno i cancelli dei campi di concentramento tedeschi dove insieme a milioni di detenuti innocenti troveranno il martirio migliaia di *geistlicher*, o «spirituali», rappresentanti di diverse confessioni religiose. Come scriveva l'ex deportato a Dachau, il vescovo italiano Carlo Manziana, «tra cattolici, ortodossi ed evangelici si era stabilito un rapporto di amicizia, di comunione nella preghiera e di fraterna collaborazione, anticipando il dialogo ecumenico che nel Concilio Vaticano II avrebbe trovato la sua espressione più significativa». Tra i prigionieri di Dachau ci furono ventitue sacerdoti ortodossi e ventotto preti italiani tra cui don Lodovico Aldrighetti di Soave (grossa borgata della provincia di Verona), annoverato «tra i sacerdoti italiani che maggiormente si distinguevano per apertura intellettuale e per sensibilità sociale»[107]. C'è da aggiungere che don Lodovico ebbe un ruolo importantissimo nella formazione spirituale e umana di don Luigi Adami, originario appunto di Soave, che ha dedicato al suo parroco un intenso e commosso ricordo raccolto da Paolo Bertezzolo nel libro *La Verona del dialogo*[108].

GLI ECHI DELLA STORIA

Ha veramente senso rievocare questi fatti storici di vecchia data? La risposta è sì. Perché altrimenti non si ha la chiave interpretativa per moltissimi episodi dei tormentati rapporti tra le due Chiese. Ad esempio, nella succitata enciclica di Benedetto XIV *Allatae sunt* del 26 luglio 1755 si afferma con forza che «la Santa romana Chiesa [...] è madre e maestra delle altre Chiese»[109]. Sono passati ormai quasi tre secoli, nessuno usa più la definizione «latini», come si augurava il pontefice e ci sono stati due Concili Vaticani. Ma la tesi sulla Chiesa cattolica quale madre e maestra è molto fresca nella nostra memoria.

La sua riaffermazione è la risposta alla vasta diffusione nel periodo post-conciliare, soprattutto durante il pontificato di Giovanni Paolo II, dell'espressione «Chiese sorelle». Nell'anno 2000 il cardinale Ratzinger, il futuro papa Benedetto XVI (2005-2013)[110], con la *Nota sull'espressione «Chiese sorelle»*, ha sentito il bisogno di apportare dei chiarimenti per il suo uso corretto[111]. Da questa *Nota* veniamo a sapere che il concetto di «Chiese sorelle» si diffonde a partire dal V secolo, in concomitanza con l'affermazione dell'«idea della *pentarchia*, secondo la quale a capo della Chiesa si troverebbero i cinque patriarchi e la Chiesa di Roma avrebbe il primo posto tra le Chiese sorelle patriarcali»[112]. Tuttavia «nessun romano pontefice riconobbe questa equiparazione delle sedi né accettò che alla sede romana venisse riconosciuto soltanto un primato di onore. Inoltre, va notato che in Occidente non si sviluppò quella struttura patriarcale che è tipica dell'Oriente»[113].

Nei tempi moderni l'espressione «Chiese sorelle» venne introdotta dal Vaticano II «per qualificare i rapporti fraterni tra le Chiese particolari». Il primo documento pontificio contenente questo appellativo è il breve *Anno ineunte* di Paolo VI[114] indirizzato al patriarca di Costantinopoli Athenagoras I[115]. L'espressione, sdoganata da Paolo VI, entra da padrona nei discorsi di Giovanni Paolo II. La troviamo nelle Encicliche *Slavorum apostoli*[116] e *Ut unum sint*[117]. Nel 2000 avviene, però, un certo irrigidimento delle posizioni dottrinali della Chiesa cattolica che si ripercuote tra l'altro anche sull'espressione «Chiese sorelle», a proposito della quale si esorta in modo vincolante a evitarla «come fonte di malintesi e di confusione teologica», poiché «la Chiesa universale, una, santa, cattolica e apostolica, non è sorella ma madre di tutte le Chiese particolari»[118].

Nelle recenti controversie cattolico-ortodosse i fatti storici assumono valenza giuridica, visto che spesso ci si appella al diritto consuetudinario. Le conseguenze dell'unione del 1596 tuttora rappresentano un ostacolo insormontabile per i rapporti tra le due Chiese. La politica delle unioni selettive ha mostrato la propria inconsistenza: tutte le volte che si riusciva ad arrivare a un accordo separato, immediatamente scoppiava una grave crisi all'interno dello Stato che si trovava nel mirino della politica missionaria vaticana. Le regioni dell'Ucraina occidentale tuttora rappresentano un focolaio di potenziali esplosioni della lotta interecclesiastica e non solo. Spesso sotto le bandiere delle Chiese uniate si riuniscono movimenti separatisti. Non muta neanche il *modus operandi* verso la Russia. La Santa Sede, che ha un suo particolare modo di rapportarsi alla storia, e che, come diceva il cardinale Pietro Gasparri nel 1920, «può in qualsiasi caso attendere, poiché il rendiconto per lei si misura in secoli»[119], mostra una invidiabile costanza nell'aspettare con pazienza, raccogliere le forze, organizzarsi, prepararsi per poi agire nel momento della maggiore debolezza e fragilità del suo avversario ortodosso. Così fu nel passato remoto, così è stato nel passato prossimo.

Tralasciando la parentesi sovietica con la sua fase definita come *Ostpolitik* – per analogia con la politica del cancelliere tedesco Willy Brandt –, che è già stata oggetto di numerosi studi[120], e la storia recente dei rapporti russo-vaticani, che con facilità si ricostruiscono navigando in internet[121], soffermiamoci solo su alcuni interessanti particolari. Tra questi sicuramente s'annovera l'incontro di Rada Khrusciova e di suo marito Alexej Adjubei, direttore del quotidiano «Izvestia», con Giovanni XXIII per ringraziarlo per il suo impegno. L'incontro avvenne il 7 marzo 1963. I contorni di questa faccenda, stando alle recenti rivelazioni dei testimoni oculari, si tingono di giallo. A quanto sembra il desiderio reciproco espresso sia da Khrusciov che da papa Giovanni XXIII di instaurare rapporti diplomatici tra l'Urss e la Santa Sede incontrava una forte ostilità da parte della Cia e dei servizi segreti italiani. Anche ai vertici del Pcus non tutti condividevano una scelta politica così azzardata. Forse per questo si cercò di mantenere attorno alla faccenda, ritenuta da alcuni addirittura «scandalosa», il massimo riserbo. Anzi, si trattò di una specie di *spy story*. Mentre per accompagnare Rada e suo marito venne incaricato un ufficiale del Kgb di nome Leonid Kolosov (che agiva sotto la copertura di giornalista dell'«Izvestia»), l'automobile con cui si recarono all'incontro fu seguita da una macchina dell'ambasciata americana. In prossimità dell'arrivo, questa macchina, con una manovra azzardata, accelerò per entrare per prima in Vaticano. Inoltre a Leonid fu inaspettatamente negato l'ingresso nella residenza papale, il che creò non poca perplessità negli ospiti che rimasero senza interprete.

Il compito di interpretariato fu affidato a padre Kulik, gesuita di origini russe che «per puro caso» si trovava nelle vicinanze. L'incontro avvenne nella biblioteca del papa. Stando alle memorie di Rada, nella stanza si trovavano solo il papa e l'interprete padre Kulik. Ci fu uno scambio di lettere: Agjubej consegnò la lettera di Khrusciov, mentre il papa diede una sua missiva scritta in cirillico. Il papa invitò poi Khrusciov a Roma, dicendo che le porte del Vaticano sarebbero state sempre aperte per lui, qualsiasi cosa succedesse. Inoltre espresse il desiderio di parlargli a quattr'occhi. Rada, emozionata e felice, disse a papa Giovanni: «Lei ha le mani grosse e nodose dei contadini, come quelle di mio padre». Alla fine dell'incontro papa Giovanni confidò al suo segretario monsignor Capovilla: «Può essere una delusione, oppure un filo misterioso della Provvidenza che io non ho il diritto di rompere»[122].

Dato che l'incontro tra il papa e Khrusciov non rientrava nei piani di certi ambienti legati ai servizi segreti, si cercò di impedire l'esito favorevole di questi rapporti. La macchina guidata da Kolosov, che doveva portare la coppia Adjubej in aeroporto, fu sabotata e durante il viaggio ebbe un grave incidente. Successivamente una perizia accertò una manomissione della ruota sinistra anteriore. Per fortuna Adjubej e Rada all'ultimo momento decisero di farsi accompagnare dalla macchina dell'ambasciatore e così non vennero coinvolti nell'incidente. Comunque sia, l'incontro finì con un nulla di fatto, dal momento che il 3 giugno 1963 papa Giovanni XXIII morì, mentre Khrusciov venne silurato l'anno dopo[123]. Nikita Khrusciov, essendo un politico controverso e bizzarro, da un lato dichiarava di voler portare alla «naturale» estinzione la Chiesa ortodossa nell'Urss, dall'altro voleva sfruttare l'immagine della stessa Chiesa per allargare le alleanze internazionali, stringendo dei rapporti con la Santa Sede[124]. Forse proprio a questo fu dovuta la decisione, alquanto inaspettata, di acconsentire alla richiesta avanzata dal patriarcato di Mosca di inviare due osservatori ufficiali – l'arciprete Vitalij Borovoj e l'archimandrita Vladimir Kotliarov – alla prima sessione del Concilio Vaticano II nel 1962[125].

Ma anche all'interno della stessa ortodossia russa maturavano tendenze di apertura verso il cattolicesimo e non solo, testimoniate dall'intenso lavoro diplomatico mirato a inserire la Chiesa russa nel contesto dei rapporti interconfessionali a livello internazionale. Un altro gesto di apertura consistette nella decisione del Santo Sinodo del 16 dicembre 1969 di ammettere alla comunione eucaristica, in stato di necessità – ad esempio, per assenza di ministri di culto della propria confessione –, i cattolici e i vecchi credenti che ne facessero eventualmente richiesta a un sacerdote russo-ortodosso dipendente dal patriarcato. Come osserva Enrico Morini, questa decisione sorprendente, in contrasto con il rigore canonico-dottrinale della Chiesa ortodossa, che non ammetteva deroghe al principio della pienezza della fede ortodossa come requisito imprescindibile per l'ammissione alla comunione eucaristica[126], fu sicuramente assunta per il convinto patrocinio del metropolita Nikodim (Rotov) di Leningrado e Novgorod, a quel tempo presidente del Dipartimento per le relazioni ecclesiastiche esterne del patriarcato.

> «È stata questa una figura di primo piano nella Chiesa patriarcale russa della seconda metà del ventesimo secolo, divenuta ben presto nota, a livello panortodosso e pancristiano, per avere rappresentato la Chiesa russa nei consessi delle conferenze panortodosse di Rodi e del Consiglio mondiale della Chiese. Egli ha sempre manifestato un'insolita simpatia per la Chiesa cattolica, al punto di scegliere, come argomento della propria tesi di dottorato, il pontificato di papa Giovanni XXIII[127], e gli fu riservata la sorte di morire, nel 1978, per un improvviso malore, tra le braccia di Giovanni Paolo I, nel corso dell'udienza concessagli dal papa, subito dopo la cerimonia d'inizio del suo pontificato»[128].

L'interesse verso l'avvicinamento al Vaticano è emerso anche ai tempi di Leonid Breznev. Lo riferisce nel libro di memorie Nikolaj Lunkov, ambasciatore sovietico a Roma (1980-1990)[129]. Già alla vigilia della sua partenza da Mosca egli ricevette dal ministro degli Esteri Andrej Gromyko una direttiva precisa: stabilire rapporti con la Santa Sede e personalmente con Giovanni Paolo II allo scopo di instaurare relazioni diplomatiche. In una conversazione privata Leonid Breznev avrebbe detto a Lunkov: «Io sono a favore dei contatti con il Vaticano e Giovanni Paolo II». Una volta a Roma, Lunkov, in occasione di un ricevimento organizzato da Giulio Andreotti, viene presentato al cardinale Agostino Casaroli. Da lì incomincia una lunga storia di rapporti anche personali tra l'ambasciatore sovietico e l'autorevole rappresentante della

Santa Sede, segnati da una fitta agenda di incontri a vario livello.

Nelle sue memorie Lunkov osserva che, mentre la stampa italiana era attenta ai colloqui presso la Santa Sede, le visite del cardinale presso l'ambasciata sovietica rimanevano celate dal silenzio. Data la grande confidenza e fiducia reciproca che, secondo Lunkov, contrassegnava i rapporti tra Casaroli e papa Giovanni Paolo II, questi incontri avrebbero preparato il terreno per l'avvicinamento tra l'ambasciatore sovietico e il papa stesso. Da lì partirebbe tutta una serie di iniziative votate a creare un clima di distensione tra l'Urss e la Santa Sede. Tra queste l'invito al circo di Mosca per fare uno spettacolo in piazza San Pietro (1982), evento ricordato anche dall'ex guardia svizzera Andreas Widmer nel suo libro su papa Giovanni Paolo II[130]. Come sostiene Lunkov, questo spettacolo circense diede inizio a un proficuo scambio culturale tra l'Urss e il Vaticano. Presto gli incontri personali cedettero il posto a una fitta corrispondenza tra i leader del Pcus e la Santa Sede[131]. Nel 1988 il cardinal Casaroli informò Lunkov che, con il beneplacito del papa, era pronto a partire per Mosca in occasione dei mille anni del battesimo della Rus'.

C'è da dire che, nell'anniversario del millennio del battesimo della Russia, arrivarono a Mosca numerose delegazioni straniere per festeggiare questo evento storico. Proprio in quell'occasione, il 13 giugno 1988 avvenne l'epocale incontro al Cremlino tra Gorbaciov e il cardinale Casaroli. I particolari si trovano nelle memorie del primo ambasciatore (all'inizio sovietico poi russo) presso la Santa Sede, Jurij Karlov (1990-1995)[132].

Come riferisce Karlov, l'atmosfera durante la conversazione era abbastanza tesa. Gorbaciov aprì il colloquio ribadendo la vicinanza tra il «nuovo pensiero politico»[133] nella politica estera gorbacioviana e la visione della politica internazionale del Vaticano di Giovanni Paolo II. Si cercava non senza difficoltà di gettare le basi di un ulteriore dialogo. La conversazione diventava particolarmente difficile quando si affrontavano le questioni di carattere etico e ideologico. Gorbaciov ribadì in modo inequivocabile l'importanza per il popolo sovietico della «scelta socialista» e invitò il Vaticano a tenerlo presente nel definire la sua linea politica verso l'Urss. All'evocazione dell'amore nei rapporti bilaterali da parte di Casaroli (si trattava delle parole rivolte a Giovanni XXIII in Ungheria dal ministro per i Culti: «Sentiamo che questo papa ci ama»), il segretario generale contrappose il «realismo», aggiungendo che «amore è un concetto che si colloca al di fuori della grande politica».

A proposito della libertà di culto, Gorbaciov disse che benché nell'Urss non ci siano pregiudizi verso un tale principio, tuttavia il governo sovietico non avrebbe mai permesso di utilizzare mezzi ecclesiastici per realizzare scopi politici ed eversivi. La fermezza della posizione di Gorbaciov aveva una sua spiegazione: alla vigilia dell'incontro gli era stato fornito un dossier che elencava le azioni del Vaticano dirette all'erosione del sistema sovietico. I toni si sono rasserenati quando il discorso passò alle questioni di politica internazionale. Casaroli alluse alla possibilità dell'intermediazione vaticana per instaurare un clima di fiducia tra Usa e Urss. Una buona comprensione fu raggiunta anche sulla necessità di contenere la proliferazione degli armamenti di vario genere, a partire da quelli nucleari.

In queste circostanze Casaroli propose di instaurare tra il Vaticano e l'Urss un meccanismo duraturo di scambio diretto delle informazioni di reciproco interesse. Casaroli ribadì che, mentre il Vaticano riceveva una grande quantità di informazione dagli Usa e dall'Europa Occidentale, grazie anche alle proprie rappresentanze diplomatiche, la mancanza di flussi informativi provenienti dall'Urss sbilanciava l'equilibrio informativo, privando il Vaticano dei dati indispensabili per elaborare delle conclusioni e delle valutazioni obiettive nell'ambito politico. Per la prima volta (su iniziativa di Casaroli) a un incontro di questo livello furono sollevate questioni legate alla situazione in cui versava nell'Urss la Chiesa cattolica e ai problemi di mancata corrispondenza tra i confini ecclesiastici e quelli politici creatisi con la divisione di Jalta. A questo proposito Gorbaciov diede un suo sostegno all'idea di avviare trattative vaticano-sovietiche per definire una nuova configurazione delle diocesi cattoliche lungo le frontiere occidentali dell'Urss. Proprio durante questo colloquio fu lanciata l'idea di un possibile futuro incontro in Italia tra i capi dei rispettivi Stati. Salutando il suo ospite, Gorbaciov espresse l'augurio di incontrarsi in Italia. Da quel momento ebbe inizio la preparazione della visita a livello diplomatico e politico[134].

Come si è visto, l'aspetto dei rapporti interecclesiastici non venne nemmeno sfiorato. Parlando del Concordato del 1847, avevamo notato che gli interessi della Chiesa ortodossa russa sembravano quasi completamente trascurati durante le trattative sovietico-vaticane avviate nel 1988 da Gorbaciov (anche se per esserne veramente certi dovremmo disporre dei documenti autentici di quegli anni, il che non ci è per ora possibile). Addirittura, quando un gruppo di metropoliti (tra cui c'erano i membri permanenti del Santo Sinodo, il metropolita di Kiev e Galič Filarete, il metropolita di Minsk e Bielarus' Filarete, il metropolita di Krutizi e Colomna Juvenalij, il metropolita di Rostov e di Novocerkassk Vladimir), preoccupati per l'andamento delle trattative con il Vaticano, richiese un incontro con il ministro degli Esteri Ševarnadze, ciò venne considerato come una «richiesta inattesa», anzi, le continue insistenze dei gerarchi della Chiesa russa per porre al Vaticano una serie di condizioni volte a regolamentare con chiarezza fin da subito i rapporti tra le due Chiese vengono percepite come una fastidiosa ingerenza negli affari dello Stato. Secondo la testimonianza di Karlov, il ministro Ševarnadze dopo l'incontro con i metropoliti era palesemente scosso e infastidito. Le preoccupazioni del patriarcato, soprattutto nei confronti delle prospettive dei rapporti con gli uniati, gli parevano esagerate e fuori luogo. Le sue assicurazioni che «i contatti dell'Urss con il Vaticano avrebbero avuto carattere esclusivamente intergovernativo»[135] senza toccare questioni religiose sembra convincessero poco i prelati, che continuavano ad appellarsi ai trascorsi storici e al pericolo del proselitismo cattolico.

Tuttavia a poco a poco, dopo dure lotte interne all'apparato del partito, grazie anche agli sforzi di Karlov, le questioni ecclesiastiche cominciano a essere incluse nell'agenda diplomatica. Le problematiche religiose per la prima volta vennero sollevate nell'incontro tra Gorbaciov, Ševarnadze e il «ministro degli Esteri» vaticano Angelo Sodano (ottobre 1989). Gorbaciov in modo chiaro affermò il principio dell'interdipendenza tra il dialogo diplomatico e quello interconfessionale[136]. Tuttavia tutte le questioni non vennero risolte nemmeno durante la visita ufficiale del 1° dicembre 1989 di Gorbaciov in Vaticano[137]. Bisogna aspettare l'estate del 1991 quando Gorbaciov, spinto dalla situazione politica interna e internazionale (l'incontro del G7 a Londra), nonché dai cambiamenti ai vertici della Chiesa ortodossa russa con l'elezione e l'intronizzazione il 10 giugno 1990 del nuovo patriarca Aleksij II, decide di mandare una missiva al papa Giovanni Paolo II.

In questa lettera, accanto alle questioni di geopolitica e del ruolo dell'Urss nel nuovo ordine mondiale, trovano accoglimento le preoccupazioni della Chiesa russa di fronte al dilagare dell'attività proselitistica dei cattolici[138]. Sembra che la lettera firmata da Gorbaciov trovasse un riscontro positivo da parte del papa[139]. Come testimonia il suo latore Karlov, la conversazione con Giovanni Paolo II durante l'incontro del 12 agosto 1991 assunse un carattere molto profondo e promettente. Poteva essere l'inizio di una nuova tappa nei rapporti tra Mosca e il Vaticano. Ma, aggiunge l'ambasciatore, la storia ha apportato delle modifiche inattese: «Mikhail Gorbaciov firmò la sua lettera a Giovanni Paolo II il 28 luglio 1991, il 12 agosto l'avevo consegnata al papa, e una settimana dopo, il 19 agosto, a Mosca successe il colpo di Stato, le conseguenze del quale in uguale misura risultarono rovinose sia per l'esistenza dell'Urss che per lo stesso Gorbaciov»[140].

Secondo Karlov, l'accordo del 1989 con il Vaticano e i suoi successivi sviluppi si inseriscono con coerenza nel contesto dei plurisecolari rapporti tra la Russia ortodossa e la Chiesa cattolica. Proprio questa logica intrinseca avrebbe permesso di passare senza strappi dal livello sovietico a quello russo dopo la caduta dell'Urss, grazie anche al tempestivo riconoscimento della Federazione Russa da parte del Vaticano[141]. Ovviamente, facendo questa affermazione l'ambasciatore non prende in considerazione l'aspetto ideologico che si inseriva in questo contesto di vecchia data. Ed è proprio questo che, secondo noi, rende particolare la parentesi sovietica con il suo poco pluralistico ateismo militante diventato, in sostanza, «antireligione di Stato»[142], che si farà sentire ancora per molti anni a venire.

Dopo la caduta dell'Urss si sono avverate non le rosee speranze della «comune casa europea», ma le peggiori previsioni sul dilagare dei conflitti interconfessionali, dei movimenti separatisti e nazionalisti, molti dei quali accanto alla bandiera nazionale innalzavano anche quella bianco-gialla del Vaticano. La violenza subita dalla Chiesa greco-cattolica, accusata di collaborazionismo con il regime nazista in Ucraina nella seconda guerra mondiale, è stata restituita copiosamente dopo la rinascita di questa Chiesa alla fine degli anni '80-inizio anni '90. Curiosamente, le accuse delle sevizie patite venivano indirizzate non tanto al regime comunista, quanto al patriarcato di Mosca, visto che i vescovi ucraini lo consideravano come «strumento docile e utile nelle mani del governo sovietico, il quale nei riguardi della religione ha un solo scopo: annientarla»[143]! Chiusa la parentesi ideologica comunista, si tornava sui vecchi passi, e tutti i problemi interconfessionali, accumulati e irrisolti nei secoli, si ripresentavano con nuovo vigore. I toni bellicosi si percepiscono molto bene dalle interviste raccolte da Giancarlo Zizola negli anni cruciali per i destini delle Chiese cristiane in Ucraina[144]. Da parte della Chiesa greco-cattolica non si notava neanche una grande propensione a lavorare nell'ambito della commissione quadrilaterale per la soluzione dei problemi degli edifici ecclesiastici contesi anche se, secondo un documento vaticano, non si potevano addossare tutte le colpe ai greco-cattolici[145]. Il fervore politico religioso in alcuni casi si era trasformato in azioni di vera e propria guerriglia contro i rappresentanti della Chiesa ortodossa russa nelle regioni dell'Ucraina occidentale[146]. Data la tragicità della situazione, sarebbe stato lecito riproporre la domanda che quasi un secolo prima l'ambasciatore russo Sazonov fece a proposito delle trattative con la Santa Sede: «Cosa darà il Vaticano?».

Il Vaticano, intento a seguire il complicatissimo gioco politico-diplomatico, ha assunto una posizione che poteva dare l'impressione di una certa ambiguità. Da un lato gli atti violenti venivano attribuiti alle decisioni delle forze politiche locali e quindi non di competenza del diritto canonico. Dall'altro, si effettuavano visite «non ufficiali» di esponenti della Chiesa cattolica nelle zone a rischio. Così le autorità centrali erano venute a conoscenza di un viaggio a Leopoli di monsignor Francesco Colasuonno e di un suo incontro con dirigenti uniati in cui sembra che l'alto prelato appoggiasse pienamente le richieste di restituzione senza condizioni di tutti gli edifici ecclesiastici che dopo il Sinodo di Leopoli del 1946 passarono all'uso della Chiesa ortodossa[147] (ricordiamo che il 15 marzo 1990 l'arcivescovo Colasuonno fu nominato rappresentante ufficiale della Santa Sede presso l'Unione delle repubbliche socialiste sovietiche come nunzio apostolico, rimanendo in carica per quattro anni). Nel frattempo, quando le autorità ecclesiastiche russe chiedevano l'intervento moderatore del Vaticano, questo rispondeva di non poter intervenire in merito alle decisioni prese dai poteri politici locali, dichiarandosi completamente estraneo ai fatti.

Come scriveva Karlov,

> «la Chiesa ortodossa russa in Ucraina si era trovata impigliata nella trappola della formula gorbacioviana, secondo la quale la questione uniata doveva essere risolta tra gli ortodossi e i cattolici, mentre le autorità avrebbero riconosciuto qualsiasi loro decisione. Gli autori di questa formula, che lavoravano al Dipartimento dell'ideologia del Comitato centrale del Pcus, speravano che la Chiesa ortodossa avrebbe svolto solo la funzione di copertura dietro la quale si sarebbero nascosti i veri protagonisti delle trattative con il Vaticano, cioè il potere statale e il Pcus. Tuttavia, il crollo dello Stato centrale ha lasciato gli ortodossi senza alcuna difesa. Loro si sono trovati di fronte a una forza ben organizzata della Chiesa uniata, la quale godeva del totale appoggio dei poteri locali. Mosca per gli ortodossi dell'Ucraina occidentale diventava sempre più lontana»[148].

Gli anni '90 rappresentano una nuova pagina nei rapporti tra le due Chiese. Non è ancora arrivato il momento di fare un bilancio storico di questo turbolento periodo. Tuttavia ci sembra di notare il riproporsi sempre degli stessi problemi che potrebbero dar l'impressione dell'esistenza di una certa continuità storica nella tattica e strategia della Chiesa cattolica in Russia tanto negli anni '90 del ventesimo secolo quanto nel passato. Ci riportano, infatti, al periodo della rivoluzione bolscevica le seguenti parole del cardinale Willebrands:

> «Occorre cogliere l'occasione favorevole. Ora. Prima che sia troppo tardi e prima che possa passare. Non sappiamo se una simile opportunità potrà affacciarsi anche in futuro. Occorre compiere ogni sforzo per realizzare i vantaggi che la politica di Gorbaciov [definito da Willebrands come "genio politico"] offre sul piano della libertà religiosa e delle

garanzie giuridiche, prima che possano sopraggiungere forze interne interessate a bloccare tale processo»[149].

Sorge spontanea la domanda: quali «forze interne» preoccupano l'alto prelato vaticano? Il ritorno della dittatura del proletariato o, piuttosto, la rinascita della Chiesa ortodossa russa? Perciò ci domandiamo come giudicare la seguente considerazione di Giancarlo Zizola con la quale egli conclude la sua intervista al cardinale Johannes Willebrands:

> «Senza dirlo esplicitamente, il cardinale del Vaticano rivela l'orizzonte entro il quale può collocarsi il rivolgimento politico di questo autentico "anno di grazia", perciò anche "anno di storia", dal punto di vista della Chiesa e del papato romano: più cortine crollano, più confini si sfaldano, e maggiori sono le possibilità che le Chiese d'Oriente e quelle d'Occidente risolvano i loro secolari dissensi e si stringano in un abbraccio di pace. Che è anche il sogno, neanche tanto segreto, del millenarista Karol Wojtyla, lo slavo in Vaticano»[150].

Agli altri aspetti di questa visione millenarista e ai suoi risvolti concreti torneremo ancora nel capitolo seguente. Qui potremmo solo aggiungere: finché non verranno meno i propositi missionari verso le Chiese ortodosse, il dialogo sarà sempre molto difficile, superficiale, non sincero, costellato da diffidenze e chiusure, e la Chiesa ortodossa russa rimarrà inevitabilmente sulla difensiva. A suo tempo Solovi'ev diceva:

> «C'è unità e unità. C'è un'unità negativa, isolata e sterile, che si limita ad escludere ogni molteplicità; essa è semplice negazione [… e] può essere una unità cattiva. Ma esiste un'unità vera, che non si contrappone alla molteplicità, non la esclude ma, viceversa, nel pacifico possesso della superiorità che le è insita, domina sul suo contrario e lo sottomette alle sue leggi. L'unità cattiva è vuotezza e non essere; l'unità vera è l'essere uno che racchiude in sé il tutto»[151].

Credo che non serva molto per capire che la plurisecolare storia dei rapporti tra le due Chiese cristiane rappresenta proprio questa continua oscillazione tra due estremi: unità cattiva e unità vera. La Chiesa cattolica, dopo un millenario cammino si trova sempre allo stesso bivio:

> «Nel cattolicesimo, dopo il Vaticano II è stato lanciato il dialogo interreligioso, mentre alcuni settori della Chiesa fanno notare come questo impegno possa nuocere all'espansione missionaria. Il dibattito sul rapporto tra missione e dialogo resta un problema importante per un cristianesimo che si sente chiamato all'evangelizzazione, ma che è sempre più consapevole della forza dei mondi religiosi diversi da sé. Il cattolicesimo e le Chiese cristiane storiche hanno in realtà rinunciato a una vera missione capace di convertire le genti? È un interrogativo che viene posto non solo da settori interni alla Chiesa, ma anche dai laici preoccupati del deperire del cristianesimo come tratto identitario dell'Occidente e come sua proiezione nel mondo»[152].

A riprova di questo si potrebbe citare il pontificato di Giovanni Paolo II che, dal 1978 e lungo tutto l'ultimo quarto del ventesimo secolo, favoriva da un lato un rilancio della missione (anche nei Paesi di antica cristianità segnati dalla secolarizzazione, Russia compresa), dall'altro si impegnava nella continuazione del dialogo interreligioso. Queste sono due facce di una stessa Chiesa, che vediamo ripresentarsi anche nella diocesi di Verona.

VERONA E L'ORIENTE

Tra le pagine di questa storia millenaria ce ne sono molte scritte dai veronesi. La città sull'Adige, grazie alla sua posizione geografica all'incrocio di vie commerciali e strategico-militari, spesso, anche suo malgrado, viene coinvolta in vicende di portata europea. Essendo diventata «porta d'Italia» per tutti gli imperatori tedeschi, Verona fin dal medioevo funge da punto chiave negli intricati giochi geopolitici dell'epoca. Proprio nell'*insula Sancti Zenonis* durante la Dieta imperiale del 983, che vide arrivare molti vescovi tedeschi e italiani, si elaboravano strategie dinastiche e politico-militari – tra cui anche la decisione di sferrare un colpo contro i saraceni e i greci – di grande importanza storica[153]. Verona diventa anche il luogo di detenzione[154] della sfortunata regina Eupraxia/Praxedis/Adelhaide, figlia del principe di Kiev Vsevolod Jaroslavič (1078-93), sposata in seconde nozze (1089) con Enrico IV (1056-1106). I suoi carcerieri veronesi, testimoni involontari di orribili vessazioni inflittele dal suo crudele marito, la lasciano scappare dalla prigione e lei trova rifugio presso Matilde di Canossa, diventando così una protagonista della lotta tra gli imperatori tedeschi e i papi. La *Cronaca Bernoldiana* parlando del 1094 descrive l'intervento di Eupraxia al sinodo di Piacenza e il suo pentimento pubblico, nonché l'assoluzione datale da papa Urbano II[155]. Assolta dai peccati involontari, la povera donna torna a Kiev e nel 1106 entra in un monastero dove finisce i suoi giorni[156].

Ma i veronesi non si rassegnavano al ruolo di inermi spettatori e non si lasciavano schiacciare dall'imponenza degli eventi, sapendosi districare con abilità tra i potenti del momento. Fin dall'inizio nelle loro imprese oltremare i cittadini veronesi univano la loro sagacia politica e commerciale a quella dei veneziani. Questi ultimi avevano poco da insegnare agli abitanti della città di san Zeno. Ricordiamo che fino alla pace di Costanza del 1183, negli scambi internazionali la *libbra di denari* veronesi circolava alla stregua dell'*iperpero* bizantino (come se fossero la coppia dollaro-euro dei giorni nostri) e ai tempi di Sebastiano Ziani (1172-1178) essa si usava anche come moneta ufficiale del comune di Venezia per le tariffe annonarie[157].

I rapporti tra il Veneto e la Russia, a loro volta, vantano una tradizione plurisecolare. Già nel XII secolo un cronista russo elencava i veneziani tra i popoli conosciuti e vicini: «Della stessa stirpe di Jafet sono: i Varjaghi, gli Svedesi, i Normanni, i Goti, i Russi, gli Angli, i Galiziani, i Volci, i Romani, i Germani, i Carolingi, i Veneziani, i Genovesi e altri popoli, che sono stanziati da occidente al meridione e confinano con la stirpe di Cam»[158]. Per tutta una serie di ragioni storiche e geografiche la città sull'Adriatico assunse il ruolo di ponte tra il Ponente e il Levante, tra l'Europa Occidentale e quella Orientale. Venezia, nata come provincia dell'impero romano d'Oriente, secondo la poetica definizione di Donald M. Nicol, era «come un girasole, con le radici saldamente piantate nell'Occidente latino, ma costantemente protesa a cogliere i raggi provenienti dall'Oriente greco»[159]. Sulla soglia del secondo millennio sia Venezia che l'antica Rus' di Kiev, pur facendo a pieno titolo parte della «comunità europea» medievale, gravitavano, ognuno con il proprio ruolo, nell'orbita di Costantinopoli. Entrambi, crescendo, cercavano di liberarsi dal soffocante abbraccio della «seconda Roma». Ma il fascino della grandezza e dell'imponenza da essa ispirato era troppo forte per potervi rinunciare del tutto.

Il XIII secolo è stato decisivo per le sorti dei due Paesi. La repubblica di Venezia, grazie alla conquista di Costantinopoli, raggiunge il massimo della sua potenza politica e commerciale. Nei secoli XIII-XV la repubblica di San Marco, secondo la definizione di Mario Gallina, diviene un vero e proprio impero coloniale[160]. Con l'«apertura» del Mar Nero, che prima veniva considerato «mare interno» dell'impero bizantino, davanti ai commercianti italiani si spalancano le porte dei ricchissimi mercati orientali e nordeuropei. Le sponde di questo mare si coprono di stazioni commerciali che con il tempo diventano delle vere roccaforti, centri di smistamento delle merci provenienti dai mercati orientali e settentrionali. Ogni anno partono da Venezia le galee di linea per i porti del

Mar Nero: Tana, Trebisonda, Caffa, Simisso, ecc. e tornano cariche di merci «sottili» e «grosse» provenienti dalle regioni orientali e nordeuropee, russe in particolare.

L'attività commerciale di Venezia, in costante concorrenza con Genova, getta le basi per la formazione di un enorme mercato mediterraneo, disteso dall'Italia alla Catalogna e all'Egitto, fino alle coste della Crimea e del Caucaso; mercato caratterizzato dalla divisione del lavoro tra diverse zone economico-geografiche con un comune meccanismo di regolamento di prezzi, con una tecnica commerciale sviluppata, con un alto livello degli investimenti. Come ribadisce Serghej P. Karpov, questo mercato era strettamente legato ai mercati centroeuropeo e nordeuropeo, con i quali veniva effettuato uno scambio intenso di merci, di tecnologie produttive, di esperienza nel condurre gli affari e di informazioni dai contenuti economici e politici[161]. Questa espansione verrà arrestata solo dall'incombente crescita della potenza ottomana e dal cambio delle rotte marittime commerciali a seguito della scoperta dell'America nel 1492.

Anche i veronesi scrivono pagine importanti in questo capitolo storico. Molti di loro, spinti dalle discordie interne, partono per le crociate[162]. Dopo la quarta crociata del 1204 sull'isola greca di Eubea (Negroponte) si instaura il dominio di tre famiglie veronesi: Ravano dalle Carceri, Pecoraro da Mercanuovo, Giberto da Verona, alleati dei veneziani fin dall'inizio di questa epocale impresa. Un discendente veronese di nome Licario diventa addirittura ammiraglio della flotta bizantina e fedele servitore dell'imperatore Michele VIII Paleologo (1261-1282)[163]. Il giornalista e scrittore veronese Uberto Tommasi mi diceva che tra le maschere del carnevale veronese esiste anche il «re di Negroponte». Così, attraverso la cultura popolare, un fatto storico si è sedimentato nella memoria locale, diventando un fenomeno allegorico. I trascorsi storici rendono quasi naturale l'ingresso ufficiale di

Verona, dopo una breve parentesi viscontea, nell'orbita veneziana, il 12 luglio 1405[164].

Sui rapporti tra la Repubblica di San Marco e la Moscovia si è scritto e parlato molto. Menzioniamo solo alcuni singoli fatti, tra cui il caso del vicentino Giovambattista Della Volpe, protagonista di delicate vicende internazionali che legavano la corte degli zar moscoviti con la Santa Sede, Venezia e altre realtà europee del Quattrocento. Nel '700 e nell'800 dal Veneto partono per la splendida corte imperiale in cerca di fortuna e successo architetti, pittori, musicisti, intere compagnie teatrali, artigiani[165]. Nella seconda metà del '700[166] il veronese Michele Enrico Sagramoso, cavaliere dell'ordine di Malta, compie due delicate missioni diplomatiche presso la corte di Caterina II (1762-1796)[167]. Per un altro veronese, il famoso pittore Pietro Antonio Rotari (1707-1762), la Russia, tra gli onori della corte imperiale, diventa la seconda patria. Questo fatto viene ricordato da una lapide posta ad Avesa presso la villa dei conti Rotari (attualmente di proprietà della famiglia Cartolari): «Qui nella pace della villa paterna temprava l'ingegno e la mano a opere leggiadre il pittore conte Pietro Rotari che in patria, in Germania e in Russia mantenne la gloria dell'arte italiana. Nato in Verona ai 4 ottobre 1707, morto alla corte imperiale di Pietroburgo ai 31 agosto 1762».

Allo scadere del secolo, durante le tormentate vicende legate alle conquiste napoleoniche in Italia, nel 1799, nel bel mezzo della lotta tra i francesi e gli austriaci, i cittadini veronesi assistono meravigliati al passaggio dell'esercito russo – all'epoca alleato dell'impero asburgico – comandato dal generale Alexandr Suvorov[168]. Nel 1822 la città scaligera dà il suo caloroso benvenuto all'imperatore russo Alessandro I (1801-1825) in occasione del vertice in cui si decide l'assetto politico europeo, sconvolto dalle guerre napoleoniche[169], di cui fece le spese anche Verona. Infatti, il dominio francese si contraddistinse per le soppressioni degli enti ecclesiastici e delle confraternite laicali che colpirono il sentimento religioso dei veronesi. Quindi dopo la caduta di Napoleone seguì una grande esaltazione del senso religioso[170]. Tant'è vero che il letterato greco Mario Pieri, in visita a Verona nel 1820, scriveva: «È una grande meschinità in questa Verona di non udire tutto il giorno che parlare, o quasi per tutto, di panegirici, di prediche, di funzioni religiose. Sembra che il pretismo regni qui più che a Roma»[171]. Non c'è da meravigliarsi perciò se il tentativo di realizzare il progetto di «pentarchia» delle potenze europee, chiamato a erigere una barriera contro il pericolo di nuovi conflitti, macchinati dalle «forze occulte», venne visto con favore da molti veronesi. Ma la posizione contraria dell'Inghilterra, preoccupata per il dilagare dell'espansione geopolitica russa, blocca il progetto sul nascere.

Intanto, l'imperatore diventa un *habitué* dei paesaggi urbani e lacustri[172]. Alessandro I sembra gradire la città. Alloggiato nel palazzo Canossa, passeggia in anonimato per le strade di Verona, entra nei locali, chiacchiera con i ragazzini, distribuisce qua e là gli «zecchini veneti in natura» e lascia una buona memoria di sé. Sarà anche per questo che il settimanale «Foglio di Verona», nato nel 1826, fin dall'inizio dedica un grande spazio alle vicende politiche russe legate alla morte dell'amabile Alessandro I. È probabile, anche se ora non lo sappiamo con certezza, che proprio nel 1822 nella città scaligera cominciassero a risuonare i primi canti liturgici ortodossi, eseguiti dai sacerdoti che seguirono il corteo imperiale (tuttavia devono passare altri 177 anni prima che a Verona, il 25 giugno 1999, si istituisca ufficialmente la prima comunità ortodossa russa del patriarcato di Mosca[173]). Potrebbe sembrare che all'epoca i veronesi sentissero la Russia molto più vicina che ai giorni nostri. Sarà anche per questo che uno dei dolci tipici veronesi è «la torta russa di Verona»?

Nel rinnovato quadro europeo per l'ennesima volta si pone in primo piano la vantaggiosa posizione geostrategica della città scaligera. Come ribadisce Francesco Vecchiato, «militarmente già con la campagna del 1796-1797 si capì che Verona era la porta d'Italia e d'Europa»[174]. Verona, sotto l'ala austriaca, diventa una roccaforte militare, cardine del sistema difensivo-offensivo conosciuto come «il quadrilatero». Manterrà questo ruolo per quasi due secoli anche in contesti storici diversi. Ciò non può non condizionare anche il clima culturale e politico-ideologico della città, dove alla Chiesa, che ha già una ricca tradizione e una forte presenza storica, viene assegnato il ruolo di custode e di garante della pace sociale. La città scaligera diventa sempre più «Verona fedele».

> «L'antico Regime e in particolare il sistema giuseppino aveva consolidato la parrocchia come punto di sutura tra società religiosa e civile, ufficio sacro da vocazione divina e al tempo stesso ente burocratico-amministrativo dello Stato. In tal senso l'autorità pubblica aveva vincolato i parroci come funzionari del culto a diritti e doveri religiosi e civili definiti con contratto beneficiale, mettendo a disposizione i pubblici poteri per la tutela della moralità pubblica, per l'osservanza dei precetti ecclesiastici e per il controllo dell'istituzione. L'obsolescenza di questo sistema si intersecava col graduale affermarsi del liberalismo per cui, declinando la sicurezza di una Chiesa garantita da una monarchia di diritto divino, veniva meno pure quel tipo di parrocchialità che era considerata come parte integrante dell'ordine pubblico»[175].

Non dimentichiamo, comunque, che le parrocchie veronesi cominciano a delinearsi già a partire dalla fine del XII secolo. «La parrocchia diventa [...] il polo di riferimento dei fedeli per la pratica religiosa e la consacrazione di tale orientamento trova il suo suggello nel Concilio Lateranense IV (1215), che stabilisce l'obbligo della confessione e della comunione una volta all'anno dal *proprius sacerdos*, cioè dal parroco»[176]. Quindi, la continuità del ruolo della Chiesa nelle logiche del potere veronese potrebbe considerarsi un fatto acquisito. Nello stesso tempo i trascorsi storici veronesi, con la loro naturale propensione verso il mondo esterno, si traducevano in una fortissima pulsione missionaria. Non a caso Verona nell'Ottocento diventa un epicentro di iniziative religiose dirette in tutto il mondo e animate dallo spirito di cattolica universalità[177]. «Nel contesto di una ecclesiologia che privilegiava la dimensione gerarchica, l'ultramontanesimo, con il diretto riferimento al papa, "primo apostolo e difensore" della fede, consentiva di aspirare a un dinamismo di osmosi e sinergie tra la ministerialità *ad intra* – quella del prete diocesano, inteso come uomo "di culto" [...] – e la ministerialità *ad extra*, quella più libera e universale del missionario, dell'inviato dal papa *ad gentes*»[178]. Queste tendenze, frutto dello sviluppo storico del cattolicesimo veronese, si svilupperanno ancor più, come vedremo, anche dopo la caduta del muro di Berlino e l'apertura di Mosca al dialogo con la Chiesa di Roma.

Capitolo quinto

Quali strade portano a Mosca?

LA VIA DEL PLURALISMO E DEL DIALOGO

Alla domanda perché è stato avviato un rapporto con la Russia, don Luigi rispondeva così: «A Verona – nella Chiesa di Verona, nella cultura di Verona – c'erano parecchie notizie dell'America, dell'Africa per la presenza in quei continenti di missionari veronesi, comboniani e altri. Questi ci fornivano continuamente le notizie dei problemi di questi continenti. La Russia, con la faccenda della cortina di ferro, rappresentava un qualcosa di misterioso, nel senso che aumentava la curiosità, l'interesse a conoscere».

In un'altra occasione don Adami disse: «Verona era carente di attenzione e informazione sulla Russia. Si conosceva qualcosa, si sapeva qualcosa. Mancava il confronto delle informazioni. Ci siamo accorti di non sapere niente sulla Russia. Mentre sull'Africa e l'America Latina si sapeva molto, sulla Russia niente. Con la Russia c'era un tabù. Non si sapeva nulla. Quindi nasce la curiosità [...]. Ero andato nel 1988 in Russia con un viaggio a livello regionale, organizzato dall'associazione Italia-Urss, dalla Cgil, dai comunisti che avevano possibilità di rapporti. Quel viaggio ha solo acuito la curiosità, non l'ha soddisfatta più di tanto. Al di là di vedere qualche monumento abbiamo fatto anche un dialogo all'accademia teologica di San Sergio. Ci ha lasciato la voglia di riprendere un discorso più precisato, più approfondito».

Queste parole ci forniscono il motivo per cui si è deciso di volgere lo sguardo verso la Russia. Mancava però l'occasione che potesse rendere fattibile tale desiderio ancora così vago. Ciò è stato possibile grazie all'incontro con il giornalista dell'Ansa Luigi Sandri, avvenuto a Basilea in occasione della prima assemblea ecumenica europea «Pace e giustizia» del 1989 (15-21 maggio)[1], organizzata dalla Conferenza delle Chiese europee (Kek)[2] e dal Consiglio delle Conferenze episcopali europee (Ccee)[3], dove si era recata anche la delegazione della commissione ecumenica di Verona. Luigi Sandri, stando alle sue parole, fin da giovane si sentiva attratto dalla Russia, già da tempo si interessava delle vicende legate al movimento ecumenico e al mondo ortodosso. Essendosi formato al Pontificio istituto orientale, fondato, come ricordiamo, da Benedetto XV, conosceva sia la lingua russa che la teologia ortodossa. Sebbene il suo lavoro alla sede dell'Ansa di Mosca risalisse all'autunno del 1989 (all'inizio si trattava di missioni periodiche che in seguito – dal 1990 a luglio 1993 – si sarebbero trasformate in una presenza stabile), i primi contatti con la realtà russa si erano instaurati nel periodo antecedente. Il primo viaggio avvenne nel 1979, quando Sandri come turista fece la Transiberiana. Il suo ritorno a Mosca nel 1988 coincide con i solenni festeggiamenti del millennio del battesimo della Russia[4]. Così Sandri diventa testimone di molti eventi di portata storica. Tra questi, ad esempio, il già succitato incontro tra Gorbaciov e il cardinale Casaroli[5], avvenuto il 13 giugno 1988 al Cremlino[6].

I copresidenti dell'Assemblea di Basilea erano l'arcivescovo di Milano cardinal Martini (1979-2002) e il metropolita di Leningrado e di Novgorod Aleksij[7] – il futuro patriarca di tutta la Russia Aleksij II (1990-2008). Tra i due con il tempo si era stabilito un tale rapporto di reciproca stima e collaborazione che l'arcidiocesi di Milano per anni diventa uno dei maggiori interlocutori dei russi nella Chiesa di Roma. Come ricorda Sandri, «qualcuno ha chiesto se il metropolita poteva incontrare i giornalisti italiani». Nella sala dell'incontro ne sono arrivati una trentina, tra cui anche Luigi Sandri. La delegazione russa veniva accompagnata da un interprete di lingua spagnola che a un certo punto si è trovato in difficoltà nel rendere in italiano un passaggio della conversazione. A questo punto è intervenuto Luigi Sandri, correggendo la traduzione errata e suscitando la meraviglia dei presenti per la sua conoscenza del russo. Questa conoscenza è tornata utile anche in occasione di altri incontri tra la delegazione russa e i giornalisti italiani. Così è avvenuto il primo avvicinamento tra Luigi Sandri e il futuro patriarca Aleksij II. Al primo incontro con il metropolita erano presenti anche rappresentanti della diocesi di Verona. Il caso li ha fatti conoscere di persona e, conversando, Sandri, nativo del Trentino, si è reso disponibile a fare una conferenza sull'Urss a Verona.

Visto che il giornalista, da testimone oculare di avvenimenti di grande portata storica, poteva fornire delle informazioni veramente preziose, di prima mano, sulla situazione in Russia, la proposta è stata colta al volo. Venne deciso di invitarlo a Verona per tenere una conferenza. Per aggirare inevitabili, in questi casi, formalità, cioè la necessità di concordare con le autorità ecclesiastiche il tema, il relatore e quant'altro, si decise di ricorrere al duttile «meccanismo» gruppo-commissione, e di invitare Sandri all'incontro con il Gruppo per il pluralismo e il dialogo («in questo caso – come aggiungeva sorridendo don Luigi, mentre raccontava alla scrivente questa storia – bastava che fossimo d'accordo noialtri»).

Sandri venne il 19 novembre 1989 al cinquantasettesimo incontro per parlare di «Gorbaciov in Italia: speranze e problemi per la casa comune europea». La visita del primo presidente dell'Urss avvenne poco dopo, il 1° dicembre 1989. Credo non sarebbe un'esagerazione dire che all'epoca i veronesi del Gruppo fossero tra i pochi in Italia a conoscere quello che avveniva tra il Vaticano e l'Urss (la dettagliata descrizione dell'incontro visto dalla sponda italiana si trova nel documentato libro di Giancarlo Zizola *Dopo l'ateismo*[8]. Gli interessantissimi particolari visti dalla sponda sovietica, compresa la lotta «intestina» attorno alla questione vaticana tra diversi apparati del Pcus, si trovano nelle già citate memorie dell'ambasciatore russo presso la Santa Sede Jurij Karlov[9]).

Da allora in poi le conferenze di Sandri entrano a far parte dell'agenda annuale del Gruppo. Anche egli si inserisce in quel contesto di amicizia che sta alla base della sua attività. La seconda conferenza è dedicata a un problema molto sentito: «La sfida del pluralismo nell'Urss di Gorbaciov» (25 novembre 1990). Al suo terzo intervento (17 novembre 1991) Sandri affronta la penosa questione dei dissidi tra le Chiese cristiane nell'Urss. Racconta della difficile eredità sovietica nelle zone di coesistenza tra le due confessioni cristiane, quella ortodossa e quella cattolica, dei contrasti, anche per il possesso degli edifici ecclesiali, tra gli uniati, ovvero i greco-cattolici ucraini, e gli ortodossi ucraini[10].

Dopo l'incontro Sandri, che nel frattempo, stando a Mosca, instaurò stretti contatti con il patriarcato e con dei funzionari del Dipartimento per le relazioni ecclesiastiche esterne, tra cui Pustoutov e Zjablicev, invitò i suoi amici veronesi nella capitale russa e propose loro di scrivere una lettera alle autorità ecclesiastiche ortodosse, cattoliche e greco-cattoliche per dare un segnale di solidarietà e incoraggiamento per trovare una soluzione valida al problema. Durante un mio incontro con Luigi Sandri, avvenuto a Verona il 18 ottobre 2006, gli ho chiesto i motivi per cui volle promuovere un'iniziativa del genere. Desideravo sapere se dietro questa proposta non si celasse un interesse professionale e personale, quello di «fabbricare» la notizia. Riporto per intero la sua risposta:

> «Mi sono reso conto più da vicino che, stante il regime sovietico, la Chiesa ortodossa russa, nel suo insieme, era

molto isolata dalle altre Chiese del mondo, soprattutto da quelle occidentali. Sul piano biblico e teologico erano molto arretrati, perché ignoravano gli studi, le ricerche, gli approdi che, nel corso di oltre settant'anni (tre generazioni!), avevano caratterizzato in Occidente sia la Chiesa cattolica che le Chiese legate alla Riforma protestante. Vi era, ovviamente, qualche eccezione ma, diciamo, il corpo della Chiesa russa era all'oscuro di tutto questo complesso e travagliato cammino. Per quanto riguarda l'evento centrale della Chiesa cattolica del secolo ventesimo, e cioè il Vaticano II, e tutto ciò che esso aveva comportato, vi era una certa conoscenza, perché il patriarcato di Mosca aveva inviato suoi osservatori a quel Concilio. Ma anche questa conoscenza era assai circoscritta, e la gente ortodossa (ma anche, salvo eccezioni, il mondo monastico) praticamente non ne sapeva quasi nulla.

In una tale situazione ritenni che, nel mio piccolo, e ben consapevole della complessità dei problemi incombenti, potessi fare una cosa molto semplice, molto umile, che non toccava i massimi sistemi ma solo i rapporti umani: ricercare e favorire degli incontri amichevoli, come tra fratelli che si ritrovano. Per fare questo, pensai che, una volta instauratisi saldi rapporti "professionali" (più volte dovetti recarmi al Danilovskij monastyr – la sede ufficiale del patriarcato di Mosca e del Dipartimento per le relazioni ecclesiastiche esterne del patriarcato – per incontri e conferenze-stampa), potevo provare a invitare a pranzo, a casa mia, Josif Pustoutov e Gheorghij Zjablicev, i due responsabili, sotto la guida del metropolita Kirill di Smolensk e Kaliningrad, dei rapporti con la Chiesa cattolica romana. Essi accettarono. Diventammo, così, amici. Essi capirono subito che, da me, non avrebbero subìto interrogatori e giudizi inquisitoriali; e, comunque, insieme alla cordialità, anche la mia riservatezza era garantita. All'inizio parlavamo del più e del meno ma, poco alla volta, affrontammo anche i problemi delle Chiese, riguardanti il passato e il presente.

Da parte mia, comunque, non dimenticavo mai quanto mi aveva detto un giorno il patriarca Aleksij II: "Siamo una Chiesa che esce da un periodo di grande sofferenza; i nostri quadri, cioè gente che avesse conoscenze ed esperienze nei vari settori della pastorale e delle opere delle Chiese, sono stati distrutti dopo il 1917. Siamo una Chiesa convalescente". Perciò cercai di parlare con Josif e con Gheorghij (e con altri ecclesiastici ortodossi) anche con franchezza, ma – direi – temperata da una specie di tenerezza, motivata dalla conoscenza storica, ma anche ben concreta, delle sofferenze della Chiesa russa e delle singole persone ortodosse che avevo modo di conoscere più da vicino.
Uno dei temi che più ci appassionava, nelle nostre conversazioni, era il rapporto tra la Chiesa e lo Stato, tra la Chiesa e il potere, tra Roma e Mosca. Il mio punto di vista (riassumo) che esponevo agli amici ortodossi era questo: oggi come oggi non è possibile un dialogo ad armi pari tra i vertici della Chiesa romana e il patriarcato ma anche, nel piccolo, tra me e voi: noi siamo ricchi, e voi non avete nemmeno gli occhi per piangere; la Chiesa romana, in Occidente, è libera di muoversi, voi no. La Chiesa cattolica, in Italia almeno, è potente, e gode di ampi privilegi concordatari; voi siete una Chiesa "dissestata". Perciò, mentre contesto le strutture di potere della Chiesa romana, in Italia, debbo tener conto che assai diversa è la vostra situazione. Ma – aggiungevo – il giorno in cui anche la Chiesa ortodossa russa tornerà potente e privilegiata (come lo era in Russia prima della Rivoluzione del 1917) naturalmente – con affetto – contesterò anche voi.
È su questo sfondo – la necessità e l'urgenza, per allora, di cominciare favorendo incontri di amicizia dalle due parti, tanto per iniziare la "sglaciazione" – che, a parte il mio piccolissimo caso personale, immaginai di allargare il cerchio dell'amicizia. In pratica, però, che potevo fare? Mi apparve perciò provvidenziale la disponibilità del gruppo di amici preti veronesi, collegati con la commissione ecumenica della loro diocesi, a far qualcosa per avviare i desi-

derati rapporti con Mosca. Era qualcosa che veniva dalla periferia e quindi non implicava conseguenze pesanti se l'iniziativa fosse fallita; però era qualcosa, pur nella sua modestia, di ufficiale, tra Chiesa sorella e Chiesa sorella o, meglio, di amicizia, però non solo tra persone private, ma tra persone in qualche modo rappresentanti l'una e l'altra Chiesa. Immaginavo un gesto inedito, semplice eppure significativo e, chissà, inizio di un cammino coinvolgente: scrivere una lettera. Una lettera che, per ancorarsi a un fatto concreto e pubblico, partisse dall'inquietudine ecclesiale per la situazione di estrema tensione creatasi in Ucraina tra greco-cattolici e ortodossi; perciò gli amici veronesi – questa la mia proposta – avrebbero dovuto indirizzare una lettera ai massimi responsabili delle due Chiese in Ucraina e al metropolita Kirill di Smolensk».

La proposta di scrivere la lettera è stata accolta con favore. Tuttavia non era affatto un compito facile. Questa «letterina di dieci righe», come la definisce don Luigi, ha avuto ben sette stesure. «Non sapevamo come parlare, dove mettere le virgole». Inoltre si poneva un altro problema. Visto che si trattava di un documento destinato alle alte cariche delle diverse Chiese, non bastava più agire in veste informale come «gruppo degli amici». Così alla stesura della lettera è stata coinvolta la Commissione ecumenica diocesana. I dubbi erano tanti. Lo stato d'animo della Commissione traspare benissimo dalla testimonianza di don Luigi, che dice che in Commissione c'era paura, paura di tutto: fare un passo falso, un errore politico, religioso, compromettersi. Ci si chiedeva: «Ma cosa vogliono fare questi qua. Andar là, ma perché?». Sembrava una cosa troppo audace. Non conoscevano bene Sandri. Dovevano fidarsi dei promotori dell'iniziativa. Tanto è vero che un giorno la lettera è sparita: forse è stata nascosta. Allora don Luigi ha dovuto ricorrere a tutti i modi di convincimento, facendo persino «la voce grossa», finché la lettera non ricomparve «miracolosamente». Si è deciso di indirizzarla a tre alti prelati delle tre diocesi: al cardinale Myroslav Lubachivsky, arcivescovo maggiore di Leopoli; al vescovo ortodosso di Leopoli, Andrei; all'arcivescovo di Smolensk, Kirill, presidente del Dipartimento per le relazioni ecclesiastiche esterne della Chiesa di Mosca (attualmente è patriarca della Chiesa ortodossa russa).

Ecco il testo della lettera:

Verona, 31 gennaio 1992.

A Sua Eminenza cardinale Myroslav Lubachivsky, arcivescovo maggiore di Leopoli.

A Sua Eccellenza Andrei, vescovo ortodosso di Leopoli.

A Sua Eccellenza Kirill, arcivescovo di Smolensk, presidente del Dicastero per gli affari esteri della Chiesa di Mosca.

Eccellenze Reverendissime,

le notizie giunte in Italia, circa le difficoltà attuali delle Chiese sorelle dell'Ucraina, hanno fornito alla Commissione per l'ecumenismo e il dialogo della nostra diocesi l'occasione per una lettera di fraternità. Questa lettera è maturata nel clima della Settimana di preghiera per l'unità dei cristiani, dedicata quest'anno al tema: «Io sono con voi… andate dunque» (Mt 28, 10.20).

Facendo nostre le parole della "Dichiarazione finale" del recente Sinodo dei vescovi (Roma 1991): "Dopo tanti anni di forzato silenzio, le Chiese dell'Est hanno finalmente potuto porgere liberamente a tutti la loro testimonianza di vita spesso eroica" (Proemio), vogliamo darvi esplicito riconoscimento che le Chiese dell'Oriente europeo, nell'oppressione subita dal regime comunista, hanno offerto al mondo una testimonianza profonda e perseverante di fede.

Ci impegniamo, anche noi, a pregare perché l'esperienza della persecuzione, che le Chiese orientali delle varie confessioni hanno vissuto, sia premessa e garanzia per una piena e reciproca comprensione ecumenica.

Ci rallegriamo del clima di libertà a voi restituito, e auguriamo a voi e alle vostre Chiese, in questa nuova situazio-

ne, di poter dare sempre la testimonianza evangelica che il mondo oggi si aspetta dai discepoli di Cristo.
Vi chiediamo di pregare per noi, perché possiamo essere coerenti con il Vangelo. Da parte nostra vi assicuriamo il ricordo orante, perché lo Spirito Santo vi sostenga nel compito difficile e promettente che attende le vostre Chiese.
Commissione per l'ecumenismo e il dialogo
Diocesi di Verona
firmato: don Giovanni Gottardi, don Gabriele Zanetti, don Luigi Adami[11]

Ma si poneva una domanda di non poco conto: chi erano Adami, Zanetti e Gottardi, i firmatari della lettera? Non potevano agire per conto proprio, neanche come Commissione ecumenica, ma avevano bisogno delle credenziali ufficiali, magari di una lettera firmata dal vescovo locale. Il compito di procurarla è stato affidato a don Gabriele Zanetti[12]. La domanda è stata presentata, ma il vescovo Giuseppe Amari a lungo è rimasto in silenzio. Come suppone don Luigi, non perché non volesse rispondere, ma perché non sapeva cosa e come fare. È molto verosimile, anche se ci mancano per ora le prove certe, che abbia chiesto un consiglio al Vaticano. Ma erano proprio questi i motivi di un silenzio così prolungato?

Non dimentichiamo che quello era un periodo particolare nei rapporti tra le due Chiese. Come scrive Luigi Sandri, «tra le molte tensioni che agitano il pianeta sovietico, ve ne sono alcune che hanno radici religiose o, forse, meglio, radici politiche e sociali che si ammantano con questioni religiose, o si mescolano con esse»[13]. Nei due anni passati tra l'epocale primo incontro in Vaticano il 1° dicembre 1989 e l'autunno del 1991 si verificarono molti fatti che provocarono una vera e propria crisi tra la Chiesa cattolica romana e la Chiesa ortodossa russa.

Intanto importanti cambiamenti sono accaduti all'interno della stessa Chiesa ortodossa russa[14]. Il 3 maggio 1990 muore il patriarca Pimen (Serghej Izvekov, 1910-1990, patriarca dal 1971)[15]. Vittima di una grave malattia che lo aveva colpito all'indomani dei festeggiamenti del 1988[16], non era più in grado di gestire gli affari ecclesiastici interni ed esterni (ciò nonostante a gennaio 1990 a Mosca ha avuto luogo un importante incontro ad alto livello tra la delegazione vaticana e la rappresentanza della Chiesa ortodossa russa che ha prodotto due documenti miranti alla normalizzazione dei rapporti tra le due Chiese[17]). Nel cuore della *perestrojka* la Chiesa russa si è trovata bloccata da discordie tra le varie fazioni che non le permettevano di assumere una posizione attiva, coerente e lungimirante nel contesto dei cambiamenti che sconvolgevano la vita di tutta la società sovietica. Visto che la carica di patriarca era a vita (articolo IV, 11 dello Statuto della Chiesa ortodossa russa, 1988), tutto era come in sospeso «in attesa» della sua morte. Il Concilio locale[18] preposto a scegliere un nuovo patriarca è stato convocato in tempi record, prima dello scadere dei canonici quaranta giorni dalla morte, il 7 giugno 1990.

Per la prima volta dopo decenni, davanti agli elettori si sono presentati ben tre candidati: Filarete, il *locum tenens* metropolita di Kiev e Galič, il metropolita di Leningrado e di Novgorod Aleksij, il metropolita di Rostov e Čerkassy Vladimir. La discussione assunse toni assai burrascosi, come se i sentimenti fino ad allora repressi avessero trovato finalmente una valvola di sfogo. Si sono dette tante dure parole sui trascorsi storici della Chiesa dopo la Rivoluzione del 1917, sul collaborazionismo dei suoi prelati e quant'altro. Alla fine, contrariamente alle aspettative del «predestinato» Filarete, la maggioranza dei voti (161 per Aleksij, 66 per Filarete e 143 per Vladimir) andò alla candidatura di Aleksij Ridiger che diventava in questo modo il patriarca Aleksij II, intronizzato il 10 giugno 1990[19]. Questa svolta storica rendeva possibile l'aspirato risveglio dell'attività ecclesiastica. Durante il Concilio locale è stata presa anche un'importante decisione riguardo alla legalizzazione della Chiesa greco-cattolica in Ucraina. Nel contempo si esprimeva preoccupazione per il destino degli edifici ecclesiastici appartenenti agli ortodossi[20].

Altri fatti di grande valenza riguardavano i rapporti con il Vaticano. In parte ne abbiamo parlato prima. Oltre alle controversie con gli uniati, suscitava un certo sconcerto anche la creazione precipitosa delle amministrazioni apostoliche e la nomina di persone non gradite a cariche di alta responsabilità[21]. Per fare un esempio, basti citare la nomina di Tadeusz Kondrusiewicz quale amministratore apostolico per la Bielorussia, nonostante le ferme proteste del governo bielorusso. La relativa comunicazione da parte del nunzio apostolico Francesco Colasuonno[22] ha avuto la forma di ringraziamento, a cose fatte, a nome di Giovanni Paolo II per il consenso alla suddetta nomina[23]. Secondo l'ambasciatore Karlov, il Vaticano, intento a promuovere la sua politica, «non prendeva in seria considerazione la negativa reazione né delle strutture statali di stampo ateista, né della Chiesa ortodossa russa»[24]. Un'altra emergenza è sorta all'inizio del 1991, quando Karlov ha saputo dell'intenzione della Santa Sede di creare nell'Urss una mega diocesi con centro a Mosca e con Kondrusiewicz a capo.

Il metropolita Kirill, capo del Dipartimento per le relazioni ecclesiastiche esterne del patriarcato di Mosca, durante la sua visita a Roma nel 1991, in una conversazione privata con Karlov esprimeva lo sconcerto per la mancata intenzione delle strutture vaticane di avviare delle consultazioni con la Chiesa russa. «Si crea un'impressione – ammetteva con amarezza Kirill – che il Vaticano agisca come se la Russia fosse "la terra di nessuno" e non territorio canonico della Chiesa ortodossa russa con la millenaria esperienza di evangelizzazione dei popoli russi»[25]. Sembrava che la visita di Kirill avesse dato esito positivo. La Santa Sede abbandonò l'intenzione di fare delle nomine di vescovi locali a pieno titolo, limitandosi alle nomine degli amministratori apostolici. Secondo la tradizione vaticana, chiarisce Karlov, le amministrazioni apostoliche si creavano nei casi in cui per una serie di motivi gravi non fosse possibile l'istituzione delle diocesi normali[26]. La crisi sembrava contenuta. Ma urgevano le trattative per regolarizzare tutte le controversie nei rapporti bilaterali, compresa la questione dei confini dei territori di competenza della Chiesa cattolica nell'Urss e delle nomine di alti prelati.

A suo tempo il cardinale Pietro Gasparri diceva che per la Santa Sede il rendiconto della storia si misura in secoli[27]. Ma a volte i secoli diventavano settimane. Nonostante un'intesa che prevedeva l'astensione da parte del Vaticano dalle nuove nomine prima della conclusione delle apposite trattative, il 5 aprile 1991 è arrivata la notizia della decisione di papa Giovanni Paolo II riguardo alla nomina di amministratori apostolici di Russia, Bielorussia e Kazakistan. L'amministratore apostolico per la parte europea con sede a Mosca diventava l'arcivescovo di fresca nomina Kondrusiewicz. Per la parte asiatica della Russia veniva istituita un'altra amministrazione apostolica con sede a Novossibirsk. In Bieolorussia si istituivano la metropolia di Minsk e Mohilev e la diocesi di Grodno. Il centro dell'amministrazione apostolica del Kazakistan diventava la città di Karaganda. La precipitosa decisione si motivava con il fatto che tutte queste procedure sarebbero state concordate durante vari incontri bilaterali a partire dal 1989. Inoltre si affermava che questo modo di agire era normale e corrispondeva in pieno alla prassi usata nei rapporti del Vaticano con altri Paesi[28]. All'obiezione dell'ambasciatore Karlov, che si poteva aspettare l'inizio delle trattative programmate o almeno concordare le nomine prima di renderle effettive, è stato risposto che il papa era molto preoccupato per le notizie sull'aggravarsi della situazione politica nell'Urss e temeva l'estensione dei conflitti politici anche alla sfera religiosa[29].

Inutile dire che in condizioni in cui una buona parte dell'opinione pubblica sovietica e russa cominciava già a guardare con sospetto all'avvicinamento con il Vaticano[30], questo suo passo ha provocato a Mosca una reazione alquanto negativa ed è stato seguito da una nota di protesta in cui si esprimeva «sconcerto e delusione». Queste parole sono state dettate da Gorbaciov in persona. La consegna della nota al cardinale Sodano ha assunto, secondo quanto riferisce l'ambasciatore Karlov, un carattere «kafkiano»[31]. Così la diplomazia vaticana ha battuto su tutta la linea l'ingenua politica gorbacioviana. Sembrava ormai lontana l'udienza concessa a Karlov dal papa all'indomani dell'incontro con Gorbaciov, quando Giovanni Paolo II con un tono paterno rassicurava l'ambasciatore sovietico dicendogli di non aver fretta: dal momento in cui era stato fatto il primo passo per ridare carattere ufficiale ai rapporti bilaterali si aveva tutto il tempo per risolvere le questioni pratiche[32]. Forse in quell'occasione Karlov si era ricordato della lettera – indirizzata dal ministro degli esteri N.K. Ghirs al diplomatico A. Izvolskij che partiva per Roma nel 1888 – trovata nell'archivio della politica estera. In questa lettera il ministro scriveva: «Il caso a Lei affidato può dare importanti risultati. Questo richiederà da Lei una grande cautela e solerzia, poiché si troverà di fronte a diplomatici straordinariamente abili e più astuti che sinceri»[33].

A questo proposito è interessante una testimonianza che troviamo nel diario del viaggio in Russia del sacerdote milanese Romeo Maggioni[34]. Durante l'incontro a Leningrado con un «giovane missionario, nativo di qui», che «ha studiato clandestinamente, religioso domenicano, da due mesi ufficialmente "libero" di esercitare il ministero» (come asserisce Maggioni, nel 1990 c'erano cinque preti cattolici, due ufficiali e tre clandestini), quest'ultimo, di cui purtroppo non viene svelato il nome, si lamenta «perché Roma guarda maggiormente ai rapporti diplomatici che a quelli di evangelizzazione». Maggioni obietta «che quelli sono solo la copertura di questi, certamente!»[35].

L'iniziativa dei sacerdoti veronesi si inserisce quindi in un contesto complicatissimo e carico di tensioni che accompagna i rapporti tra le due Chiese. Da un lato, a causa di queste tensioni, avviene il raffreddamento nei rapporti bilaterali con la conseguente cancellazione dei progetti della visita del papa in Russia nel 1992, dall'altro lato, sia per gli ambienti cattolici che per quelli ortodossi, ciò diventa un motivo per riflettere su molti aspetti dei rapporti interconfessionali e dell'attività missionaria. Gli indugi del vescovo Amari in parte erano forse dovuti proprio a queste difficoltà. Comunque sia, la sua lettera è arrivata poche ore prima della partenza dei sacerdoti quando, ormai, non restavano quasi più speranze di averla[36].

Nella lettera su carta intestata del vescovo di Verona c'era scritto quanto segue:

> Verona, 1° febbraio 1992.
> Eminenza Reverendissima,
> voglia gradire il mio fraterno saluto che mi è caro farLe giungere tramite questi miei sacerdoti.
> Da diversi anni lavorano nella Commissione diocesana per l'ecumenismo e il dialogo e ben volentieri hanno accolto l'opportunità che è stata loro offerta di poter visitare codesta Chiesa sorella.
> L'esperienza che avranno modo di fare avvicinando persone e realtà rimaste a noi precluse fino a qualche anno fa per le ben note vicende socio-politiche ritornerà di grande beneficio anche per la Chiesa di Verona che da sempre ha vissuto il problema ecumenico con grande attenzione e partecipazione.
> Nel chiederLe il conforto della Sua preghiera, voglia accogliere l'espressione del mio cordiale e rispettoso ossequio.
> + Giuseppe Amari
> vescovo[37]

Oltre alla lettera fu preparato anche un invito. Come dice don Luigi, l'idea di invitare i rappresentanti della Chiesa ortodossa nacque ancora durante il viaggio del 1988 per il millennio del battesimo della Russia. Si pensava di accogliere una delegazione russa a Venezia. Ma poi per tutta una serie di circostanze questa iniziativa non ebbe alcun seguito. Diventava chiaro: senza scambi veri, concreti segni di amicizia, non poteva nascere nulla. Allora don Gabriele chiese al vescovo Amari se, secondo lui, fosse opportuno invitare i sacerdoti russi a Verona. L'idea fu approvata.

A questo viaggio in Russia è legato un ricordo particolarmente toccante di don Luigi, che dieci giorni prima di partire si era recato da Turoldo, sapendo che ormai era in fin di vita: «All'orecchio ho potuto dirgli solo così: guarda, fra qualche giorno parto con la Commissione ecumenica; vado a Mosca per i rapporti ecumenici. Mi ha detto con un filo di voce: "Bravo. Fai bene. Verrei anch'io". Giovedì 6 febbraio [1992] è morto mentre ero a Mosca».

Qualche anno prima nell'appello «Aiutiamo la *perestrojka*!» David Maria Turoldo diceva:

> «Il nuovo millennio è ormai alle porte. Che sia il millennio dell'alleanza fra tutte le genti. Non più popoli di rivali ma di fratelli. La Terra sia abitata da una sola famiglia umana. È l'ora della più pacifica rivoluzione della Terra [...]. Non serve più la separazione dei sistemi, e meno ancora la loro contrapposizione. È giunto il momento di credere che l'uomo è uno e che una è la storia. Una dunque la soluzione. O ci salveremo tutti insieme o tutti insieme ci perderemo [...] Senza di loro [le diverse Chiese] è impossibile che una simile rivoluzione si possa realizzare».

Ma le Chiese devono convertirsi «per essere capaci di contribuire al processo, principalmente mediante "tre doni o carismi: esempi di fraternità vissuta, aiuto a liberarci e a salvarci da ogni fanatismo religioso e nazionalismo, l'apporto di tutte a un concreto ecumenismo"»[38].

IL FREDDO INVERNO RUSSO DEL 1992

A Mosca i due amici, Luigi Adami e Gabriele Zanetti, sono stati ospitati in casa di Sandri, che abitava in via Studenceskaja. Sono precipitati in una città stremata dalla crisi politica, economica e sociale. Dall'euforia della *perestrojka* rimaneva ormai solo un amaro ricordo. I propositi trionfalistici di Gorbaciov per la formazione del «nuovo pensiero», dell'«umanesimo globale» e per la costruzione della «comune casa europea»[39] si rivelavano un'utopia. Le larghissime concessioni del governo sovietico nel campo della politica estera davano impressione di una resa senza condizioni[40]. I promessi investimenti non arrivavano. Un fatto di per sé molto positivo, ovvero la promulgazione delle leggi «Sulla libertà di coscienza e delle organizzazione religiose» e «Sulla libertà della fede religiosa» dell'ottobre 1990[41] – frutto della fase agnostica del regime sovietico agonizzante, che permisero alla Chiesa russa per la prima volta dopo decenni di festeggiare il 7 gennaio 1991 il Natale ortodosso, e di ottenere, dopo settantatré anni di divieto assoluto, il diritto di costituirsi quale personalità giuridica (il 30 maggio 1991)[42] –, pur rimuovendo gli ultimi relitti dell'ateismo militante, in pochissimo tempo trasformò l'Urss in una terra di conquista da parte di numerosissime confessioni e sette religiose. Il Paese sembrava un computer impazzito privo di qualsiasi sistema di difesa.

Dopo l'approvazione il 12 giugno 1990 al Primo congresso dei deputati del popolo della Repubblica socialista federativa sovietica russa della «Dichiarazione della sovranità della Russia» e l'elezione dei nuovi quadri dirigenti federali pronti a portare a compimento la causa indipendentista della Russia, si creò una specie di «bipolio» che progressivamente si trasformò in un doppio potere quando, con la proclamazione della superiorità della legge federale russa su quella dell'Unione, al potere politico dell'Urss si contrappose quello della Federazione Russa. La lotta per il potere tra le autorità dell'Unione e della Federazione Russa, tra Gorbaciov e Eltsin, assunse un carattere palese e spietato[43]. Durante la manifestazione del 7 novembre 1990 un membro del Fronte popolare di Leningrado a distanza di cinquanta metri sparò due colpi contro Gorbaciov, mancandolo per un soffio. Il 19 febbraio 1991, in un discorso televisivo, Eltsin richiese con forza le dimissioni del presidente dell'Urss e il 9 marzo, in un altro discorso, incitava i suoi sostenitori a «proclamare la guerra al governo»[44].

C'è da dire che anche la crisi diplomatica con il Vaticano della prima metà del 1991 si inserisce in questo contesto di lotta intestina. Come si deduce dalle indagini sul tentativo di colpo di Stato dell'agosto 1991, la sua data iniziale era fissata per il mese di aprile 1991. Nel frattempo si cercò di screditare al massimo tutta la politica di Gorbaciov, compresa quella vaticana[45]. Proprio in questo contesto storico si inserisce un avvenimento di grande portata mediatica: nella primavera del 1991 per la prima volta alla televisione sovietica viene intervistato un esponente della Chiesa cattolica, il segretario di Stato Angelo Sodano. Il programma «Conversazioni non diplomatiche» condotto dal famoso giornalista Valentin Zorin, viene seguito da ottanta milioni di persone. Sodano racconta del Vaticano e della sua politica. Gli auguri «alla grande Unione delle quindici repubbliche guidate da Gorbaciov» con cui Sodano ha concluso il suo discorso[46] non potevano piacere a tutti.

Il 12 giugno 1991 Eltsin venne eletto presidente della Federazione Russa, sfidando ulteriormente il potere di Gorbaciov, presidente dell'Urss dal 1990. Il fallito tentativo della «rivoluzione conservatrice comunista», ovvero il colpo di Stato dell'agosto 1991[47], fece vedere che ormai nell'Urss si era creato un vuoto di potere. Michail Gorbaciov, che in quelle circostanze assunse una posizione alquanto ambigua sia per il modo di comportarsi che per le misteriose parole dette durante la conferenza stampa del 22 agosto 1991 («Comunque vada, non vi ho detto tutto. E non ve lo dirò mai», «Я вам все равно не сказал всего. И никогда не скажу всего»), anni dopo scriveva:

> «Il golpe mandò a monte la firma del Trattato dell'Unione, ma anche se i golpisti sono stati sconfitti, gli eventi dell'agosto 1991 impressero una potente spinta ai processi di disintegrazione, minando gravemente le posizioni del centro federale. Di questo ha approfittato il gruppo dirigente russo, da sempre desideroso di arrogarsi il diritto di prendere decisioni di rilevanza federale. Cosa che ha accelerato ancora di più il processo di divisione e separazione tra le repubbliche e ha portato nel dicembre 1991 all'intesa tra Russia, Ucraina, Bielorussia e alla dissoluzione dell'Urss»[48].

Uno dei risultati immediati di questi eventi è stato il decreto del 23 agosto 1991 «Sulla sospensione dell'attività del Partito comunista della Federazione Russa». Il Pcus, che in conformità all'articolo 6 della Costituzione del 1977 veniva definito «la forza direttiva e orientativa della società sovietica, il nucleo del suo sistema politico, di tutte le organizzazioni statali e sociali»[49], cessava di esistere. Secondo il decreto venivano requisite tutte le proprietà del partito, chiusi tutti i suoi organi di stampa. Il giorno dopo Gorbaciov, senza alcuna obiezione, si è dimesso da segretario generale del Pcus. Il numero dei tesserati all'epoca arrivava a diciannove milioni di persone, superando di ottanta volte il numero dei bolscevichi arrivati al potere nel 1917. Tuttavia, lo scioglimento del partito non ha suscitato alcuna protesta nella società. La sua morte è stata rapida e indolore.

L'allergia al monopolio ideologico ha trovato due anni dopo la sua massima espressione negli articoli 13 e 14 della Costituzione della Federazione Russa: «1. Nella Federazione Russa viene riconosciuto il pluralismo ideologico. 2. Nessuna ideologia può essere considerata come quella statale o obbligatoria. 3. Nella Federazione Russa viene riconosciuto il pluralismo politico e partitico»[50]. Per scongiurare il pericolo della sostituzione dell'ideologia di Stato con una religione di Stato, l'articolo 14 dichiara: «1. La Federazione Russa è uno Stato laico. Nessuna religione può essere definita quale statale o obbligatoria. 2. Le organizzazioni religiose sono separate dallo Stato e uguali davanti alla legge»[51].

Con la sospensione del Partito comunista, successiva alla cancellazione delle norme giuridiche che assicuravano il suo *status* esclusivo nell'ambito ideologico[52], la Russia diventava definitivamente un Paese con un sistema politico pluralista. Questo atto rimuoveva l'ultimo relitto ideologico attorno a cui si costruiva la «cultura del nemico» dei tempi della guerra fredda. Nella storia russa incominciava il periodo definito dalla storiografia contemporanea come «repubblica di agosto». Questa particolare fase politica, la sostanza della quale consiste nella transizione dal socialismo sovietico al capitalismo, si conclude alla fine del 1993 con l'adozione della nuova Costituzione e con le elezioni alla *Duma* di Stato[53].

I fatti di agosto hanno tolto gli ultimi ostacoli sulla via del movimento indipendentista russo, che ha sfruttato a proprio favore una situazione di per sé poco chiara, trasformando il golpe comunista in «movimento democratico di liberazione». Appena due mesi prima dell'arrivo dei sacerdoti veronesi a Mosca, l'8 dicembre 1991 (data esaltata in alcuni circoli cattolici per la sua coincidenza con la festa dell'Immacolata) a Belovežskaja Pušča i capi delle tre repubbliche sovietiche – Russia, Ucraina e Bielorussia – Boris Eltsin, Leonid Kravčuk e Stanislav Šuškevič firmarono una dichiarazione anticostituzionale che proclamava l'indipendenza di queste tre repubbliche, lo scioglimento dell'Urss e l'istituzione della Confederazione degli Stati indipendenti (Csi). Il 25 dicembre 1991 Michail Gorbaciov pronunciava il suo ultimo discorso televisivo da presidente sovietico, annunciando le proprie dimissioni. Il giorno successivo il nome della Rsfsr, Repubblica sovietica federale socialista russa, mutava in Federazione Russa. Alla mezzanotte del 31 dicembre 1991 l'Urss cessava di esistere[54].

Il periodo della *perestrojka*, incominciato da Gorbaciov nel 1987, arrivò al capolinea. Il 1988 fu l'ultimo anno che segnò ancora la crescita del reddito nazionale (del 4,4%). A partire dal 1989 il reddito nazionale cominciò a scendere raggiungendo nel 1990 il 10% in negativo. Di conseguenza anche i redditi della popolazione subirono una repentina diminuzione. Nel dicembre del 1990 il criticatissimo primo ministro Nikolaj Ryžkov, dopo aver pubblicamente ammesso con una clamorosa dichiarazione il fallimento della *perestrojka*, colpito tra l'altro anche da infarto, rassegnò le proprie dimissioni[55]. Il nuovo capo del governo Valentin Pavlov avviò dei provvedimenti drastici, tra i quali il ritiro dalla circolazione delle banconote da cinquanta rubli (il massimo numero di banconote che si poteva cambiare era pari a tre, tempo a disposizione settantadue ore). Visto che quasi tutti gli stipendi di gennaio-febraio 1991 furono pagati con i tagli da cinquanta, il provvedimento provocò un vero e proprio panico tra la popolazione. Cinquanta rubli rappresentavano all'epoca un terzo dello stipendio medio. L'altro provvedimento (aprile 1991) prevedeva l'incremento dei prezzi al dettaglio di duedieci volte tanto. La *perestrojka* dal punto di vista economico e politico perse ogni credibilità.

I caotici tentativi di riforme economiche da parte dei governi di Ryžkov e di Pavlov diretti alla parziale introduzione del libero mercato sotto il controllo statale si traducevano per la gente comune nel più totale smarrimento morale, nella disperazione, nella improvvisa povertà e nel senso, quasi apocalittico, della fine del mondo. Venivano a mancare le cose più essenziali. I negozi sfoggiavano linde vetrine completamente prive di merce[56]. Fioriva il mercato nero. Per comperare un po' di pane si doveva mettersi in coda di buon mattino. Gli anziani, memori della seconda guerra mondiale, notavano che il gusto del pane era tornato quello di cinquant'anni prima. Chi scrive si ricorda molto bene questo gusto. La mollica umida e collosa sapeva di gesso. Si faceva fatica a ingoiarla. Una volta nello stomaco ci rimaneva a lungo, pesante come un sasso. Per la maggior parte i viveri venivano razionati. La loro distribuzione era differenziata per categorie sociali. Per scongiurare la rivolta degli operai, nelle fabbriche venivano organizzati degli spacci aziendali. Inoltre venivano ben nutrite le categorie «socialmente utili»: membri del governo, corpo diplomatico, dirigenti, forze dell'ordine, scienziati e professori di alto livello, gli stranieri[57]. C'è un'interessante testimonianza di un prete cattolico di Milano che nella primavera del 1990 visitò da pellegrino «la santa Russia»:

> «La prima cena è miserella: due fettucce di lingua salmistrata con un po' d'insalata russa; un pasticcio di polpetta fatta di uova e carne, e una miscela di acqua calda che chiamano caffè. Acqua (minerale?) imbevibile. Si va sul vino. In un Paese dove tutto è rosso, c'è solo vino bianco (così almeno rispondono i camerieri!). È aromatizzato, un po' acido; in compenso costa poco: 520 lire»[58].

All'epoca molti russi avrebbero fatto carte false pur di riuscire a mangiare questo ben di Dio! Erano anni bui, duri, quasi da guerra, solo che il nemico era invisibile. Nello stesso tempo spuntavano anche i germogli dell'iniziativa privata, le prime cooperative, le speranze di poter intraprendere una via nuova, di cambiare tutto[59]. Con la caduta di Gorbaciov i processi di trasformazione assunsero ritmi sempre più intensi. All'alba del 1992 la squadra di Eltsin, scrollandosi di dosso lo scomodo rivale, ha le mani libere per realizzare le riforme di stampo liberista dirette allo smantellamento dell'economia socialista e note come «riforma di Gajdar», ossia «terapia shock». Queste riforme che avevano come obiettivo il passaggio dall'economia pianificata a quella di mercato, la liberalizzazione dei prezzi, l'introduzione del libero commercio e la privatizzazione della proprietà statale[60], portarono già nel 1992 all'aumento dei prezzi del 2.525%, con la conseguente pauperizzazione della stragrande maggioranza della popolazione[61]. Non a caso, all'epoca, queste riforme venivano chiamate «shock senza terapia»[62].

Giulietto Chiesa nel suo libro *Russia addio. Come si colonizza un impero* riporta una testimonianza molto interessante su come si prendevano decisioni di enorme portata politica da parte degli esponenti del gruppo liberista capeggiati da Egor Gajdar, i quali vengono definiti come «giovanotti quasi imberbi, usciti dalle università americane, comunque imbevuti del credo reaganiano-thatcheriano, convinti sostenitori della più totale *deregulation*». Secondo Chiesa questi «giovanotti» «a un piano di investimenti statali non avevano pensato. Alle famiglie dei licenziati ancor meno». E ancora, «il governo russo, appena messo in piedi da Boris Eltsin, non aveva la minima idea di cosa significasse la riconversione industriale del Paese. Non l'aveva proprio prevista»[63].

Le conseguenze di questa «tragedia russa» – come la definisce Claudio Fracassi – poco dopo diventano visibili a tutti[64]. Forse, a chiarire le intenzioni del gruppo di Eltsin, potrebbe servire la tesi di un membro della sua squadra, il professor V. Korepanov che, dopo i fatti dell'agosto 1991, proponeva di «lasciare che i Paesi sviluppati colonizzino il nostro Paese per un certo periodo». Secondo lui «per l'Occidente noi rappresentiamo un interesse in quanto siamo un mercato ricco di materie prime e di risorse umane [...]. Naturalmente bisogna rivolgersi all'Occidente con la preghiera di sottoporre le singole repubbliche e regioni alla gestione da parte dei Paesi sviluppati assegnando, ad esempio, la Russia all'America e al Giappone, l'Ucraina alla Gran Bretagna, la Bielorussia alla Francia. Occorrerà istituire un'amministrazione mista per il governo

13 giugno 1988, il cardinale Agostino Casaroli, segretario di Stato vaticano, incontra Michail Gorbaciov al Cremlino. È presente all'incontro il giornalista Luigi Sandri.

7 maggio 1992, visita a Venezia: da sinistra, don Luigi Adami, il diacono Gheorghij Zjablicev, l'archimandrita Josif Pustoutov e don Giovanni Gottardi.

25 marzo 1993, prima udienza concessa alla delegazione della Chiesa veronese dal patriarca Aleksij II. Da sinistra, l'archimandrita Josif Pustoutov, il segretario particolare del patriarca, don Luigi Adami, Aleksij II, Luigi Sandri, don Gabriele Zanetti e il diacono Gheorghij Zjablicev.

delle colonie»[65]. Come potesse venir realizzato questo progetto, guidato da consulenti americani, è diventato attualmente un importante oggetto di studio da parte di numerosi ricercatori.

Comunque sia, il decreto sul libero commercio varato il 25 gennaio 1992 lasciava alla gente una via di uscita dal disastro economico[66]. Nel giro di poco tempo Mosca e tutta la Russia divennero una specie di bazar all'aperto. In condizioni in cui molte fabbriche, non avendo disponibilità di denaro, pagavano gli stipendi direttamente in articoli prodotti – collant, pentole e quant'altro – per la maggioranza della popolazione l'unico modo per sopravvivere diventava il banale baratto[67].

L' INCONTRO AL PATRIARCATO

Era questa la situazione russa che hanno visto, sbarcando dall'aereo, i sacerdoti veronesi. Avvertiti da Luigi Sandri, sono arrivati provvisti di viveri di prima necessità. Martedì 4 febbraio sono stati ricevuti al monastero di San Danilo, da poco restituito alla Chiesa ortodossa russa e divenuto la residenza ufficiale del patriarcato. Ad accoglierli, nel Dipartimento per le relazioni ecclesiastiche esterne, c'erano l'archimandrita Josif Pustoutov e il diacono Gheorghij Zjablicev, responsabili per i rapporti con la Chiesa cattolica romana del patriarcato di Mosca. I rappresentanti del patriarcato in seguito diventeranno protagonisti di ricchi scambi spirituali e culturali con Verona e amici dei sacerdoti veneti.

L'archimandrita Josif Pustoutov, nato nel 1944, ordinato nel 1972 dal metropolita di Leningrado e Novgorod, Nikodim[68] (ricordiamo che quest'ultimo era famoso per le sue aperture ecumeniche e morì d'infarto tra le braccia di papa Luciani nel 1978[69]), già a partire dagli anni '70 si occupava dei rapporti interconfessionali. Ha ricoperto incarichi di rilievo quale rappresentante della Chiesa ortodossa russa presso la Conferenza cristiana della pace a Praga[70] e negli anni '80 si trovò a reggere la parrocchia della Resurrezione del Salvatore a Rabat, in Marocco, dal 1972 passata sotto il patriarcato di Mosca[71]. Nella prima metà degli anni '90 Josif Pustoutov diventa responsabile del settore per i rapporti con la Chiesa cattolica romana del Dipartimento per le relazioni ecclesiastiche esterne del patriarcato di Mosca. Dall'alto della sua esperienza, si è occupato dell'evangelizzazione e della diffusione delle conoscenze sull'ecumenismo[72]. Dal 1996 al 1999 viene nominato rappresentante del patriarca di Mosca presso il patriarcato di Antiochia e di tutto l'Oriente a Damasco[73]. Quindi, tornato in patria, dopo una breve sosta a Mosca, riparte per l'Europa occidentale[74] per prestare il suo servizio pastorale in Germania[75].

La vita del diacono Gheorghij Zjablicev, nato nel 1955, è stata segnata da un destino bello e tragico nello stesso tempo. Negli anni '70 Gheorghij è stato allievo del famoso regista cinematografico Serghej Gherasimov. Dopo aver lavorato per due anni come regista e aver prestato per altri due il servizio di leva, ha sentito la vocazione verso Dio, iscrivendosi prima al seminario e poi all'accademia teologica di Leningrado, che ha terminato nel 1986. Nel 1990 diventa diacono e incomincia il suo servizio nella chiesa della Trasfigurazione di Vyborg (Leningrado). Nello stesso anno entra a far parte del Dipartimento per le relazioni ecclesiastiche esterne del patriarcato di Mosca, settore dei rapporti con la Chiesa cattolica romana. Nel 1992 viene ordinato prete[76], ricevendo le più calorose congratulazioni da parte dei suoi amici veronesi[77]. Padre Gheorgij conosceva molto bene il cattolicesimo, aveva una grande apertura e predisposizione verso i rapporti ecumenici, contribuendo così in modo attivo e proficuo, anche con i suoi scritti, allo sviluppo dei rapporti fraterni tra le due Chiese. Il 27 novembre 1992 tenne una relazione a Roma durante una riunione del Pontificio consilio *Cor Unum*, citando tra gli esempi di veri rapporti ecumenici il rapporto con la diocesi di Verona (accanto a quella di Milano e di Trento). Purtroppo la vita del giovane sacerdote è stata brutalmente spezzata al suo ritorno da Verona a Mosca: il 23 settembre 1997 fu ucciso nella sua abitazione di Mosca[78]. Il suo sangue si è aggiunto a quella orribile scia di assassini di sacerdoti che hanno segnato la storia russa degli anni '90, a partire dalla morte di padre Alexandr Men' il 9 settembre 1990[79]. Ma nel 1992 niente faceva presagire un destino così tragico.

Tornando al nostro incontro, questo avvenne martedì 4 febbraio 1992 nel salone delle udienze della residenza privata del patriarca e durò circa un'ora. Luigi Sandri fece da interprete. Come ricorda don Luigi, mentre Josif Pustoutov leggeva la lettera del vescovo, il suo volto all'improvviso si illuminò: apprezzò molto l'espressione «Chiese sorelle». Raccontando questo fatto, don Luigi ha aggiunto: «È stata una parola indovinata».

Infatti, l'espressione «Chiese sorelle», di cui abbiamo già parlato, era molto usata in quei tempi. L'aveva pronunciata anche Giovanni Paolo II nel suo discorso ai vescovi europei nel 1991: «Con quelle Chiese [le Chiese ortodosse], pertanto, vanno coltivate relazioni come fra Chiese sorelle, secondo l'espressione di papa Paolo VI nel *Breve* al patriarca di Costantinopoli Athenagoras I»[80]. Probabilmente proprio questo invito del papa a consolidare i rapporti ecumenici ha fatto sì che anche il vescovo di Verona, dopo aver chiesto qualche consiglio ai vertici[81], si sia sentito autorizzato a inserire questa espressione nel suo messaggio al patriarcato di Mosca.

La frase ruppe il giaccio. Era come una parola in codice che svelava le intenzioni dei visitatori. Come vedremo in seguito, i padroni di casa avevano più di un motivo per mettere in dubbio la sincerità dei loro ospiti. Invece, come disse in seguito don Luigi: «Ci ha aiutato la nostra ingenuità. Se andava bene, bene. Se andava male, non rovinavamo niente. Dovevamo solo instaurare un rapporto tra i rappresentanti del patriarcato e la Chiesa cattolica di Verona. Per questo era importante la lettera, che loro accettassero l'invito, che venissero».

Inoltre i sacerdoti veronesi ebbero l'impressione che per le autorità ecclesiastiche russe avesse importanza non tanto la lettera della Commissione ecumenica, quanto quella del vescovo. La lettera di risposta, consegnata giovedì 6 febbraio in occasione della visita di Pustoutov e Zjablicev in casa di Luigi Sandri, era infatti indirizzata al vescovo Amari. Questo giorno è rimasto impresso nella memoria dei nostri protagonisti italiani per l'arrivo della triste notizia della morte di padre David Turoldo, appresa direttamente da Luigi Sandri e comunicata per telefono a don Luigi e a don Gabriele. Dopo il pranzo fraterno i sacerdoti russi si sono trattenuti con i nuovi amici per parlare dell'ecumenismo, di *sobornost'*, del patrimonio spirituale di Vladimir Soloviev…

TRA LE RIGHE DI UNA LETTERA

Soffermiamoci un po' sulle caratteristiche del documento consegnato agli italiani. Nella lettera, dopo i dovuti ringraziamenti per la visita e per l'invito[82], troviamo la seguente frase:

> «Nelle Sue parole sulla Chiesa ortodossa russa, da Lei vista come Chiesa sorella, noi vediamo il desiderio di sviluppare fraterni contatti ecumenici nello spirito delle decisioni del Concilio Vaticano II e delle Conferenze panortodosse di Rodi. Infatti come noi ricordiamo, i Padri del Concilio hanno raccomandato ai pastori e ai fedeli della Chiesa cattolica di stabilire stretti rapporti con gli ortodossi al fine di "aumentare la collaborazione fraterna nello spirito dell'amore escludendo ogni tipo di rivalità" (*Decreto sull'ecumenismo*, n. 18)».

Bisogna dire che la citazione del *Decreto sull'ecumenismo*, ovvero l'*Unitatis redintegratio* del 1964, nella traduzione italiana della lettera, complessivamente abbastanza fedele, rappresenta una libera interpretazione della versione russa del decreto. Letteralmente nel testo originale si dice: «Чтобы возрастало братское сотрудничество в духе любви, исключая всякий дух соперничества (Об экуменизме, § 18)», che corrisponde letteralmente a: «Affinché cresca la fraterna collaborazione in spirito di carità, bandendo ogni spirito di rivalità (*Decreto sull'ecumenismo*, n. 18)». Ricordiamo che nell'*Unitatis redintegratio* questo passaggio è inserito nel contesto in cui si raccomanda «parimenti ai pastori e ai fedeli della Chiesa cattolica di stabilire delle relazioni con quelli che non vivono più in Oriente, ma lontani dalla patria. *Così crescerà la fraterna collaborazione con loro in spirito di carità, bandendo ogni sentimento di litigiosa rivalità* [corsivo mio]»[83]. Sembra evidente che qui si tratta soprattutto della diaspora ortodossa, creatasi dopo la rivoluzione del 1917 e nel secondo dopoguerra. Comunque sia, i responsabili del Dipartimento hanno ritenuto consono proprio questo passaggio.

Nella lettera vengono indicate le persone incaricate dei rapporti con la Chiesa cattolica romana, l'archimandrita Josif Pustoutov e il diacono Gheorghij Zjablicev, e si augura che «lo stabilimento di contatti fraterni con la diocesi di Verona possa apportare un suo contributo al complessivo miglioramento dei rapporti tra la Chiesa ortodossa russa e quella romano-cattolica». Già in queste righe si legge la speranza che, stringendo i rapporti con le comunità parrocchiali, si possa uscire da quella situazione di stallo che si era creata nei rapporti tra le due Chiese a cavallo tra gli anni '80 e '90 del Novecento. Alla fine, con grande umiltà, si ammette che la visita a Verona potrebbe diventare realtà solo «se voi poteste tener conto della difficile situazione economica del nostro Paese» e delle strettezze economiche della Chiesa ortodossa russa.

Passiamo adesso alle caratteristiche estrinseche di questo documento di cui abbiamo solo una copia fotostatica. La lettera è redatta su carta intestata del Dipartimento per le relazioni ecclesiastiche esterne del patriarcato di Mosca ed è datata 6 febbraio 1992. Il documento presenta una serie di particolarità che lo distinguono dagli altri documenti inerenti allo scambio epistolare tra la diocesi di Verona e il patriarcato di Mosca. *In primis* manca il numero di protocollo, il che ci permette di presumere che più che un carattere ufficiale la lettera avesse un carattere ufficioso, a differenza delle successive missive redatte su carta intestata del Dipartimento. Inoltre la data è apposta in modo tale da sembrare piuttosto uno scarabocchio tracciato frettolosamente, giudicando dalla mano, dal firmatario stesso. Se noi dovessimo confrontare questa epistola con le due lettere successive, quelle cioè del 18 giugno 1992 e dell'11 dicembre 1992, in queste ultime riusciamo a notare chiaramente la presenza di tre mani diverse, di cui due appartengono ai firmatari e una all'addetta/o (la lettera del 18 giugno, battuta a macchina, sembra mostrare nelle parti chirografe evidenti segni di scrittura femminile) alla segreteria.

Dunque sorge spontanea la domanda: quale potrebbe essere il motivo di questa differenza? È una semplice «trascuratezza» del protocollo o un atto di prudenza, frutto del desiderio di capire meglio che intenzioni avessero i due rappresentanti della Chiesa veronese? Qualora fosse vera la seconda ipotesi, che motivi avrebbero i rappresentanti del patriarcato per nutrire dei dubbi riguardo alla sincerità dei sacerdoti veronesi?

ECUMENISMO SENZA DIALOGO

Dopo la stipula dell'accordo tra il Vaticano e l'Urss, come abbiamo già anticipato, arrivano in Russia dei sacerdoti per creare *ex novo* delle strutture ecclesiastiche cattoliche. Il lavoro avveniva in due direzioni: sostegno alle Chiese degli uniati in Ucraina e diffusione della presenza della Chiesa cattolica in tutto il territorio sovietico. Quest'ultima attività, oltre a voler ripristinare la tradizionale presenza cattolica prerivoluzionaria, ha assunto anche un carattere missionario. Se il sostegno ai cattolici sovietici complessivamente era considerato come un «diritto naturale» del Vaticano, l'attività missionaria, definita da parte ortodossa come proselitismo, ha creato un campo di costante tensione nei rapporti interecclesiastici. L'enigmatica frase che avrebbe pronunziato la Madonna di Fatima riguardo alla «conversione» della Russia divenne uno slogan fondamentale per promuovere le attività missionarie sul suo territorio. Proprio da questa immagine di Fatima fu ispirato un altro veronese, Bernardo Antonini, arrivato a Mosca prima per conto proprio e poi, nel 1991, su invito di Tadeusz Kondrusiewicz. Nel libro *Un apostolo senza frontiere*, scritto da Beatrice Immediata e dedicato alla vita di don Bernardo, sono ricordati i motivi della sua attenzione verso la Russia:

> «Avevo circa sette-otto anni[84] [...]. Mia madre Alice comperò un bel quadro della Madonna di Fatima dalle Figlie di San Paolo, e la suora [...] disse: "In Russia c'è tanta lotta alla Chiesa, ma la Madonna di Fatima ha promesso che la Russia si convertirà e ci sarà una forte ripresa della fede con la consacrazione del mondo al suo Cuore Immacolato". La mamma pose il quadro a capo del mio letto e io, tutte le sere, recitavo le mie preghiere davanti all'immagine della Madonna di Fatima pregando anche per la Russia»[85].

Nelle sue preghiere alla Madonna don Bernardo chiedeva: «In cambio della Vostra bontà vi offro modestamente, ma generosamente e senza riserve, la mia vita e la mia morte perché la Russia e la Cina[86] si convertano secondo le promesse di Fatima»[87]. È interessante osservare un curioso parallelismo con un altro cattolico, papa Giovanni XXIII:

«Stanotte, dopo molto meditare e dopo aver letto l'introduzione alla *Grammatica della lingua russa* di Ettore Lo Gatto che ieri, festa di Natale, monsignor Capovilla mi ha procurato, mi sono alzato dal letto e, inginocchiato innanzi al mio Crocefisso, gli ho consacrato la mia vita in estremo sacrificio di tutto me stesso in riferimento a quanto volesse da me per questa grande impresa della conversione della Russia alla Chiesa cattolica»[88].

Il ruolo del culto mariano nella geopolitica religiosa è un fatto noto. All'occhio disincantato dello storico non può sfuggire la coincidenza tra il verificarsi dei prodigi e delle apparizioni (o loro celebrazioni) e l'acuirsi delle tensioni politiche legate alla presenza della Chiesa cattolica nei vari Paesi. Premesso che noi non vogliamo assolutamente entrare qui in merito a questioni assai lontane dagli obiettivi della nostra ricerca, vogliamo solo osservare alcuni parallelismi storici. Se noi dovessimo solo sfogliare le lettere scritte da Pio X (1903-1914), non potremmo non accorgerci che, curiosamente, il caso di Fatima fu preceduto dal grave contenzioso politico apertosi in Portogallo, dove nel 1911 uscì la legge sulla separazione della Repubblica portoghese dalla Chiesa cattolica[89]. La prima apparizione della Madonna di Fatima, come è noto, avvenne il 13 maggio 1917. Nel 1917 avvengono anche le due rivoluzioni russe.

Alla stregua della Madonna di Fatima nel caso del Portogallo prima e della Russia dopo, potremmo citare anche un esempio francese. In Francia la legge sulla separazione dello Stato dalla Chiesa esce il 9 dicembre 1905[90]. Esauriti gli argomenti politici, anche qui si fa saggio ricorso al cielo e al miracolo. Nel 1907 è stato solennemente festeggiato il cinquantenario delle apparizioni della Madonna di Lourdes. Con l'epistola del 24 dicembre 1907 Pio X comunicava la concessione dell'indulgenza plenaria a coloro che, pentiti dei propri peccati, si fossero confessati e avessero ricevuto l'eucaristia[91]. Successivamente (nel 1908), forse per fare appello al senso nazionale dei francesi, viene beatificata (tra altri esponenti del mondo cattolico francese) Giovanna d'Arco[92]. Questi esempi ci mostrano con quale forza e tempestività le questioni divine si intreccino con le faccende terrestri. Questa piccola riflessione ci induce a pensare al vero ruolo dei «segreti di Fatima» nella politica vaticana verso la Russia.

Nell'anno della celebrazione dei mille anni del cristianesimo russo si sono aperte le porte alle numerose delegazioni provenienti da vari Paesi del mondo. Molti preti cattolici hanno visto per la prima volta questo Paese sconosciuto e temuto. La visione di un popolo alla ricerca delle proprie radici, della propria storia, non produsse uguale effetto su tutti i visitatori. Abbiamo già riportato la testimonianza del veronese don Luigi Adami che provò il desiderio di conoscere meglio la Russia e le sue tradizioni. Anche il veronese don Bernardo Antonini volle conoscere la Russia, però con lo scopo di convertirla «secondo le promesse di Fatima»[93].

Il libro che raccoglie il testamento spirituale di don Bernardo è scritto da un'appartenente alla Congregazione delle Figlie di San Paolo. È una preziosa fonte storica che contiene intatto il patrimonio cattolico non intaccato dallo spirito del Vaticano II. Bastano poche pagine per entrare in un mondo definito come «Russia», ma che io, russa, nata a Mosca, vissuta in varie parti di questo immenso Paese, non conosco affatto: è presentato come un mondo triste, abitato da un popolo rozzo e incolto, succube del regime, vittima dei «lunghi decenni di dittatura, dove la persona era a servizio dello Stato, priva di una sua autonomia e dignità personale». Con sorpresa scopro che la Russia viene percepita come un deserto spirituale «senza pane e senza vino», disperso nelle immense steppe asiatiche[94].

Secondo l'autrice del libro le donne russe erano poco più che «matrëshke», madri «per antonomasia», perché, durante il regime, alle donne, addette alla procreazione dei figli, soggiogate ai capi famiglia, senza diritti, né istruzione, era affidata soprattutto la cura della casa e della famiglia. Se uscivano di casa, era solo per fare dei lavori pesanti, ad esempio riparare con picconi e badili le strade. «Tuttavia, la nuova economia della Russia – aggiunge trionfante l'autrice – ha avvantaggiato notevolmente le giovani donne, permettendo loro l'istruzione universitaria»[95]. Un'affermazione alquanto strana, visto che durante il «regime» nell'Urss gli uomini e le donne avevano eguali diritti[96], il lavoro per legge era non solo un diritto, ma anche un obbligo per tutti a prescindere dal sesso[97] e l'istruzione universitaria era gratuita[98]. Invece dopo la *perestrojka*, salvo un numero limitato di posti gratuiti, a cui si accede tramite concorso, l'università è diventata a pagamento.

Anche se forse, in questo caso, l'unico commento possibile sarebbe, con Borges, «confutarlo, significa contaminarsi d'irrealtà»[99], la distorsione dei fatti è talmente clamorosa che merita una certa attenzione. Non so quanto possa servire da esempio – molto tipico! – la famiglia di mia madre, nata nel 1930 in una famiglia contadina dove, su dieci fratelli, otto, di cui quattro femmine e quattro maschi, sono laureati (alcuni, come mia madre, hanno più lauree). Solo due (una femmina e un maschio) si sono accontentati del diploma di maturità. Tra i miei amici, conoscenti e parenti russi, nati nel periodo sovietico, una persona senza laurea è una vera rarità. Da quello che mi ricordo io, negli anni '70-'80 nell'Urss c'era il culto dello studio. La laurea era un obiettivo molto ambito soprattutto per le femmine, perché dava una reale possibilità di trovare un buon posto di lavoro, realizzarsi come persona e anche riscattarsi socialmente. Se non dovesse bastare la mia testimonianza personale, potrei citare i dati riportati da un noto specialista della storia sociale sovietica, che di certo non può essere sospettato di alcuna forma di «russofilia», Moshe Lewin. Nel suo libro *La Russia in una nuova era. Una interpretazione storica* a proposito dei cambiamenti avvenuti nella società sovietica negli anni 1970-1980 scrive:

«Nella popolazione in generale i massicci sforzi di scolarizzazione produssero risultati di vasta portata: 46 milioni di persone ricevettero un'istruzione "secondaria parziale" (sette anni di scuola); 58 milioni ebbero un'istruzione secondaria completa, adesso obbligatoria per legge per tutti i bambini. Gli allievi degli istituti "secondari specializzati", che preparano tecnici di ogni tipo, ammontano a 28 milioni; 18,5 milioni di persone ricevettero un'istruzione superiore completa e altri 3,6 milioni un'istruzione superiore parziale. Fra i laureati delle università e i diplomati della scuola secondaria superiore il numero di uomini e donne è sostanzialmente uguale. Le donne costituiscono il 54 per cento degli studenti universitari, il 58 per cento degli iscritti alle scuole secondarie specializzate e il 60 per cento degli "specialisti" con istruzione superiore e secondaria. Inoltre le donne, pur essendo il 51 per cento della forza lavoro complessiva, costituiscono circa il 56 per cento degli specialisti e il 40 per cento degli scienziati e studiosi del Paese. Questa emancipazione delle donne [...] è forse l'aspetto più vistoso di quella che possiamo chiamare la "rivoluzione culturale" sovietica»[100].

Purtroppo Beatrice Immediata non indica le sue fonti. Non resta che supporre che sia caduta vittima della «cultura del nemico» di cui abbiamo detto e che si tratti semplicemente di un tipico *topos* propagandistico nato nell'ambito della lotta anticomunista degli anni '40-'50. Può anche darsi che a confonderle le idee sia stato il momento storico di particolare gravità in cui don Bernardo si era trovato in Russia negli anni '90: la visione della società in crisi si è così sovrapposta agli stereotipi affermatisi negli ambienti cattolici tradizionalisti. Tuttavia, a prescindere dalle alquanto fantasiose considerazioni di carattere «sociologico» e «storico» sulla Russia, il libro in sé è molto prezioso sia per le testimonianze dirette sia perché rispecchia un tipo di mentalità abbastanza diffuso in molti ambienti cattolici italiani.

Dal libro veniamo a sapere che è stato il fervore missionario a portare in Russia don Bernardo. Lo colpì particolarmente la notizia dell'incontro tra il cardinale Casaroli e Gorbaciov. Questo fatto stava a significare che, «se dopo tanti anni di comunismo, oggi un cardinale può essere ricevuto, qualcosa è cambiato»[101]. Per due anni consecutivi (1989-1990) don Bernardo frequenta i corsi estivi di lingua russa per stranieri presso l'università Lomonosov di Mosca. Poi prende contatti con la segreteria di Stato vaticana e con il nunzio apostolico in Russia, monsignor Francesco Colasuonno.[102] Quando la notizia sull'istituzione di una gerarchia cattolica in Russia diventa ufficiale e viene diffusa dall'«Osservatore Romano» del 13 aprile 1991[103], don Bernadro contatta quanto prima il vescovo di Verona Giuseppe Amari per dargli la notizia e per chiedergli la benedizione di poter andare in Russia. Così «monsignor Amari scrive al vescovo della Russia europea che risiede a Mosca, monsignor Taddeus Kondrusiewicz, e lo informa che un sacerdote, professore in seminario e che studia un po' di russo, sarebbe disposto a partire per aiutare nella sua diocesi»[104]. Dopo la prima esperienza nella regione del Volga nell'estate del 1991, don Bernardo viene invitato dall'amministratore apostolico a insegnare nella scuola di teologia per i laici a Mosca, che stava per avviare la sua attività con i primi centocinquanta iscritti. Beatrice Immediata descrive così la sua partenza:

> «Il 16 ottobre 1991 quaranta laici partono da Verona per le missioni [...]. Tra i missionari in partenza c'è anche don Bernardo. E riceve anche lui il mandato dalla Chiesa veronese di partire come apostolo per la Russia. Il vescovo, alla consegna del Crocefisso, gli dice: "Va', non più come studente, ma come missionario mandato dalla tua diocesi; e non dimenticare che missionario significa martire". È un *fidei donum* [...]. Era la Chiesa della sua amata Verona che lo mandava come dono alla Chiesa sorella di Mosca, egli era un *fidei donum*, un dono di fede per la Russia dei suoi sogni [...]. Partirà da Verona il 14 novembre 1991. Destinazione Mosca»[105].

La partenza per la Russia di don Bernardo è avvenuta quindi con la personale benedizione del vescovo di Verona. Curiosamente, i miei interlocutori del Gruppo per il pluralismo e il dialogo tendono a sottovalutare un po' il livello in cui agiva don Bernardo, che sovente viene definito da loro come un «libero battitore».

È interessante notare che il 1° giugno 1991 era uscito un importante documento sui «Principi generali e norme pratiche per coordinare l'evangelizzazione e l'impegno ecumenico della Chiesa cattolica in Russia»[106] della Pontificia commissione *Pro Russia*[107] con cui, probabilmente, si è cercato di riparare i danni provocati dalla precipitosa nomina degli amministratori apostolici. In questo documento si invitava a non entrare in competizione con la Chiesa ortodossa russa o altre Chiese presenti sul territorio russo (3). Si affermava in particolare che i metodi dell'attività missionaria non dovevano essere gli stessi previsti per le missioni *ad gentes*, rivolte alle popolazioni non cristiane (7). Si riconosceva l'influenza della Chiesa ortodossa e la necessità di collaborare con essa nello spirito del rispetto delle realtà e delle tradizioni presenti in questo Paese. Dodici anni dopo uno dei maggiori esponenti del mondo cattolico russo, il giornalista redattore-capo del settimanale «Svet Evangelija» (Luce del Vangelo), nonché discepolo di don Bernardo, Victor Khroul, nell'intervista rilasciata a Jacques Beset (agenzia di stampa quotidiana Apic) uscita il 31 marzo 2004 col titolo *I cattolici russi sacrificati sull'altare dell' ecumenismo?*, lamentava che

> «oggi siamo costretti a seguire le direttive varate dodici anni fa dalla Pontificia commissione *Pro Russia*. Alludo ai "Principi generali e norme pratiche per coordinare l'evangelizzazione e l'impegno ecumenico della Chiesa cattolica in Russia e negli altri Paesi della Confederazione". In concreto, i vescovi cattolici sono costretti a informare e ad accordarsi con i vescovi ortodossi russi su ogni propria ini-

ziativa pastorale di rilievo, soprattutto in ciò che riguarda la creazione di nuove parrocchie che rispondano alle esigenze delle comunità locali. Lo stesso vale per le iniziative di carattere sociale, educativo e caritatevole»[108].

Ma torniamo all'opera di Beatrice Immediata. Nell'ottica delle informazioni fornite dal suo libro, che reputo abbastanza veritiero per quel che riguarda i fatti e le vicende del mondo missionario italiano, diventa più chiara l'esitazione del vescovo Amari di fronte all'iniziativa della Commissione ecumenica nonché la sua «pausa di riflessione» prima di scrivere la lettera di presentazione per don Luigi Adami e don Gabriele Zanetti. Non era facile, credo, conciliare il compito di evangelizzare la Russia e quello di stabilire rapporti di rispetto e di solidarietà con la Chiesa ortodossa russa. Sicuramente Verona stava mandando dei messaggi alquanto contraddittori alla «Chiesa sorella».

La penna dell'autrice descrive con foga la maniera diretta ed energica di agire di don Bernardo che non di rado crea situazioni di gravi incomprensioni, rappresentando casi classici da mediazione culturale. Nonostante le numerose dichiarazioni di solidarietà con la Chiesa ortodossa russa e i molteplici esempi di collaborazione, in nome dell'ecumenismo, con i «fratelli ortodossi», il libro è perfettamente «cattolicocentrico». È interessante notare che questo sacerdote, dopo anni passati in Russia, non si ricordi nemmeno la data esatta del Natale ortodosso, il che trapela dalle sue parole: «Il 6 gennaio, solennità del Natale per la Chiesa ortodossa e dell'Epifania per la Chiesa cattolica»[109], mentre, come sappiamo, secondo il calendario giuliano il Natale viene festeggiato dalla Chiesa ortodossa russa il 7 gennaio. La Chiesa cattolica romana in Russia viene definita semplicemente come «la Chiesa», mentre Kondrusewicz diventa semplicemente «vescovo di Mosca» alla pari del patriarca Aleksij II!

In questo libro agiografico vengono esaltate le gesta eroiche dell'impavido prete veronese e le sue piccole crociate quotidiane. Ora lo vediamo entrare nei ministeri per sfidare l'alta dirigenza russa con delle battute audaci e provocatorie[110], ora lo vediamo guidare una manifestazione per conquistarsi una fabbrica, ex chiesa cattolica[111], che Gorbaciov aveva promesso al papa, ma che fatica a trovare una sistemazione adeguata per le persone che ci lavorano. L'edificio viene occupato dai seguaci di don Bernardo, interviene la polizia, si arriva allo scontro diretto. Alla fine del 1995 l'edificio passa finalmente ai cattolici[112]. Il libro è pieno di esempi delle azioni che da un lato possono essere considerate eroiche, dall'altro sono di intollerabile arroganza perché urtano la sensibilità degli abitanti della Russia. Ricordiamo che in quel periodo, da parte degli ortodossi, con grande forza si solleva la voce contro il «proselitismo» cattolico. Alle accuse di proselitismo Kondrusiewicz rispondeva così:

> «Nei rapporti con gli ortodossi bisogna portare avanti ciò che unisce e non quello che divide. Noi non possiamo proibire a un russo di diventare cattolico, se egli lo desidera. Non si tratta di proselitismo, al quale siamo contrari, ma solo adempimento del comando di Gesù e del dovere della Chiesa e dei suoi pastori: annunziare il Vangelo a tutta la terra e a tutti gli uomini. La Divina Provvidenza ci ha posto a servizio degli uomini dell'unica Russia sofferente. Lasciamoci guidare dal Vangelo, dal rispetto e dall'amore reciproco e costruiamo insieme l'unico edificio della fede per tutti i popoli della Russia. La pace e la grazia di Dio siano con te, Chiesa sorella ortodossa!»[113].

Dal discorso potrebbe sembrare che tutti i contrasti tra le due Chiese siano già stati risolti e sia stata ristabilita la completa comunione eucaristica mentre, in realtà, non è così. La Chiesa cattolica, fin dai tempi della sua «politica orientale», battendosi per le libertà religiose fuori dai propri confini, è sempre stata molto attenta alla presenza delle confessioni non cattoliche sul proprio territorio. Era proprio questa maniera, un po' ambigua e strumentale, di usare le idee dell'unità e dell'ecumenismo per scopi missionari, a creare giorno dopo giorno un clima di diffidenza verso i cattolici che, venendo in Russia, spesso la consideravano come una semplice terra di conquista, senza tener conto della sua lunga e complessa storia, dei sacrifici che fecero i suoi abitanti per mantenere e difendere la propria identità culturale e religiosa nonostante le avversità politiche e ideologiche (basti pensare al fenomeno della dissidenza sovietica in tutte le sue molteplici sfaccettature[114]).

Bisogna dire che don Bernardo non era solo nella sua visione della Russia. Il libro di Romeo Maggioni, che narra di una sua conversazione con un giovane prete cattolico (russo?) a proposito della «Chiesa sorella» ci riporta un altro esempio:

> «È molto scettico sulla presenza della Chiesa ortodossa. Questa gode di ogni libertà e privilegi da parte della Stato, ma non sa valorizzare e sfruttare le opportunità. Il clero non ha aperture e manca di una preparazione culturale e pastorale. La definisce "un po' esoterica", cioè straniata, chiusa nel suo mondo di puro culto. Non verrà da loro l'appoggio per una nuova evangelizzazione»[115].

Nello stesso tempo, quando Maggioni fa la domanda sugli uniati, la risposta è secca:

> «Troppo invischiati in nazionalismi per poter avere forza e spirito missionario per tutta la Russia. La speranza sta nella Chiesa cattolica latina. I cattolici possono diventare una minoranza molto influente»[116].

Queste parole si commentano da sole. Non dimentichiamo che la legge sulla libertà di coscienza ha pochi mesi. La Chiesa ortodossa russa, devastata dal periodo dell'ateismo militante, deve ancora risollevarsi. È priva di strutture e risorse finanziarie e può contare solo sulle proprie forze e qualche donazione. Invece dietro le ancora sparute, piccole e altrettanto devastate comunità cattoliche in Russia c'è tutta la forza finanziaria del mondo cattolico romano, tutelato in Italia dal regime concordatario e nutrito, a prescindere dalle donazioni e offerte, dalle massicce iniezioni dell'otto per mille, cosa completamente assente in Russia in virtù dell'assenza di accordi di tipo concordatario. La creazione di una «minoranza cattolica molto influente» potrebbe corrispondere alle mire strategiche dell'attività missionaria in Russia, ma evidentemente piace poco agli ortodossi. Numerose sono le contestazioni e le proteste espresse sia dal patriarcato che dal patriarca stesso[117].

Non c'è da stupirsi, quindi, che i funzionari del patriarcato, dopo aver ricevuto la lettera della Commissione ecumenica e del vescovo di Verona, lo stesso vescovo che poco prima aveva impartito la sua benedizione per le opere missionarie in Russia a don Bernardo Antonini, potessero avere più di un motivo per dubitare della buona volontà dei sacerdoti veronesi.

Se ne rendevano conto anche don Luigi e don Gabriele:

> «Noi eravamo i rappresentati della Chiesa di Verona. Il nostro punto di appoggio era Luigi Sandri. Dopo il primo incontro al patriarcato, li abbiamo invitati in casa di Sandri. C'era un problema in particolare. Nel '92 c'era già Kondrusiewicz [...]. Era già arrivato anche dall'ottobre-novembre Bernardo Antonini. Dall'ottobre del 1991 era stato richiesto da Kondrusiewicz, era lì, operava. Ha studiato la lingua. *Tra noi e lui c'era già, c'è sempre stata una differenza di visione della teologia, della Chiesa, di tante cose* [corsivo mio]. Lui non ha mai partecipato al Gruppo per il pluralismo e il dialogo. L'ecumenismo per lui voleva dire conversione. Era uomo molto generoso, molto attivo, molto zelante, ma aveva alcune idee che non erano le nostre. Le sue idee erano

molto più coerenti con il modo di pensare comune della Chiesa di Verona. Noi eravamo in minoranza. Quindi si era creata una situazione molto particolare, legata a queste due presenze veronesi. Noi non avevamo detto niente a don Bernardo Antonini. La nostra intenzione era quella di evitare di parlare con loro prima di aver parlato con il patriarcato. Perché sapevamo che loro non erano graditi dal patriarcato. Se noi ci presentavamo con loro, ci mandavano tutti a casa. Sandri era il lasciapassare, Antonini era uno che impediva il passaggio. Quindi per suggerimento di Sandri è stato deciso di recarsi prima al patriarcato e solo dopo incontrarsi con Kondrusiewicz e Antonini, perché si doveva consegnare la lettera anche a lui. Da Kondrusiewicz il giorno dopo abbiamo incontrato don Bernardo Antonini. Ci si parlava di lui come di un luminare. Abbiamo celebrato insieme a San Luigi. Hanno accolto bene la nostra visita».

Si era creata una situazione apparentemente paradossale. Nella stessa città di Mosca, con la benedizione dello stesso vescovo Amari, si sono incontrati dei rappresentanti della Chiesa di Verona divisi nel loro modo di concepire l'ecumenismo e di rapportarsi con le realtà russe. Secondo i suoi seguaci, don Antonini era nel giusto perché «era sempre ubbidiente al vescovo»[118]. Ma anche i firmatari della lettera, membri della Commissione diocesana per l'ecumenismo e il dialogo, erano ubbidienti al vescovo, richiedendo sempre il permesso delle autorità ecclesiastiche per compiere le azioni più significative. Così tra le Chiese di Verona e di Mosca si sono aperte due strade diverse, caratterizzate da due storie che durano tutt'oggi. Una è la strada del pluralismo e del dialogo fra Chiese che si riconoscono come sorelle, l'altra è una strada a senso unico, la strada dell'ecumenismo inteso come missione e conversione degli ortodossi al cattolicesimo.

Don Luigi Adami in una sua intervista riassumeva così la situazione:

«La Chiesa cattolica [...] si trova davanti a un bivio. Guardare alla Russia come a una terra in cui impiantare semplicemente le proprie tende, oppure muoversi concretamente per aiutare la Chiesa sorella ortodossa. È una grossa sfida, questa, in termini ecumenici. Se imbocchiamo infatti la prima strada, facciamo solamente del proselitismo, entriamo in concorrenza con la Chiesa ortodossa. Possiamo anche vincere, certo, ma allora muore l'ecumenismo. Un pericolo che non corriamo se invece mettiamo al primo posto il nostro sostegno, come cristiani, ai fratelli ortodossi che ora si trovano in difficoltà a gestire una situazione che presenta enormi problemi»[119].

Anche don Giovanni Gottardi, nella sua conversazione con me, ribadiva lo stesso problema, dicendo che spesso i rapporti bilaterali sono corrotti *ab origine* da un vizio di fondo che non permette di riconoscere la controparte come una vera Chiesa cristiana. Così, in coerenza con le proprie idee, don Luigi Adami e i suoi amici, dopo le lunghe battaglie avviate negli anni '70 per la libertà di scelta politica, per il pluralismo e il dialogo in casa propria, hanno portato questi valori anche nel cuore della Russia, costituendo in questo modo una solida base per stabilire un fruttuoso e promettente rapporto di fiducia e di amicizia con la parte ortodossa. Parallelamente, cercava di affermarsi in Russia un altro modo di vedere la missione cattolica, che metteva di fatto «alla prova lo stile ecumenico della cristianità» facendo sì che la Chiesa russa cominciasse a sentirsi «accerchiata» e spinta «a una situazione di chiusura e di diffidenza»[120].

Due volti della stessa Chiesa si confrontano in un Paese per settant'anni considerato un importante simbolo ideologico, elogiato dagli uni e avversato dagli altri. Svanite le divergenze ideologiche, in primo piano tendono a tornare i vecchi modi di azione, gli stereotipi storicamente consolidati e collaudati. Ma il *con-testo* storico non è più quello di una volta. Il suo radicale cambiamento rende inevitabile la ricerca di nuove forme e di nuovi contenuti del *testo* del dialogo interconfessionale.

Il nostro racconto si ferma qui. Non spetta a noi dare giudizi. Ma sembra che la via del dialogo nel segno del pluralismo diventi sempre più larga. A testimoniarlo sono le autorevoli parole che il cardinale arcivescovo di Milano Dionigi Tettamanzi pronunciò durante il suo ultimo incontro con il patriarca di Mosca Aleksij II all'inizio dell'ottobre 2006:

> «Per noi è motivo di sofferenza sapere che ci sono stati cristiani d'Occidente che non hanno saputo discernere e riconoscere l'ineguagliabile ricchezza spirituale della santa Rus', né rispettare e valorizzare il patrimonio religioso e culturale della grande tradizione ortodossa. È proprio a questa disattenzione alla vita dello Spirito che farei risalire la causa di quel proselitismo denunciato da più voci, *non solo ortodosse, ma anche cattoliche* [corsivo mio]. Nell'opera di cristianizzazione, che è sempre da rinnovare di generazione in generazione, non può esserci, in nome del Vangelo, concorrenza confessionale»[121].

Così, nel freddo inverno del 1992, a Mosca, nel contesto di una profonda crisi strutturale, votata a cambiare l'assetto economico, sociale e ideologico del sistema sovietico e carica di conseguenze per tutto il resto del mondo, si sono confrontati i due volti della stessa Chiesa romana. Dopo la caduta della parentesi ideologica basata sulle idee marxiste-leniniste e il ridimensionamento politico della posizione della Chiesa ortodossa nella società russa, l'interazione tra le due Chiese ha cominciato a tornare alle forme tradizionali plasmate nei secoli passati. Sebbene i cosiddetti «tradizionalisti» siano in maggioranza da entrambe le parti, la costante presenza di forze minoritarie «progressiste» inclini al dialogo e al pluralismo, inteso come libera espressione del proprio modo di essere e l'accettazione del diritto dell'altro di essere se stesso, rende – secondo il concetto di *sobornost'* nell'accezione russa ortodossa – pluralista tutta la Chiesa cristiana.

Queste tendenze, come «un poco di lievito», hanno da sempre segnato il cammino delle Chiese storiche. Il loro ruolo consiste non solo nel sollecitare i processi di rinnovamento ma anche nell'equilibrare, con aperture mentali e con propensione alla conoscenza e al dialogo con «l'altro», la preponderante presenza delle forze conservatrici, destinate a custodire e a difendere l'identità religiosa e culturale nella forma tradizionale e stabilita. Queste forze si riconoscono dal modo di agire, dagli obiettivi da perseguire. Nel corpo della Chiesa storica, profondamente radicata nella società, ognuno ha il proprio compito. L'interazione tra queste forze opposte, nonché la stessa loro esistenza, permette di mantenere quell'equilibrio dinamico che caratterizza i complessi sistemi macroscopici che uniscono e tengono insieme i molteplici singoli elementi e i fattori divergenti[122].

Conclusione

La crisi interconfessionale del 1991-1992 ha dato un nuovo slancio alla ricerca di punti di raccordo tra le due Chiese e ha inaugurato una nuova fase nei rapporti bilaterali. Questi rapporti erano contornati da una complessa situazione che caratterizzava il processo di riassetto del sistema politico-sociale e ideologico europeo. Come abbiamo dimostrato nel nostro lavoro, nel corso dei secoli il *con-testo* storico generale inevitabilmente interferisce con il *testo* delle relazioni cattolico-ortodosse.

Il pluralismo della politica laica trova riscontro nel pluralismo della politica religiosa. Ma mentre il pluralismo conciliare della Chiesa ortodossa, con il suo *ethos* «sostanzialmente democratico»[1], è un dato acquisito, anche la Chiesa cattolica nei suoi rapporti con la Russia si rivela non come una realtà omogenea e totalitaria, subordinata alla rigida struttura gerarchica, ma come una pluralità, alla stregua di *sobornost',* nelle scelte etiche e politiche, soprattutto quando si tratta delle piccole realtà locali. Le radici di queste tendenze sono molto profonde e anteriori al Concilio Vaticano II che, però, ha avuto il merito di dare loro voce.

La possibilità di conoscenza e di apertura «all'altro» non produce lo stesso effetto su tutti, tramutandosi ora nella tendenza di ulteriore apertura e dialogo ecumenico, ora in reazioni di diffidenza, chiusura e monologo missionario. La crisi della «cultura del nemico» pone con forza anche le questioni inerenti alla propria identità religiosa. Ciò vale sia per la parte cattolica, che per decenni si nutriva di questo pane avvelenato, usandolo come un importante fattore di aggregazione attorno alla propria Chiesa, sia per la parte ortodossa, impedita nella sua crescita durante gli anni dell'ateismo militante dello Stato comunista.

Il gruppo veronese non è stato l'unico a voler stabilire un rapporto paritario e propositivo con la Chiesa ortodossa russa. Sul suolo italiano sono nate diverse realtà che hanno dato luogo a scambi di idee all'insegna dell'ecumenismo non missionario. Basti citare l'attività della comunità di Bose, le iniziative delle arcidiocesi di Milano e di Trento, dell'abbazia di Maguzzano... La *sobornost'*, così cara all'animo ortodosso, fiorisce anche nella Chiesa cattolica, a livello di base, in modo più o meno evidente. Proprio questo spirito di «conciliarietà» spontanea – al di fuori dei calcoli politico-diplomatici dei vertici – della cristianità occidentale rende possibile il dialogo, perché crea quell'equilibrio dinamico su cui si fonda l'idea della «Chiesa universale». Il Gruppo per il pluralismo e il dialogo ce lo mostra con chiarezza. Essendosi costituito negli anni critici della recente storia italiana, ha dato voce a coloro che si sentivano soffocati ed emarginati dalla schiacciante imponenza della Chiesa del potere – conseguenza di quel particolare sistema politico-ideologico che è stato definito come «repubblica democratica confessionale». Lo stesso *modus operandi* è stato traslato anche nell'ambito dei rapporti interconfessionali con la Russia.

La nuova fase nei rapporti tra le due Chiese ha trovato la sua espressione in una serie di passi compiuti dalla Santa Sede per cercare di ridefinire nelle nuove condizioni storiche obiettivi e metodi dell'attività missionaria nei Paesi ex comunisti. Tra questi, l'emanazione il 15 gennaio 1993 della lettera apostolica *motu proprio Europae Orientalis*[2]. Date le nuove realtà geopolitiche, la pontificia commissione *Pro Russia*, fondata da papa Pio XI nel 1925, viene sostituita con la

Commissione interdicasteriale permanente per la Chiesa in Europa Orientale[3].

Don Bernardo Antonini si è rivelato un prezioso collaboratore della Chiesa di Roma per promuovere l'opera missionaria sul suolo russo. Dopo la sua morte, sopraggiunta il 26 marzo 2002 in Kazakistan, i suoi seguaci e amici si sono organizzati in un comitato che, con convinzione e fermezza, porta avanti la memoria, le speranze e le idee del proprio padre spirituale[4]. Cresce il numero dei primi sacerdoti cattolici russi, frutto e coronamento delle fatiche missionarie di don Bernardo. Nell'ottobre 2013, a Roma, è stato dato il via alla causa di beatificazione e canonizzazione di don Bernardo, che ha raggiunto un importante traguardo il 17 ottobre 2014 quando la Congregazione delle cause dei santi ha riconosciuto la validità giuridica dell'inchiesta diocesana sulla vita, le virtù, la fama di santità e di segni del servo di Dio don Bernardo Antonini[5].

La carovana del Gruppo per il pluralismo e il dialogo, a sua volta, continua il suo tenace cammino tra le insidie delle diversità e delle scoperte dei nuovi volti dell'umanità, senza voler né convertire, né essere convertiti, a meno che non si tratti di nuove forme di fedeltà. Sotto la guida di don Giovanni Gottardi ha fatto molti progressi anche la Commissione ecumenica diocesana di Verona che ha contribuito a creare occasioni per unire le diverse confessioni non come rivali, ma come confratelli nella preghiera comune sotto lo sguardo benevolo di san Zeno, venuto da lontano, patrono della città sull'Adige e della piccola parrocchietta di San Zeno di Colognola ai Colli. Non a caso il giornalista de «L'Arena» Gabriele Colleoni in un suo discorso pubblico ha definito San Zeno di Colognola «una nuova Betlemme, fatte le dovute proporzioni, perché in questo piccolo paese, grazie a monsignor Adami e alla sua comunità, nascono sempre iniziative importanti che, a volte, anticipano quello che accadrà in campo nazionale»[6]. Il dialogo con la Chiesa ortodossa russa ha portato abbondanti frutti, aprendo agli amici veronesi persino le porte della residenza patriarcale di Aleksij II, dando vita a numerose iniziative ecumeniche a livello diocesano, e abituando gli abitanti di Verona fedele agli esotici canti liturgici intonati più o meno bene dai sacerdoti ortodossi venuti dalla lontana Russia[7]. Ma questa è già un'altra storia, che deve essere ancora scritta.

Importante è che, con il passare del tempo, dopo le iniziali incomprensioni e perplessità, anche le gerarchie ecclesiastiche vaticane hanno dato una positiva valutazione dell'operato di don Luigi e dei suoi amici. A testimoniarlo è la lettera del presidente del Pontificio consiglio per la promozione dell'unità dei cristiani, cardinale Walter Kasper, che il 24 giugno 2004 scriveva a don Luigi:

> «Le esprimo il mio sincero apprezzamento per l'impegno ecumenico che Ella, insieme alla sua diocesi, porta avanti con amore costruttivo e acuta attenzione alla realtà degli altri fratelli. È questa esperienza di condivisione che rivela, nella vita di ogni giorno, l'autentico sforzo di rispondere alla preghiera che Gesù ha rivolto al Padre chiedendo l'unità dei suoi discepoli»[8].

Così la microstoria di un gruppo «controcorrente» veronese si è intrecciata con la grande storia europea, iscrivendovi, all'insegna del pluralismo e del dialogo, una pagina di non trascurabile importanza. Tra le sponde dell'Adige e della Moscova è sorto un ponte di dialogo che permette di frequentarsi, apprezzarsi, riconoscersi tutti come figli della grande culla della civiltà europea. Questo ponte è molto fragile, a volte traballante. Adesso dipende da noi se consolidarne i pilastri o farlo saltare per aria, come è già successo tante volte nella storia. Per poter durare deve essere un ponte a doppio senso di marcia, poiché solo nel dialogo si costruisce quell'identità profonda, globale e gioiosa che sta così a cuore a don Luigi Adami, questo umile gigante della spiritualità umana.

Post scriptum

Francesco e Kirill, l'evento di Cuba

Mentre al testo di questo libro venivano apportati, dalla casa editrice, gli ultimi ritocchi tecnici in vista della pubblicazione, nei rapporti tra le Chiese di Mosca e di Roma è avvenuto un fatto di portata storica il cui significato, forse, non è stato ancora ben compreso dai nostri contemporanei. Venerdì 12 febbraio 2016 a Cuba, all'aeroporto dell'Avana, ha avuto luogo l'incontro tra papa Francesco e il patriarca di Mosca e di tutta la Russia Kirill, conclusosi con una *Dichiarazione comune* (il *Bollettino della Sala stampa della Santa Sede* il 12 febbraio 2016 riporta il testo completo della *Dichiarazione comune*, in italiano e in russo). Si è trattato di un evento senza precedenti nella storia delle due Chiese.

Per più di un decennio si era parlato di un possibile incontro tra Giovanni Paolo II e il patriarca Aleksij II, ma ogni volta, quando sembrava ormai tutto pronto, per un motivo o per l'altro l'atteso incontro svaniva. Tra le difficoltà che rendevano problematica l'organizzazione dell'evento emergeva, oltre alle divergenze di carattere ecclesiale, la questione del luogo dell'incontro, che doveva essere abbastanza neutro per entrambi. Chi avrebbe mai potuto immaginare che, infine, esso sarebbe accaduto in un «non luogo» per antonomasia, cioè in un aeroporto e, tra l'altro, in un aeroporto cubano, sito dunque al di fuori dei confini europei, «lontano dalle antiche contese del "Vecchio Mondo"» (3)?

Non va poi dimenticato che l'isola caraibica prescelta ha una notevole valenza simbolica per il nostro pianeta, soprattutto a causa della crisi dei missili di Cuba nel lontano 1962, che portarono Urss e Usa sull'orlo di un conflitto nucleare. A tutti è noto l'impegno profuso da Giovanni XXIII che, nel pieno svolgimento dell'appena inaugurato Concilio Vaticano II, fece di tutto per fermare il pericolo di un eventuale scoppio della terza guerra mondiale. Forse proprio a questo si riferiscono le parole della *Dichiarazione* nel paragrafo in cui Cuba viene definita come «simbolo delle speranze del "Nuovo Mondo" e degli eventi drammatici della storia del ventesimo secolo» (2).

Chissà se l'incontro del 12 febbraio 2016 contribuirà a rasserenare i rapporti tra le due Chiese e a creare le condizioni per rimuovere le incrostazioni del passato che impediscono un cammino comune fatto «con dolcezza e rispetto» (3)! In una conversazione franca e aperta, «da cuore a cuore», sono state affrontate le questioni più scottanti e dolenti sia dei reciproci rapporti che della situazione internazionale e interconfessionale. Constatando che l'assenza da quasi mille anni della comunione nell'Eucaristia è dovuta alle divergenze storiche «nella comprensione e l'esplicitazione della nostra fede in Dio» ereditate dagli antenati (5), i capi delle due Chiese si sono augurati che l'incontro possa favorire il ristabilimento dell'unità «per la quale Cristo ha pregato» (6), diventando un segno di speranza «per tutti gli uomini di buona volontà» (6).

Con fermezza Francesco e Kirill ribadiscono la loro convinzione che «l'Europa debba restare fedele alle sue radici cristiane» e quindi chiedono «ai cristiani dell'Europa orientale e occidentale di unirsi per testimoniare insieme Cristo e il Vangelo, in modo che l'Europa conservi la sua anima formata da duemila anni di tradizione cristiana» (16).

La parte finale della *Dichiarazione* è dedicata alle questioni più importanti dei rapporti cattolico-ortodossi, tra cui il proselitismo interconfessionale e le tensioni tra greco-cattolici e ortodossi – aggravate dallo scisma tra i fedeli ortodossi – in Ucraina. Data la delicatezza di questi annosi problemi, le parole del testo sono soppesate con cura. E il messaggio ivi contenuto non lascia spazio ad equivoci: ortodossi e cattolici hanno in comune la missione «di predicare il Vangelo di Cristo nel mondo di oggi. Questa missione comporta il rispetto reciproco per i membri delle comunità cristiane ed esclude qualsiasi forma di proselitismo» (24).

È significativo che nel documento non sia stata usata l'espressione di grande impatto mediatico, ma teologicamente fragile, di «Chiese sorelle»: il papa e il patriarca si sono semplicemente definiti come «fratelli nella fede cristiana» (1). La *Dichiarazione*, poi, ignora del tutto l'«ecumenismo». Il motivo dell'omissione sembra ovvio: tale parola, come l'espressione «Chiese sorelle», si presta a facili fraintendimenti, a causa delle profonde divergenze ermeneutiche in merito alla sua interpretazione da parte delle diverse tradizioni cristiane. Nel testo, inoltre, non vengono toccati neanche altri punti dolenti dei reciproci rapporti. L'accento viene messo, piuttosto, su ciò che unisce le Chiese di Mosca e di Roma, e non su ciò che le divide.

Il secondo millennio dopo Cristo è stato segnato da divisioni e incomprensioni. Ma il 12 febbraio 2016 nei cuori dei fratelli nella fede cristiana si è accesa la speranza di potersi unire in un comune cammino. Saremo mai all'altezza di questo arduo obiettivo? Abbiamo appena cominciato a scrivere le prime righe del terzo millennio. Cosa scriveranno i posteri nel 3016?

Mosca, 29 maggio 2016

Note

INTRODUZIONE

1. *Fatti ed esperienze di ecumenismo pastorale dal 1992 al 2002*, Parrocchia di San Zeno di Colognola ai Colli (Verona), ed. *pro manoscritto*, 2004, pp. 48-56.

2. Http://ezh.sedmitza.ru/index.html?did=279.

3. *Fatti ed esperienze di ecumenismo pastorale dal 1992 al 2002*, cit., pp. 45-47.

4. *Ivi,* p. 45. Le lettere sono reperibili anche in internet: http://www.parrocchiadisanzeno.it/capitoli/ecumenismo_02.htm.

5. Http://rusk.eterhost.spb.ru/svod.php?date=2002-07; http://religion.ng.ru/problems/2002-07-17/1_dialog.html; http://www.tendenzen.de/news/baktuell0702.htm.

6. Sull'ecumenismo considerato come «l'eresia delle eresie» vedi ad es. http://hram-kinel.regionhost.ru/gazeta_11_6.htm.

7. Cfr. H. von Hofmannsthal, *La rivoluzione conservatrice europea,* Marsilio, Venezia 2003.

8. L. Caracciolo, *L'Italia alla ricerca di se stessa*, in G. Sabbatucci - V. Vidotto (a cura di), *Storia d'Italia,* vol. VI, *L'Italia contemporanea dal 1963 a oggi*, Laterza, Roma-Bari 1999, pp. 541-640.

9. E. Balducci, *La laicità nella prassi politica del credente*, in Aa. Vv., *La laicità nella prassi politica del credente*, Gruppo per il pluralismo e il dialogo, foglio 133, ed. *pro manoscritto*, San Zeno di Colognola ai Colli, 3 maggio 2003, p. 38.

10. La Fondazione Cum, Centro unitario missionario, è un organismo della Conferenza episcopale italiana che si cura della formazione dei missionari italiani attraverso varie iniziative rivolte sia ai preti *fidei donum*, religiosi e religiose, che ai laici. La Fondazione Cum nasce ufficialmente il 18 dicembre 1997, ma in realtà è solo l'ultimo vestito di un soggetto ecclesiale che ha più di quarant'anni di vita. La struttura di Verona, in via

Bacilieri a San Massimo, alle porte della città, nasce negli anni '60 come Seminario per l'America Latina. Il mensile della Fondazione è il «Noticum». Il Cum promuove il Cedor, il Centro di documentazione Oscar Romero (cfr. http://www.fondazionecum.it/chisiamo.asp).

11. A. Carile, *Materiali di storia bizantina,* Scarabeo, Bologna 1994, p. 337.

12. Ю.М. Лотман, *Семиосфера*, СПб. 2000 (Ju.M. Lotman, *La semiosfera,* San Pietroburgo 2000; tr. it. *La semiosfera*, Marsilio, Venezia 1985); Idem, *История и типология русской культуры*, СПб. 2002 (*Storia e tipologia della cultura russa*, San Pietroburgo 2002); Idem, *Testo e contesto. Semiotica dell'arte e della cultura*, Laterza, Roma-Bari 1980.

CAPITOLO I

1. G. Caprile, *Il concilio Vaticano II*, 5 voll., Roma 1966-1969; *Dizionario storico del papato*, diretto da Philippe Levillain, vol. II, Milano 1996, pp. 1508-1524, bibliografia p. 1523.

2. «Lo Stato e la Chiesa cattolica sono, ciascuno nel proprio ordine, indipendenti e sovrani. I loro rapporti sono regolati dai Patti lateranensi. Le modificazioni dei Patti, accettate dalle due parti, non richiedono procedimento di revisione costituzionale» (art. 7 della Costituzione della Repubblica italiana). Cfr. anche R. Botta, *Codice di diritto ecclesiastico*, Giappichelli, Milano 1990; S. Lariccia, *Diritto ecclesiastico italiano. Bibliografia 1929-1972*, Giuffrè, Milano 1974; C. Cardia, *Stato e confessioni religiose. Il regime pattizio,* Il Mulino, Bologna 1992; *Dizionario storico del papato*, diretto da Philippe Levillain, vol. I, Bompiani, Milano 1996, pp. 3-7.

3. Cfr. R. De Felice, *Mussolini l'alleato. La guerra civile 1943-1945*, Einaudi, Torino 1998, pp. 102-342; M. Salvati, *Cittadini e governanti. La leadership nella storia dell'Italia contemporanea*, Laterza, Roma-Bari 1997, pp. 3-13, 117-119; C. Pavone, *Una guerra civile. Saggio storico sulla moralità nella Resistenza*, Bollati Boringhieri, Torino 2000, pp. IX-XVI; 168-189; *La grande cesura: la memoria della guerra e della Resistenza nella vita europea del dopoguerra*, a cura di G. Miccoli - G. Neppi - P. Pombeni, Il Mulino, Bologna 2001. Per un quadro generale della relativa storiografia cfr. F. Focardi, *La guerra della memoria. La resistenza nel dibattito politico italiano dal 1945 a oggi*, Laterza, Roma-Bari 2005, pp. 3-114; cfr. anche l'interessantissimo, a nostro avviso, numero di «MicroMega» dedicato a questo argomento, *Le due Italie: uno scontro di civiltà* («MicroMega» [5] 2004).

4. C. Pavone, *Una guerra civile*, cit., p. 167.

5. R. De Felice, *Mussolini l'alleato*, cit., p. 340. Cfr. anche И.В. Григорьева, *Италия в XX веке*, Москва 2006, p. 240 (I.V. Grigorieva, *L'Italia nel XX secolo*, Mosca 2006); G. Parlato, *Fascisti senza Mussolini: le origini del neofascismo in Italia (1943-1948)*, Il Mulino, Bologna 2006.

6. R. De Felice, *Mussolini l'alleato*, cit., p. 341.

7. Guido Carli (Brescia 1914 - Spoleto 1993), economista e uomo politico italiano. Funzionario della Banca d'Italia, fu ministro del Commercio estero nel governo guidato da Adone Zoli (1957-1958). Nominato governatore della Banca d'Italia nel 1960, si sforzò di condizionare in senso moderato, propugnando una rigorosa politica dei redditi, la svolta di centrosinistra. Nel 1976 fu chiamato alla presidenza della Confindustria, conservando la carica fino al 1980, e nel 1983 fu eletto senatore nelle liste della Democrazia cristiana. Fu in seguito ministro del Tesoro negli ultimi due governi guidati da Giulio Andreotti (1989-1992). Cfr. S. Colarizi - P. Craveri, *Dal centrismo all'esperienza del centro-sinistra*, in *La storia d'Italia*, vol. XXII, De Agostini - Utet, Novara-Torino 2005, pp. 380 e 652-653.

8. G. Carli, *Cinquant'anni di vita italiana*, in collaborazione con P. Peluffo, Laterza, Roma-Bari 1996, pp. 3-5.

9. Cfr. M. Salvati, *Cittadini e governanti*, cit., pp. 64-65: «La sua teoria risulta assolutamente profetica, se si guarda alla trasformazione politica del sistema politico italiano negli anni tra i Trenta e i Sessanta, profetica perché preannuncia il ruolo della forma-partito nell'offrire una soluzione peculiare alla crisi del parlamentarismo italiano».

10. G. Sabbatucci - V. Vidotto (a cura di), *Storia d'Italia*, vol. VI, *L'Italia contemporanea*, cit., p. 233.

11. S. Colarizi, *La seconda guerra mondiale e il dopoguerra*, in *La storia d'Italia*, vol. XXI, De Agostini - Utet, Novara-Torino 2005, pp. 625-640.

12. Stando alle parole della storica Elena Aga-Rossi – dette in occasione del convegno su «L'influenza del comunismo nella storia d'Italia», organizzato dalla Fondazione Magna Carta presieduta dal senatore Gaetano Quagliariello e dall'associazione L'Ircocervo dell'onorevole Fabrizio Cicchitto (marzo 2007) – «molta di quella che viene considerata storia è soltanto un mito, il mito del Pci come partito nazionale, autonomo da Stalin e da Mosca, il mito della resistenza e della diversità rispetto agli altri partiti comunisti europei, il mito di Gramsci, il mito di Togliatti e ora il mito di Berlinguer. La coscienza e il pensiero nazionale devono liberarsi dai miti creati dal comunismo». I materiali del convegno sono pubblicati in *L'influenza del comunismo nella storia d'Italia. Il Pci tra via parlamentare e lotta armata,* a cura di F. Cicchitto, Rubettino, Soveria Mannelli (Cz) 2008; cfr. anche E. Aga-Rossi - V. Zaslavsky, *Togliatti e Stalin. Il Pci e la politica estera staliniana negli archivi di Mosca*, Il Muli-

no, Bologna 2007; Г.М. Адибеков, *Как Тольятти не стал генеральным секретарем Коминформа*, in «Вопросы истории» (4) 1996, p. 156 (G.M. Adibekov, *Come Togliatti non divenne segretario generale del Cominform*, in «Questioni della storia»).

13. S. Colarizi, *La seconda guerra mondiale e il dopoguerra*, cit., pp. 580-582; C. Pavone, *Una guerra civile*, cit., pp. 403-412.

14. Cfr. R. De Felice, *Mussolini l'alleato,* cit., p. 341; G. Parlato, *Fascisti senza Mussolini*, cit., pp. 171-210.

15. G. Fornero, *Storia della filosofia,* vol. IV, *La filosofia contemporanea*, t. 2, Utet, Torino 1994, pp. 566-572.

16. Cfr. F. Chabod, *L'Italia contemporanea (1918-1948)*, Einaudi, Torino 1961, pp. 124-125 e R. De Felice, *Mussolini l'alleato,* cit., p. 341.

17. F. Chabod, *L'Italia contemporanea,* cit., p. 124.

18. S. Colarizi, *La seconda guerra mondiale e il dopoguerra*, cit., p. 628; G. Parlato, *Fascisti senza Mussolini*, cit., pp. 147-156 e 263-265.

19. G. Sabbatucci - V. Vidotto (a cura di) *Storia d'Italia,* vol. VI, cit., p. 235. Come ricorda Sergio Romano, fino ai tempi di Pertini il giuramento di fedeltà alla Repubblica, obbligatoria per i funzionari di Stato, avveniva non sulla Costituzione, com'era da aspettarsi, ma sul Vangelo, a prescindere dall'appartenenza confessionale o religiosa della persona che prestava il giuramento (cfr. S. Romano, *Libera Chiesa. Libero lo Stato? Il Vaticano e l'Italia da Pio IX a Benedetto XVI,* Longanesi, Milano 2005, p. 7).

20. S. Romano, *Libera Chiesa. Libero lo Stato?*, cit., p. 144.

21. Cfr. F. Malgeri, *Chiesa, cattolici e democrazia. Da Sturzo a De Gasperi*, Morcelliana, Brescia 1990.

22. Cfr. G. Verucci, *L'eresia del Novecento. La Chiesa e la repressione del modernismo in Italia,* Einaudi, Torino 2010.

23. G. Fornero, *Storia della filosofia*, cit., pp. 209-210.

24. *Ivi*, pp. 209-210.

25. C. Cavour, *Discorsi parlamentari*, Roma 1872, vol. XI, p. 346. Cfr. anche G. Candeloro, *Il movimento cattolico in Italia*, Editori Riuniti, Roma 1982, p. 98; M. Viglione, *Libera Chiesa in libero Stato? Il Risorgimento e i cattolici: uno scontro epocale*, Città Nuova, Roma 2005.

26. E. Balducci, *Storia del pensiero umano*, Cremonese, Firenze 1986, vol. I, p. 566.

27. Pio IX (1792-1878) è stato l'ultimo sovrano dello Stato pontificio (1846-1870). Il suo pontificato, di 31 anni, 7 mesi e 23 giorni (dal 1846 al 1878), rimane il più lungo della storia della Chiesa cattolica dopo quello di san Pietro, primo papa, secondo le tesi cattoliche ufficiali.

28. Cfr. G. Candeloro, *Il movimento cattolico in Italia*, cit., pp. 104-105; E. Rossi, *Il Sillabo e dopo*, Kaos, Milano 2000.

29. I.V. Grigorieva, *L'Italia nel XX secolo*, cit., p. 24. Cfr. И.Р. Григулевич, *Папство. Век XX*, Москва 1978 (I.P. Grigulevitch, *Il papato. Secolo XX,* Mosca 1978).

30. S. Marotta, *Il «non expedit»*, in *Cristiani d'Italia. Chiese, società, Stato, 1861-2011,* a cura di A. Melloni, Istituto dell'Enciclopedia italiana Treccani, Roma 2011, vol. I, pp. 215–235. Cfr. www.academia.edu/465640/il non expedit; U. Bellocchi, *Tutte le encicliche e i principali documenti pontifici emanati dal 1740,* Libreria Editrice Vaticana, Città del Vaticano 1993-2004, vol. IV, pp. 7-1; *Dizionario storico del papato,* diretto da Philippe Levillain, vol. II, Bompiani, Milano 1996, pp. 1158-1163. A proposito del titolo del documento Sergio Romano fa un commento: «L'espressione utilizzata nel testo latino fu *non expedit,* vale a dire non conviene, non giova: parole che permisero a qualche coscienza cattolica, probabilmente, di venire a patti con le proprie posizioni politiche. Alla chiarezza apparente delle reciproche posizioni corrispose quindi, sin dal primo giorno di Roma capitale, una buona dose d'ipocrisia» (*Libera Chiesa. Libero Stato?*, cit., p. 17).

31. Leone XIII (1810-1903), papa dal 1878 al 1903, è stato il primo, dopo mille anni di storia, a non esercitare il potere temporale. Viene ricordato come papa delle encicliche: ne scrisse ben ottantasei (cfr. U. Bellocchi, *Tutte le encicliche*, cit., vol. V/1, pp. 7-12; *Enchiridion delle Encicliche* [*EE*], Edb, Bologna, vol. III, 1999; *Dizionario storico del papato*, vol. II, cit., pp. 862-865).

32. Cfr. in particolare Pio IX, *Quanta cura* del 8.12.1864 (U. Bellocchi, *Tutte le encicliche,* cit., vol. IV, pp. 265-283; *EE* 2, 317-412), *Ubi nos* del 15.05.1871 (*ivi*, pp. 355-361; *EE* 2, 435-442); Leone XIII, *Humanum genus* del 20.04.1884 (*ivi*, vol. V/1, pp. 178-192), *Quantunque Le siano* del 15.06.1887 (*ivi*, pp. 266-278; *EE* 3, 1740-1769); *Officio sanctissimo* del 22.12.1887 (*ivi*, pp. 284-297; *EE* 3, 1775-1795); *Rerum novarum* del 15.05.1891 (*ivi*, pp. 447-470; *EE* 3, 861-435); *Annum ingressi* del 19.03.1902 (*ivi*, V/2, pp. 431-446; *EE 3*, 2146-2185). Secondo Sergio Romano la *Rerum novarum* ebbe l'effeto di promuovere, di fatto, il riconoscimento dell'unità nazionale (*Libera Chiesa. Libero Stato?*, cit., p. 32). Ricordiamo che l'espressione «democrazia cristiana», come contrapposizione al socialismo e alla lotta di classe, fu coniata proprio durante il pontificato di Leone XIII nel 1894 (cfr. I.V. Grigorieva, *L'Italia nel XX secolo,* cit., p. 24).

33. Pio X (1835-1914), papa dal 1903 al 1914, fu proclamato santo nel 1954 (cfr. U. Bellocchi, *Tutte le encicliche*, cit., vol. VII, pp. 7-12; *Dizionario storico del papato*, vol. II, cit., pp. 1163-1165; *EE* 4).

34. Il termine venne usato per la prima volta dallo studioso belga Charles Perin nel suo saggio del 1881 *Du modernisme dans l'Église* (https://archive.org/stream/lemodernismedans00pr#page/12/mode/2up). Sul moderni-

smo cfr. J. Rivière, *Le modernisme dans l'Église. Étude d'histoire religieuse contemporaine* (1929) (https://archive.org/stream/MN5015ucmf_4#page/n7/mode/2up); M. Guasco, *Modernismo. I fatti, le idee, i personaggi*, San Paolo, Cinisello Balsamo (Mi) 1995; G. Filoramo, *La Chiesa e le sfide della modernità*, Laterza, Roma-Bari 2007; L. Sandri, *Da Gerusalemme I al Vaticano III*, 2ª ed., Il Margine, Trento 2014, pp. 318-322 e 326.

35. Pio X, lettera enciclica *Pascendi dominici gregis* dell'8 settembre 1907 (*EE* 4, 190-246; https://w2.vatican.va/content/pius-x/it/encyclicals/documents/hf_p-x_enc_19070908_pascendi-dominici-gregis.html).

36. Pio X, lettera enciclica *Il fermo proposito* dell'11.6.1905 (*EE* 4, 108-134; http://w2.vatican.va/content/pius-x/it/encyclicals/documents/hf_p-x_enc_11061905_il-fermo-proposito.html).

37. Cfr. Pio X, *Commissum Nobis* del 20.1.1904 (cfr. U. Bellocchi, *Tutte le encicliche*, cit., vol. VI, pp. 71-73), *Sarei lietissimo* del 9.10.1904 (*ivi*, pp. 123-127), *Duplicem, nostis* del 14.12.1904 (*ivi*, pp. 127-132), *La lettera circolare* dell'1.3.1905 (*ivi*, pp. 145-146), *Vehementer Nos* del 11.2.1906 (*ivi*, pp. 191-200; *EE* 4, 135-150), *Gravissimum apostolici* del 21.2.1906 (*ivi*, pp. 201-205); *Rispondo punto* del 14.10.1911 (*ivi*, pp. 466-469).

38. S. Romano, *Libera Chiesa. Libero Stato?*, cit., p. 42.

39. Cfr. *Il pensiero politico di Romolo Murri*, Transeuropa, Ancona 1993. Romolo Murri (1870-1944) è stato un esponente del modernismo cattolico, seguace di Antonio Labriola; fu uno dei promotori nel 1894 della Fuci (cfr. http://www.romolomurri.org/pagine/murri.php).

40. Giovanni Giolitti (1842-1928) fu presidente del Consiglio dei ministri del Regno d'Italia negli anni 1892-1893; 1903-1905; 1906-1909; 1911-1914; 1920-1921.

41. Si tratta di un patto concluso dal conte Vincenzo Ottorino Gentiloni, presidente dell'Unione elettorale cattolica, con circa duecento candidati liberali moderati.

42. M. Salvati, *Cittadini e governanti*, cit., pp. 50-51.

43. S. Romano, *Libera Chiesa. Libero Stato?*, cit., p. 43.

44. Giuseppe Zanardelli (1826-1903) è stato deputato della sinistra storica, fu più volte ministro e legò il suo nome al nuovo codice penale d'impronta liberale, che tra l'altro aboliva la pena di morte e riconosceva parzialmente il diritto di sciopero.

45. Giorgio Sidney Sonnino (1847-1922) è stato ministro delle Finanze sotto il governo di Francesco Crispi; nella crisi di fine secolo si pronunciò per un rafforzamento del ruolo della monarchia. Su posizioni conservatrici e autorevole antagonista di Giovanni Giolitti in campo liberale, fu per due brevi periodi presidente del Consiglio dei ministri (1906 e 1909-1910) e quindi ministro degli Esteri durante la prima guerra mondiale.

46. S. Romano, *Libera Chiesa. Libero Stato?*, cit., pp. 41-42.

47. Cfr. A. Rocco, *Dal nazionalismo al fascismo 1907-1935*, Franco Angeli, Milano 2005.

48. S. Romano, *Libera Chiesa. Libero Stato?*, cit., p. 46.

49. La sconfitta italiana ad Adua il 1° marzo 1896 subita da parte dell'esercito abissino pose fine alla campagna d'Africa Orientale, bloccando per diversi anni le ambizioni coloniali italiane nel Corno d'Africa (cfr. N. Labanca, *In marcia verso Adua*, Einaudi, Torino 1993; D. Quirico, *Adua, la battaglia che cambiò la storia d'Italia*, Mondadori, Milano 2004).

50. La guerra italo-turca del 1911-1912 (cfr. S. Romano, *La quarta sponda: la guerra di Libia, 1911-1912*, Longanesi, Milano 2005). «A parte il ruolo "nazionalista" che il Banco di Roma assunse in quegli anni di inizio secolo (finanziando a piene mani la stampa cattolica che appoggiò la guerra), la verità era che l'istituto facilitò la spedizione anche per salvaguardare i suoi investimenti (attività che venivano osteggiate dalla Turchia per limitare l'influenza italiana), tanto che il direttore del Banco di Roma a Tripoli era diventato successivamente una vera autorità, più dell'ambasciatore italiano. Alla banca – all'epoca presieduta da Ernesto Pacelli, zio del futuro papa Pio XII – vennero affidati tutta una serie di servizi e attività, come il controllo sui trasporti militari e civili, i rifornimenti di viveri per le truppe ed una esclusiva sui servizi bancari delle forze armate» (*Quel Banco dell'«invasore»*, http://www.ilsole24ore.com/art/SoleOnLine4/Finanza%20e%20Mercati/2008/10/libia-banco-roma-storia; cfr. anche L. Cipriani, *La finanza vaticana in Italia. Dagli espropri del 1866 ai Patti lateranensi*, in «Democrazia proletaria» [2] 1984, http://www.fondazionecipriani.it/Scritti/vaticano.html).

51. S. Romano, *Libera Chiesa. Libero Stato?*, cit., p. 46.

52. Cfr. A. Del Boca, *Italiani, brava gente?*, Neri Pozza, Vicenza 2005.

53. *Ivi*, pp. 107-127 e 151-236; Idem, *Gli italiani in Africa Orientale*, vol. I, *Dall'Unità alla marcia su Roma*, Laterza, Roma-Bari 1976.

54. Sul «genocidio culturale» e sulla «bonifica etnica» degli slavi, considerati «subumani» cfr. A. Del Boca, *Italiani, brava gente?*, cit., pp. 237-264; P.G. Parovel, *L'identità cancellata. L'italianizzazione forzata dei cognomi, nomi e toponimi nella Venezia Giulia, 1918-1943*, Nuova Mitteleuropa, Trieste 1985; *Nel nome della razza. Il razzismo nella storia d'Italia, 1870-1945*, a cura di A. Burgio, Il Mulino, Bologna 1999.

55. V. Gajduk, *Russia e Vaticano tra XIX e XX secolo: il dialogo secondo materiali d'archivio inediti*, in Aa. Vv., *Santa Sede e Russia da Leone 13. a Pio 11.* Atti del simposio organizzato dal Pontificio comitato di scienze storiche e dall'Istituto di storia universale dell'Accademia delle scienze di Mosca, Mosca, 23-25 giugno 1998, Libreria editrice vaticana, Roma 2002, p. 43.

Su Gasparri cfr. C. Fiorentino, *All'ombra di Pietro: la Chiesa cattolica e lo spionaggio fascista in Vaticano 1929-1939*, Le lettere, Firenze 1999.

56. S. Romano, *Libera Chiesa. Libero Stato?*, cit., pp. 49-50.

57. G. De Rosa, *Storia del Partito popolare italiano*, Laterza, Bari 1966.

58. F. Chabod, *L'Italia contemporanea (1918-1948)*, cit., p. 43.

59. I.V. Grigorieva asserisce che a differenza di Romolo Murri (1870-1944), Sturzo non era legato al modernismo, il che lo avrebbe salvato dalle sanzioni inflitte a Murri durante il papato di Pio X (cfr. *L'Italia nel XX secolo*, cit., p. 25). Su rapporti tra Sturzo e Murri vedi il carteggio pubblicato da L. Bedeschi, *Murri, Sturzo, De Gasperi*, San Paolo, Cinisello Balsamo (Mi) 1994; si veda anche l'articolo di E. Butturini *Ricordate Sturzo? A Mosca sì*, pubblicato su «L'Arena» dell'11.7.2011.

60. S. Romano, *Libera Chiesa. Libero Stato?*, cit., p. 62. S. Romano ricorda che il Ppi nacque in un Paese che «era sede storica di una grande Chiesa universale, che da questa Chiesa era stato direttamente o indirettamente governato per molti secoli e in cui il potere ecclesiastico si considerava vittima di un sopruso» (*ivi*, p. 63).

61. Pio XI, enciclica *Ubi arcano Dei* del 23.12.1922 (U. Bellocchi, *Tutte le encicliche*, cit., vol. X/1, pp. 42-60; *EE* 5, 1-62).

62. Pio XI, allocuzione *Amplissimum consessum* del 24.03.1924 (U. Bellocchi, *Tutte le encicliche*, cit., vol. X/1, pp. 123-128).

63. Papa Pio XI (1857-1939) dal 1929 fu il primo sovrano del nuovo Stato della Città del Vaticano.

64. Sergio Romano definisce la «legge delle guarentigie» del 13 marzo 1871, che «per cinquantotto anni [fu] la cornice giuridica all'interno della quale Stato e Chiesa regolarono i loro rapporti», una sorta di Concordato unilaterale (*Libera Chiesa. Libero Stato?*, cit., pp. 15-16).

65. U. Bellocchi, *Tutte le encicliche*, cit., vol. X/1, pp. 268 e 393. Cfr. anche Pio XI, *Il Nostro più cordiale* dell'11.2.1929, *Di Nostro moto proprio* del 7.6.1929, l'epistola *Signor cardinale* del 7.6.1929 e l'enciclica *Quinquagesimo ante anno* del 23.12.1929 (U. Bellocchi, *Tutte le encicliche*, cit., vol. X/1, pp. 268-299, 324-329 e 341-352; *EE* 5, 311-328).

66. *Inter Sanctam sedem et Italiae regnum conventiones initae die 11 februarii 1929* (Trattato, Concordato, processo verbale dello scambio delle rettifiche, 7 giugno 1929). Il trattato fra la Santa Sede e l'Italia sottoscritto l'11 febbraio 1929 fu pubblicato negli *Acta Apostolicae Sedis*, n. 6 del 7 giugno 1929. Esso è corredato dei seguenti quattro allegati: Territorio dello Stato della Città del Vaticano; Immobili con privilegio di extraterritorialità e con esenzione da espropriazioni e da tributi; Immobili esenti da espropriazioni e da tributi; Convenzione finanziaria. Il documento, redatto dal cardinale Pietro Gasparri e dal primo ministro italiano Benito

Mussolini, doveva essere sottoposto alla ratifica del sommo pontefice e del re d'Italia (cfr. http://www.vatican.va/roman_curia/secretariat_state/archivio/documents/rc_seg-st_19290211_patti-lateranensi_it.html).

67. Cfr. ad es. O. Vasil'eva, *Russia martire. La Chiesa ortodossa dal 1917 al 1941*, La Casa di Matriona, Seriate (Bg) 1999.

68. J. Luxmoore - J. Babuich, *Il Vaticano e la bandiera rossa. Storia e segreti dei rapporti tra la Chiesa cattolica e i regimi comunisti*, Newton & Compton, Roma 2001, p. 27.

69. Pio XII (1876-1958), detto *Pastor Angelicus*, nel 1990, a conclusione della prima fase di beatificazione, ha ricevuto il titolo di Servo di Dio; nel 2009, a conclusione della seconda fase, ha ricevuto il titolo di Venerabile, che ne attesta – secondo la Chiesa cattolica – l'eroicità delle virtù.

70. Cfr. *Dizionario storico del papato*, vol. II, cit., pp. 1175-1183; *Pio XII,* a cura di A. Riccardi, Laterza, Roma-Bari 1984; A. Riccardi, *Il potere del papa. Da Pio XII a Giovanni Paolo II*, Laterza, Roma-Bari 1993; G. Zizola, *Il microfono di Dio. Pio XII, padre Lombardi e i cattolici italiani,* Milano, Mondadori 1990; *Storia del cristianesimo*, a cura di J.-M. Mayeur, ed. it. a cura di A. Riccardi, vol. XII, *Guerre mondiali e totalitarismi (1914-1958),* Borla-Città Nuova, Roma 2002, pp. 20-23.

71. Aa. Vv., *Dalla guerra fredda alla dissoluzione dell'Urss*, in *La Storia*, vol. XIV, De Agostini - Utet, Novara-Torino 2004, p. 336.

72. S. Colarizi, *La seconda guerra mondiale e il dopoguerra*, cit., p. 631.

73. Luigi Gedda (1902-2000) dagli anni Trenta è stato dirigente dell'Azione cattolica, ruolo che gli consentì di coltivare un rapporto molto stretto prima con Pio XI e poi con Pio XII. Agli inizi del 1948, quando mancavano due mesi alle prime elezioni legislative repubblicane, fondò i Comitati civici, con i quali condusse un'intensa propaganda anticomunista e mobilitò il mondo cattolico a favore della Democrazia cristiana (cfr. L. Gedda, *18 aprile 1948. Memorie inedite dell'artefice della sconfitta del Fronte popolare,* Mondadori, Milano 1998).

74. S. Colarizi, *La seconda guerra mondiale e il dopoguerra*, cit., p. 631; cfr. anche C. Falconi, *Gedda e l'Azione cattolica,* Parenti, Firenze 1958.

75. Aa. Vv., *Dalla guerra fredda alla dissoluzione dell'Urss*, cit., pp. 19-48; F. Benvenuti, *Storia della Russia contemporanea, 1853-1996*, Laterza, Roma-Bari 1999, pp. 242-250. Cfr. А.С. Барсенков - А.И. Вдовин, *История России, 1938-2002*, Москва 2003, pp. 91-93 e 104-109 (A.S. Barsenkov - A.I. Vdovin, *Storia della Russia, 1938-2002,* Mosca 2003).

76. Aa. Vv., *Dalla guerra fredda alla dissoluzione dell'Urss*, cit., pp. 337-338.

77. Cfr. G. Zizola, *Dopo l'ateismo. Diario di viaggio nell'Urss religiosa*, Edizioni Paoline, Cinisello Balsamo (Mi) 1990, pp. 157 e 190; G. Parlato, *Fascisti senza Mussolini*, cit., pp. 86-87, 114-115 e 265 ss.

78. Giorgio La Pira (1904-1977), professore universitario, fu esponente di rilievo della corrente della Democrazia cristiana che faceva capo a Giuseppe Dossetti e che si ispirava al cristianesimo sociale. Deputato alla Costituente ed eletto in seguito più volte alla Camera, fu per due volte sindaco di Firenze. Si prodigò in favore della pace, non esitando a compiere gesti clamorosi, come un viaggio a Mosca nel 1959 e ad Hanoi nei primi anni della guerra del Vietnam (1965) (cfr. M. Garzaniti - L. Tonini [a cura di], *Giorgio La Pira e la Russia*, Giunti, Firenze 2005).

79. Giuseppe Dossetti (1913-1996), sacerdote, fu vicesegretario della Democrazia cristiana. Dopo aver partecipato alla Resistenza fu membro della commissione incaricata dall'Assemblea costituente di redigere il testo della Costituzione della Repubblica italiana. Si fece poi sostenitore all'interno del suo partito di una visione politica che, in contrapposizione con la prospettiva di Alcide De Gasperi, privilegiava le tematiche sociali, associando all'anticomunismo la critica al capitalismo e ai nuovi equilibri strategici internazionali (cfr. G. Sabbatucci - V. Vidotto [a cura di], *Storia d'Italia*, cit., vol. VI, pp. 242-243; P. Pombeni, *Le «Cronache sociali» di Dossetti, 1947-1951*, Vallecchi, Firenze 1976).

80. S. Colarizi, *La seconda guerra mondiale e il dopoguerra*, cit., pp. 632-634; cfr. anche G. Fornero, *Storia della filosofia*, cit., pp. 566-572, 642-647 e 673-677.

81. Alcide De Gasperi (1881-1954), protagonista della ricostruzione politica ed economica dell'Italia dopo la seconda guerra mondiale e leader dei governi di centro formatisi a partire dal 1946. Durante la seconda guerra mondiale De Gasperi contribuì alla fondazione del partito della Democrazia cristiana, che ereditava le idee e l'esperienza del Partito popolare di don Sturzo. Dopo il crollo della dittatura di Mussolini, De Gasperi fu nominato ministro senza portafoglio del nuovo governo. Ricoprì la carica di ministro degli Esteri dal dicembre 1944 al dicembre 1945, quando formò un nuovo Gabinetto. Contribuì all'uscita dell'Italia dall'isolamento internazionale, favorendo l'adesione al Patto Atlantico (Nato) e partecipando alle prime consultazioni che avrebbero condotto all'unificazione economica dell'Europa.

82. S. Colarizi, *La seconda guerra mondiale e il dopoguerra*, cit., p. 628.

83. *Ivi*, p. 634.

84. *Ivi*, pp. 636-637.

85. A.C. Jemolo, *Chiesa e Stato in Italia negli ultimi cento anni*, cit., p. 510; cfr. anche M. Salvati, *Cittadini e governanti*, cit., pp.111-112.

86. *Ibidem*. Cfr. S. Colarizi, *La seconda guerra mondiale e il dopoguerra*, cit., pp. 636-640; G. Parlato, *Fascisti senza Mussolini*, cit., pp. 66-72.

87. A.C. Jemolo, *Chiesa e Stato in Italia negli ultimi cento anni*, cit., p. 515.

88. «Avemmo tutti l'impressione che la Democrazia cristiana dovesse adempiere una consegna ricevuta dall'alto: quelle che ci erano apparse nel 1945 persone prossime a noi, comprensive, desiderose di "non innalzare oltre le Alpi" – cioè di non fare della Costituzione italiana qualcosa di radicalmente eterogeneo alle costituzioni della più gran parte dei Paesi europei, sia pure di vecchia tradizione cattolica –, le ritroviamo nell'inverno e nella primavera del '47 sentinelle con le quali non si discute. Gli argomenti addotti nella discussione di quello che è poi diventato l'art. 7 della Costituzione [...] apparivano tutti argomenti propri piuttosto a chi ha una consegna a cui adempiere, che non un'intima persuasione» (A.C. Jemolo, *Chiesa e Stato in Italia negli ultimi cento anni*, cit., p. 516).

89. *Ivi*, pp. 523-525.

90. *Atti della Costituente sull'art. 7*, a cura di A. Capitali e P. Lacarita, Lacaita, Manduria (Ta) 1960; A.C. Jemolo, *Chiesa e Stato in Italia negli ultimi cento anni*, cit., pp. 507-543; cfr. anche C. Pavone, *Una guerra civile*, cit., pp. 534-536.

91. A.C. Jemolo, *Chiesa e Stato in Italia negli ultimi cento anni*, cit., p. 548; cfr. anche C. Pavone, *Una guerra civile*, cit., pp. 181-182.

92. A.C. Jemolo, *Chiesa e Stato in Italia negli ultimi cento anni*, cit., p. 525.

93. «È naturale [...] che a partire dal discorso di Truman del 12 marzo 1947 la svolta nei rapporti Usa-Urss abbia profonde ripercussioni in quei Paesi europei nei quali gli equilibri politici interni hanno continuato a modellarsi anche dopo il 1945 su formule governative degli anni della guerra, basate su un sistema di alleanze corrispondente a quelle internazionali delle potenze alleate» (S. Colarizi, *La seconda guerra mondiale e il dopoguerra*, cit., p. 684).

94. «È stato chiesto a questa Suprema Sacra Congregazione: 1. se sia lecito iscriversi al partito comunista o sostenerlo; 2. se sia lecito stampare, divulgare o leggere libri, riviste, giornali o volantini che appoggino la dottrina o l'opera dei comunisti, o scrivere per essi; 3. se possano essere ammessi ai sacramenti i cristiani che consapevolmente e liberamente hanno compiuto quanto scritto nei numeri 1 e 2; 4. se i cristiani che professano la dottrina comunista materialista e anticristiana, e soprattutto coloro che la difendono e la propagano, incorrano *ipso facto* nella scomunica riservata alla Sede Apostolica, in quanto apostati della fede cattolica. Gli eminentissimi e reverendissimi padri preposti alla tutela della fede e della morale, avuto il voto dei consultori, nella riunione plenaria del 28 giugno 1949 risposero decretando: 1. negativo: infatti il comunismo è materialista e anticristiano; i capi comunisti, sebbene a volte sostengano a parole di non essere contrari alla religione, di fatto sia nella dottrina sia nelle azioni si dimostrano ostili a Dio, alla vera religione e alla Chiesa

di Cristo; 2. negativo: è proibito dal diritto stesso (cfr. canone 1399 del Codice di diritto canonico); 3. negativo, secondo i normali principi di negare i sacramenti a coloro che non siano ben disposti; 4. affermativo. Il giorno 30 dello stesso mese e anno il papa Pio XII, nella consueta udienza all'assessore del Santo Ufficio, ha approvato la decisone dei padri e ha ordinato di promulgarla nel commentario ufficiale degli *Acta Apostolicae Sedis*» (*Decretum*, 1° luglio 1949, in *Acta Apostolicae Sedis* [1949], p. 334).

95. G. Miglioli, *Con Roma e con Mosca, quarant'anni di battaglie*, Garzanti, Milano-Cremona 1945.

96. A.C. Jemolo, *Chiesa e Stato in Italia negli ultimi cento anni*, cit., p. 514.

97. A. Riccardi, A., *Il cattolicesimo della Repubblica*, in G. Sabbatucci - V. Vidotto (a cura di), *Storia d'Italia,* vol. VI, cit., p. 236.

98. G. Candeloro, *Il movimento cattolico in Italia*, cit., p. 540.

99. A. Riccardi, A., *Il cattolicesimo della Repubblica*, cit., p. 234.

100. Aa. Vv., *La laicità nella prassi politica del credente. Gruppo per il pluralismo e il dialogo,* Foglio 133, ed. *pro manoscritto*, 3 maggio 2003, San Zeno di Colognola ai Colli, p. 35.

101. S. Colarizi, *La seconda guerra mondiale e il dopoguerra*, cit., p. 528.

102. L. Sciascia, *Dalla parte degli infedeli*, Sellerio, Palermo 1979.

103. S. Colarizi, *La seconda guerra mondiale e il dopoguerra*, cit., p. 721. «Se la sanzione ecclesiastica dei comportamenti politici dei cittadini ha un'indubbia presa tra i popolari cattolici, da sempre influenzati nella loro condotta morale dal prete del villaggio o della parrocchia, è oggi impressionante il rigore che il clero manifesta nei riguardi del comunismo; il breviario del cardinale Siri enumera tra i peccati mortali l'astensione dal voto, così come il voto a favore del Fronte popolare» (*ivi*, p. 726).

104. A. Riccardi, *Pio XII e Alcide De Gasperi. Una storia segreta*, Laterza, Bari 2003.

105. A. Riccardi, *Il cattolicesimo della Repubblica*, cit., p. 236; cfr. anche A. Giovagnoli, *La cultura democristiana tra Chiesa cattolica e identità italiana. 1918-1948*, Laterza, Roma-Bari 1991; M. Salvati, *Cittadini e governanti*, cit., pp. 111-112.

106. Nel libro su De Gasperi, Igino Giordani cercava di dimostrare «che nessuno dei capi di governo di quell'epoca, in Europa e in America, fu forse più religioso di De Gasperi; ma nessuno fu più geloso della distinzione tra religione e politica, quale era stata posta dal Vangelo» (I. Giordani, *Alcide De Gasperi il ricostruttore*, Cinque Lune, Roma 1955). Cfr. anche E. Arnoulx De Pirey, *De Gasperi*, San Paolo, Milano 2002, p. 173.

107. S. Colarizi, *La seconda guerra mondiale e il dopoguerra*, cit., p. 637.

108. E. Balducci, *La laicità nella prassi politica del credente*, in Aa. Vv., *La laicità nella prassi politica del credente*, cit., foglio 133, p. 44.

109. S. Colarizi, *La seconda guerra mondiale e il dopoguerra*, cit., pp. 656-671.

110. Cfr. G. Bocca, *Il terrorismo italiano. 1970-1978*, Rizzoli, Milano 1978; D. Ganser, *Nato's secret Armies. Terrorism in Western Europe*, Frank Cass, London 2005; *Nato, Gladio, and the strategy of tension*, http://www.threemonkeysonline.com; V. Riva, *Oro da Mosca. I finanziamenti sovietici al Pci dalla Rivoluzione d'ottobre al crollo dell'Urss*, Mondadori, Milano 1999, pp. 307-392 ss.

111. Cfr. A. Santini, *Questione cattolica, questione comunista*, Coines, Roma 1975.

112. A.C. Jemolo, *Chiesa e Stato in Italia negli ultimi cento anni*, cit., p. 526. Cfr. anche K. Kautsky, *Terrorismus und Kommunismus. Ein Beitrag zur Naturgeschichte der Revolution*, Berlin 1919, pp. 140 e 152 (sul «socialismo tartarico» in Russia); D. Buzzati, *Il deserto dei tartari*, Mondadori, Milano 2000.

113. A.C. Jemolo, *Chiesa e Stato in Italia negli ultimi cento anni*, cit., p. 526. Stando alle parole di Jemolo, un quindicennio dopo sulla «Rivista romana» del dicembre 1962 c'era scritto: «Per comprendere la storia italiana in questi ultimi vent'anni bisogna considerare che, creatosi un binario comune fra Chiesa e Stato con la Conciliazione del 1929, un certo fascismo in Italia, almeno nelle persone, è continuato fino alla morte di Pio XII [...]. Fu la sua morte a segnare la fine dell'era fascista o almeno della sua prima fase» (*ivi*, n. 1, pp. 543-544). Per capire le radici di questa paura dell'avanzata dell'«eterna sinistra» cfr. E. Nolte, *Controversie. Nazionalsocialismo, bolscevismo, questione ebraica nella storia del Novecento*, Tea, Milano 2002; D. Ganser, *Nato's secret Armies. Terrorism in Western Europe*, cit.

114. G. Candeloro, *Il movimento cattolico in Italia*, cit., p. 540.

115. C. Pavone, *Una guerra civile*, cit., pp. 403-412 e ss.

116. S. Colarizi, *La seconda guerra mondiale e il dopoguerra*, cit., p. 629.

117. G. Zizola, *Il microfono di Dio. Pio XII, padre Lombardi e i cattolici italiani*, cit.

118. S. Colarizi, *La seconda guerra mondiale e il dopoguerra*, cit., p. 723. «La legalità democratica che sta a cuore al leader democristiano non è l'obiettivo dei "crociati" di Pio XII, impegnati in una battaglia per la costruzione della nuova civiltà cristiana. C'è un'enorme distanza tra il realismo politico di De Gasperi e la critica di utopia che Pacelli comunica ai promotori dei comitati civici, pensati come braccio militante della Chiesa nella società civile [...]. Il connubio con la Dc, al momento delle elezioni, è piuttosto il risultato di una catena di circostanze che, prendendo l'avvio dal viaggio di De Gasperi negli Stati Uniti, portano la Democrazia cristiana su una posizione insieme occidentalista e anticomunista; vale a dire la

fanno portatrice, sul piano dell'organizzazione dello Stato, di quei valori spirituali che sono alla base del progetto di Pio XII» (*ivi*, pp. 723-724).

119. *Ivi*, p. 726; cfr. anche G. Candeloro, *Il movimento cattolico in Italia*, cit., p. 541.

120. Secondo le stime demografiche la popolazione sovietica nel periodo dal 1941 al 1946 è scesa da 196,7 a 170,5 milioni di persone, con una perdita del 13,5 % . Il livello demografico del 1941 è stato raggiunto di nuovo solo verso il 1955. Il numero delle vittime sovietiche superava di 2,2 volte il numero complessivo di quelle della Germania e dei Paesi satelliti (11,9 milioni). Le perdite americane furono di 405 mila, quelle britanniche di 350 mila persone. L'economia sovietica si trovava in uno stato pietoso, avendo perso circa il 30% delle ricchezze nazionali (Gran Bretagna -0,9 %, Usa -0,4%). Furono completamente distrutti 1.710 città e paesi, 70 mila villagi di campagna; 25 milioni di persone rimasero senza tetto. Sui territori occupati furono distrutte tutte le fabbriche e le miniere, devastati 65 mila km delle reti ferroviarie. Alla fine della guerra la produzione industriale a malapena arrivava al 30 % di quella prebellica. 7 milioni di cavalli e 17 milioni di capi di bestiame furono abbattuti o portati in Germania (A.S. Barsenkov - A.I. Vdovin, *Storia della Russia*, cit., pp. 97-98). La Russia venne razziata persino del suolo fertile che venne trasportato in appositi convogli dalle zone delle cosidette «terre nere» della Russia centrale fino in Germania (cfr. Aa. Vv., *Dalla guerra fredda alla dissoluzione dell'Urss*, in *La Storia*, vol. XIV, De Agostini - Utet, Novara-Torino 2004, pp. 50-51).

121. Secondo la definizione del famigerato «memorandum 68», «The United States, as the principal center of power in the non-Soviet world» (cfr. *NSC 68: United States Objectives and Programs for National Security* [*April 14, 1950*], in «Naval War College Review» XXVII [May-June, 1975], pp. 51-108). «National Security Council Report 68 (NSC-68) was a 58-paged top secret policy paper issued by the United States National Security Council on April 14, 1950, during the presidency of Harry S. Truman. It was one of the most significant statements of American policy in the Cold War. NSC-68 largely shaped U.S. foreign policy in the Cold War for the next 20 years, and involved a decision to increase the pressure of Containment against global Communist expansion a high priority» (https://en.wikipedia.org/wiki/NSC-68).

122. S. Colarizi, *La seconda guerra mondiale e il dopoguerra*, cit., pp. 725-727 e ss.

123. Tra gli obiettivi formulati nella parte conclusiva del NSC-68 c'è anche quello di (punto 20.c) «to eradicate the myth by which people remote from Soviet military influence are held in a position of subservience to Moscow and to cause the world at large to see and understand the true

nature of the Ussr and the Soviet-directed world communist party, and to adopt a logical and realistic attitude toward them (*NSC 68: United States Objectives and Programs for National Security*, cit., pp. 51-108).

124. Cfr. S. Forti, *«Tutto il potere ai Soviet!». Il dibattito sulla costituzione dei Soviet nel socialismo italiano del biennio rosso: una lettura critica dei testi*, http://www.storicamente.org/01_fonti/forti.html.

125. M. Salvati, *Cittadini e governanti*, cit., p. 120.

126. «Caveant catholici ne disputationes vel collationes, publicas praesertim, cum acatholicis habeant, sine venia Sanctae Sedis aut, si casus urgeat, loci Ordinarii» (Can. 1325, § 3. P. 308, *Codex jures canonici*, 1917, «Stiano bene attenti, i cattolici, a evitare, senza il permesso della Santa Sede o, in caso urgente, dell'Ordinario del luogo, dibattiti, o incontri, soprattutto pubblici, con acattolici», in L. Sandri, *Dal Gerusalemme I al Vaticano III*, cit., p. 331).

127. G.R. Cardona, *Nomi propri e nomi di popoli: una prospettiva etnolinguistica*, Centro Internazionale di semiotica e di linguistica, Università di Urbino, Urbino 1982, pp. 16.

128. F. Conte, *Gli Slavi. Le civiltà dell'Europa centrale e orientale,* Einaudi, Torino 1991, pp. 59-61. Comunque, l'uso degli etnonimi in qualità di appellativi peggiorativi non rappresenta solo l'esclusiva della lingua italiana, essendo un modo comune anche a tante altre lingue di conservare e tramandare ai posteri i ricordi degli eventi storici accaduti nei secoli.

129. Potrei supporre che questo appellativo sia entrato nella circolazione a Venezia in concomitanza con i fatti della quarta crociata, quando nel 1205 le truppe latine subirono una clamorosa sconfitta da parte dell'esercito bulgaro (*bugro*) guidato dallo zar Kalojan. «It was a catastrophic defeat. Thousands of the crusaders, now hopelessly demoralised, concluded that their venture had been a failure. The crusede has been in vain. The Latin Empire was still-born. They crowded on the Venetian ships in the Golden Horn and left for the home» (D.M. Nicol, *Byzantium and Venice. A study in diplomatic and cultural relations*, Cambrige University Press, Cambridge 1994, pp. 151-152). Cfr. in particolare G. de Villehardouin, *La conquête de Constantinople*, J. Dufournet, Paris 1969: sulla sconfitta presso Adrianopoli cfr. pp. 354-361, sulla ritirata pp. 362-375, sulla fuga da Costantinopoli pp. 376-379. La parola in questione si trova, ad esempio, alle pp. 350 e 352.

130. Cfr. H. Arendt, *Antisemitismo e identità ebraica. Scritti 1941-1945*, a cura di M.L. Knott, Edizioni di comunità, Torino 2002; E. Nolte, *Controversie*, cit.

131. F. Focardi, *La guerra della memoria*, cit., p. 75.

132. Mi è rimasto impresso nella memoria come esempio curioso un fatto di cui sono stata testimone diretta (nel 2003) in una scuola media

veronese. Durante una lezione di storia nella seconda media, tra le cause della sconfitta dell'esercito napoleonico in Russia nel 1812 si annoverava il «terribile inverno sovietico». Non si tratta di un caso isolato. La mia esperienza pluriennale di docenza di lingua russa in Italia mi ha insegnato quanto è difficile far capire agli studenti che le parole «russo» e «sovietico» non sono sinonimi, e possono essere accostate solo ed esclusivamente in un determinato contesto storico, alla stregua dell'uso sinonimico contestualizzato di «fascista» e «italiano».

133. Cfr. le considerazioni su «mito e potere nel ventennio fascista» di M. Salvati in *Cittadini e governanti*, cit., pp. 101-105; 104, n. 8.

134. *NSC 68: United States Objectives and Programs for National Security*, cit., pp. 51-108. In particolare, nel documento troviamo le seguenti affermazioni: «The Soviet Union, unlike previous aspirants to hegemony, is animated by a new fanatic faith, anti-thetical to our own, and seeks to impose its absolute authority over the rest of the world. Conflict has, therefore, become endemic and is waged, on the part of the Soviet Union, by violent or non-violent methods in accordance with the dictates of expediency. With the development of increasingly terrifying weapons of mass destruction, every individual faces the ever-present possibility of annihilation should the conflict enter the phase of total war [...]. The antipathy of slavery to freedom explains the iron curtain, the isolation, the autarchy of the society whose end is absolute power. The existence and persistence of the idea of freedom is a permanent and continuous threat to the foundation of the slave society; and it therefore regards as intolerable the long continued existence of freedom in the world. What is new, what makes the continuing crisis, is the polarization of power which now inescapably confronts the slave society with the free [...]. The fundamental design of those who control the Soviet Union and the international communist movement is to retain and solidify their absolute power, first in the Soviet Union and second in the areas now under their control. In the minds of the Soviet leaders, however, achievement of this design requires the dynamic extension of their authority and the ultimate elimination of any effective opposition to their authority [...]. The design, therefore, calls for the complete subversion or forcible destruction of the machinery of government and structure of society in the countries of the non-Soviet world and their replacement by an apparatus and structure subservient to and controlled from the Kremlin. To that end Soviet efforts are now directed toward the domination of the Eurasian land mass. The United States, as the principal center of power in the non-Soviet world and the bulwark of opposition to Soviet expansion, is the principal enemy whose integrity and vitality must be subverted or destroyed by one means or another if the Kremlin is to achieve its fundamental design».

135. G. Zizola, *Dopo l'ateismo*, cit., pp. 157 e 177.
136. Le citazioni di don Luigi Adami prive di note sono state raccolte direttamente dall'autrice.

CAPITOLO II

1. Queste parole sono state pronunciate anche nel colloquio con Paolo Bertezzolo (cfr. P. Bertezzolo, *La Verona del dialogo*, cit., p. 112).
2. Aa. Vv., *Storia di Verona. Caratteri, aspetti, momenti,* a cura di G. Zalin, Neri Pozza, Vicenza 2001, pp. 407-412.
3. D. Coltro, *Colognola ai Colli*, Arsenale, Venezia 1984, p. 7.
4. G. Deveroux, *Saggi di etnopsichiatria generale*, Armando, Roma 1978; T. Nathan, *Principi di etnopsicoanalisi*, Bollati Boringhieri, Torino 1996. Ritengo che sarebbe molto interessante fare un'indagine approfondita sul campo, usando le metodologie non solo dell'antropologia culturale, ma anche dell'etnopsicoanalisi.
5. L. Adami (a cura di), *Fatti ed esperienze di ecumenismo pastorale dal 1992 al 2002*, Parrocchia di San Zeno di Colognola ai Colli (Vr), ed. *pro manoscritto*, 2004, p. 13.
6. G. Sabbatucci - V. Vidotto, (a cura di), *Storia d'Italia,* vol. VI, *L'Italia contemporanea dal 1963 a oggi*, cit., pp. 238-239.
7. F. Benvenuti, *Storia della Russia contemporanea. 1853-1996*, Laterza, Roma-Bari 1999, pp. 253-259; A.S. Barsenkov - A.I. Vdovin, *Storia della Russia*, cit., pp. 159-177; S. Colarizi - P. Craveri, *Dal centrismo all'esperienza del centro-sinistra*, in *La storia d'Italia*, vol. XXII, cit., pp. 220-230.
8. *Ivi*, pp. 211-212; *Dizionario storico del papato*, cit., vol. I, p. 658.
9. G. Sabbatucci - V. Vidotto (a cura di), *Storia d'Italia*, vol. VI, *L'Italia contemporanea dal 1963 a oggi*, cit., p. 243.
10. Giovanni XXIII (1881-1963), il «papa buono», fu creato cardinale e nominato patriarca di Venezia nel 1953, il 28 ottobre 1958 fu eletto papa. Ha convocato il Concilio vaticano II. Fu terziario francescano ed è stato beatificato da papa Giovanni Paolo II il 3 settembre 2000 e poi canonizzato il 27 aprile 2014 da papa Francesco insieme a Giovanni Paolo II (cfr. *Dizionario storico del papato*, cit., vol. I, pp. 657-661; G. Lercaro, *Giovanni XXIII. Linee per una ricerca storica,* Storia e Letteratura, Roma 1965; G. Zizola, *L'utopia di papa Giovanni XXIII*, Cittadella, Assisi 1973; G. Alberigo, *Giovanni XXIII. Profezia nella fedeltà*, Queriniana, Brescia 1978; L. Algisi, *Giovanni XXIII*, Marietti, Torino 1981).
11. G. Fornero, *Storia della filosofia*, vol. IV, *La filosofia contemporanea*, cit., pp. 566-572 e 677.

12. Agostino Bea era all'epoca presidente del Segretariato per l'unione dei cristiani. Probabilmente don Luigi si riferisce alle parole pronunciate in occasione dell'VIIIª Agape, organizzata dall'Università internazionale degli studi sociali *Pro Deo* a Roma. Il tema dell'incontro era «Verità e tolleranza»; «Verona fedele» ne diede un ampio resoconto. «Vi è chi identifica la verità col suo pensiero, o di chi pensa come lui, o ciò proprio in quanto questo pensiero è in contrasto con quello degli altri. E invece bisognerebbe sapersi "mettere nei panni degli altri", cioè comprendere il punto di vista altrui che è come mettersi nel punto dove l'altro sta e da dove vede le cose» (*Discorso davanti ai rappresentanti di ventuno confessioni religiose*, in «Verona fedele» 3 [1963]; cfr. P. Bertezzolo, *La Verona del dialogo*, cit., p. 100).

13. G. Sabbatucci - V. Vidotto (a cura di), *Storia d'Italia*, vol. VI, *L'Italia contemporanea dal 1963 a oggi*, cit., pp. 246-247; *Don Zeno e Nomadelfia: tra società civile e società religiosa*, a cura di M. Guasco e P. Trionfini, Morcelliana, Brescia 2001.

14. G. Sabbatucci - V. Vidotto (a cura di), *Storia d'Italia*, vol. VI, *L'Italia contemporanea dal 1963 a oggi*, cit., p. 248.

15. Jacques Maritain (1882-1973), studiò alla Sorbona, dove fu allievo del filosofo Henri Bergson, e all'Università di Heidelberg. Di formazione protestante, Maritain si convertì al cattolicesimo nel 1906. Insegnò all'Istituto cattolico di Parigi dal 1914 e dal 1933 in diverse istituzioni culturali canadesi e statunitensi; dal 1945 al 1948 fu ambasciatore di Francia in Vaticano. Visse poi in ritiro a Tolosa (cfr. Aa. Vv., *Storia della filosofia*, vol. III, *La filosofia del Romanticismo. La filosofia tra il secolo XIX e il XX*, Utet, Torino 1999, pp. 697-700).

16. Aa. Vv., *La laicità nella prassi politica del credente*, Gruppo per il pluralismo e il dialogo, foglio 133, ed. *pro manoscritto*, San Zeno di Colognola ai Colli, 3 maggio 2003, pp. 35-36.

17. Ernesto Balducci (1922-1992) nel 1958 fonda la rivista «Testimonianze» con un gruppo di amici e giovani legati al Cenacolo come, oltre a Gozzini e Meucci, Vittorio Citterich, Mario Camagni, Federico Setti, Danilo Zolo e Lodovico Grassi. L'intento era quello di dare voce a un cattolicesimo non più caratterizzato da un «proselitismo aggressivo» proiettato interamente nella «conquista», ma che si fondasse piuttosto sul valore della «testimonianza», ispirandosi alla spiritualità dei Piccoli fratelli di Charles de Foucauld. Balducci esprimeva alcune esigenze di apertura sociale e di dialogo presenti nel mondo cattolico soprattutto giovanile, pur restando interno a quegli ambienti e condividendone alcune prospettive apologetiche insite nel progetto di una «nuova cristianità» maritainiana (cfr. ad es. *Cristianesimo e cristianità*, Morcelliana, Brescia 1963). Una delle prime schede di abbonamento inviate alla rivista fu quella dell'allora

arcivescovo di Milano Giovan Battista Montini (cfr. www.fondazionebalducci.it/balducci_03.htm; G. Sabbatucci - V. Vidotto [a cura di], *Storia d'Italia*, vol. VI, *L'Italia contemporanea dal 1963 a oggi*, cit., p. 248; cfr. anche E. Balducci, *Niente è finito: testimonianze e ricordi,* a cura di A. Cecconi, Piemme, Casale Monferrato 2001).

18. Http://www.fondazionebalducci.it/balducci_04.htm.

19. «È stato chiesto a questa Suprema Sacra Congregazione se sia lecito ai cittadini cattolici dare il proprio voto durante le elezioni a quei partiti o candidati che, pur non professando principi contrari alla dottrina cattolica o anzi assumendo il nome cristiano, tuttavia nei fatti si associano ai comunisti e con il proprio comportamento li aiutano. 25 marzo 1959, i cardinali preposti alla tutela della fede e della morale risposero decretando: negativo, a norma del Decreto del Sant'Uffizio del 1/7/1949, n. 1. Il giorno 2 aprile dello stesso anno papa Giovanni XXIII, nell'udienza al pro-segretario del Sant'Ufficio, ha approvato la decisone dei Padri e ha ordinato di pubblicarla» (*Dubium*, 4 aprile 1959, in «Acta Apostolicae Sedis», 1959, pp. 271-272).

20. G. Sabbatucci - V. Vidotto (a cura di), *Storia d'Italia,* vol. VI, *L'Italia contemporanea dal 1963 a oggi*, cit., p. 255.

21. *Ivi,* p. 255. Cfr. anche *I sinodi diocesani di Giovanni XXIII (1958-1959)*, a cura di P. Consorti, Herder, Roma 1990.

22. G. Sabbatucci - V. Vidotto (a cura di), *Storia d'Italia,* vol. VI, *L'Italia contemporanea dal 1963 a oggi*, cit., p. 256. Cfr. *Il Vaticano II e la Chiesa*, a cura di G. Alberigo e J.-P. Jossua, Paideia, Brescia 1985; *Storia del concilio Vaticano II*, diretta da G. Alberigo, 5 voll., Il Mulino, Bologna 1995-2001.

23. Aa. Vv., *La laicità nella prassi politica del credente*, cit., p. 36.

24. Http://www.vatican.va/holy_father/john_xxiii/encyclicals/documents/hf_j-xxiii_enc_15051961_mater_it.html.

25. Http://www.vatican.va/holy_father/john_xxiii/encyclicals/documents/hf_j-xxiii_enc_11041963_pacem_it.html.

26. Paolo VI (1897-1978) è stato nominato arcivescovo di Milano il 1° novembre 1954 da Pio XII; creato cardinale da Giovanni XXIII nel Concistoro del 15 dicembre 1958; eletto papa il 21 giugno 1963. È venerabile dal 20 dicembre 2012, dopo che papa Benedetto XVI ne ha riconosciuto le virtù eroiche. È stato beatificato il 19 ottobre 2014 da papa Francesco.

27. Http://www.vatican.va/holy_father/paul_vi/encyclicals/documents/hf_p-vi_enc_06081964_ecclesiam_it.html.

28. Http://benedettoxvi.va/holy_father/paul_vi/encyclicals/documents/hf_p-vi_enc_26031967_populorum_it.html. Don Luigi mi diceva che questo documento, appena uscito, per assonanza fu ribattezzato da alcune alte cariche vaticane come «Sul progresso dei pioppi».

29. Http://www.vatican.va/holy_father/paul_vi/apost_letters/documents/hf_p-vi_apl_19710514_octogesima-adveniens_it.html.

30. *Ecclesiam suam*, 67.

31. *Ivi*, 65.

32. *Ivi*, 80.

33. *Populorum Progressio*, 39.

34. A. Santini, *Questioni cattolica, questione comunista*, Coines, Roma 1975, p. 36.

35. Cfr. P. Togliatti, *Comunisti, socialisti e cattolici*, Editori Riuniti, Roma 1974; *Comunisti e mondo cattolico oggi*, a cura di A. Tatò, Editori Riuniti, Roma 1977; G. Scirè, *La democrazia alla prova. Il dialogo tra cattolici e laici nell'Italia degli anni Cinquanta e Sessanta*, Carocci, Roma 2005.

36. L. Fabbri, *Il dialogo alla prova*, Testimonianze, Firenze 1965; S. Colarizi - P. Craveri, *Dal centrismo all'esperienza del centro-sinistra*, in *La storia d'Italia*, vol. XXII, cit., p. 556.

37. A. Santini, *Questione cattolica, questione comunista*, cit.

38. Fanfani (1908-1999), insieme con Dossetti, La Pira e Lazzati, costituì il gruppo dei «professorini» che elaborarono le linee generali di quella che nel secondo dopoguerra sarebbe stata la sinistra democristiana (S. Colarizi - P. Craveri, *Dal centrismo all'esperienza del centro-sinistra*, in *La storia d'Italia*, vol. XXII, cit., p. 136).

39. A. D'Angelo, *Moro. I vescovi e l'apertura a sinistra*, Studium, Roma 2005; G. Sabbatucci - V. Vidotto (a cura di), *Storia d'Italia*, vol. VI, *L'Italia contemporanea dal 1963 a oggi*, cit., p. 260.

40. «Ma è dunque chiaro il pensiero e l'indirizzo dato dai vescovi italiani anche per le prossime elezioni? Risposta: sì, è chiaro, e non ammette arbitrarie o equivoche interpretazioni» (*L'unità degli elettori per l'unità degli eletti sull'unità del programma*, in «Verona fedele» 12 [1963], p. 3).

41. *Ibidem*.

42. *Perché non voterò queste forze politiche*, in «Verona fedele» 16 (1963), p. 12.

43. «Verona fedele» 17 (1963).

44. Cfr. «Verona fedele» 18-21 (1963).

45. G. Sabbatucci - V. Vidotto (a cura di), *Storia d'Italia*, vol. VI, *L'Italia contemporanea dal 1963 a oggi*, cit., p. 262.

46. *Storia del cristianesimo*, cit., vol. XIII, *Crisi e rinnovamento dal 1958 ai giorni nostri*, Borla-Città Nuova, Roma 2002, p. 269.

47. C. Melegari, *Esperienze post-conciliari di «Chiesa del dialogo» a Verona*, in *A cinquant'anni dal Concilio Vaticano II*, Verona, 9-10 novembre 2012, Accademia di Agricoltura scienze e lettere - Gruppo per il plurali-

smo e il dialogo, anno 38, foglio n. 179, ed. *pro manoscritto*, San Zeno di Colognola ai Colli, 15.2.2013.

48. *Ivi*, p. 278.

49. *Storia del cristianesimo*, cit., vol. XIII, *Crisi e rinnovamento dal 1958 ai giorni nostri*, cit., p. 280.

50. «*Pensare con onestà e amore*», *dedicato ad un pastore pensante, incontro con mons. Luigi Sartori*, 25 settembe 2005, pro *manoscritto*, Sezano 2005.

51. Intervento di monsignor Luigi Sartori, in «*Pensare con onestà e amore*», cit., p. 12.

52. Luigi Adami è nato a Soave il 7 luglio 1935 (come commenta lo stesso don Luigi, dalla famiglia di Adami «magnapomi»). Viene ordinato prete il 29 giugno 1958. Essendo già malato da alcuni mesi prima dell'ordinazione di una adenite specifica, dopo la prima messa a Soave, paese natale, deve andare a curarsi in un sanatorio marino a Malamocco di Venezia. Nella primavera del 1959 viene dimesso dal sanatorio e viene mandato a fare il curato a Monzambano (diocesi di Verona e provincia di Mantova). Rimane là solo un mese (maggio 1959) perché la malattia tubercolare ghiandolare si ripresenta e deve quindi ritornare in sanatorio a Malamocco dove rimane fino al settembre 1960. Da quella data fino all'ottobre 1962 è a Soave come cappellano dell'ospedale. Dall'autunno 1962 è vicario parrocchiale a San Pietro in Cariano (Vr) fino al 1968. Dall'autunno di quell'anno all'estate 1973 è cappellano all'ospedale Magalini di Villafranca (Vr). Infine, dall'autunno 1973 è parroco di San Zeno di Colognola ai Colli (Vr).

53. Cfr. P. Bertezzolo, *La Verona del dialogo*, cit., pp. 32-42.

54. «*Pensare con onestà e amore*», cit., pp. 23-24; P. Bertezzolo, *La Verona del dialogo*, cit., pp. 37-75.

55. «*Pensare con onestà e amore*», cit. pp. 26-27.

56. *Ivi*, p. 24.

57. P. Bertezzolo, *La Verona del dialogo*, cit., pp. 70-71.

58. *Ivi*, p. 78-80.

59. *Comune di Verona. Dati statistici dell'area veronese*, vol. I, settembre 1978, pp. 163-168.

60. D. Coltro, *Colognola ai Colli*, cit., p. 166.

61. *Ivi*, p. 7.

62. *Fatti ed esperienze di ecumenismo pastorale dal 1992 al 2002*, cit., p. 13.

63. P. Bertezzolo, *La Verona del dialogo*, cit., p. 45.

64. La parrocchia di San Zeno di Colognola si trova nel comune di Colognola ai Colli, a diciassette chilometri da Verona, nel vicariato di Soave-San Martino. «Smembrata da Colognola ed eretta in parrocchia in data 12 aprile 1920. La chiesa risale al 1770, e sostituisce l'antico oratorio che esisteva presso l'attuale cimitero e demolito a causa della

peste» (*La chiesa di Verona nell'anno giubilare 2000*, cit., p. 388; *Fatti ed esperienze di ecumenismo pastorale dal 1992 al 2002*, cit., pp. 11-16).

65. Aa. Vv., *La laicità nella prassi politica dei credenti*, Gruppo per il pluralismo e il dialogo, foglio n. 133, ed. *pro manoscritto*, San Zeno di Colognola ai Colli, 3 maggio 2003, pp. 38 e 46; P. Bertezzolo, *La Verona del dialogo*, cit., p. 156.

66. Lorenzo Milani (1923-1967), ordinato sacerdote nel 1947, fu nominato cappellano a San Donato di Calenzano, dove fondò una scuola serale per i lavoratori. Per le sue posizioni in difesa della classe operaia e di critica nei confronti della Chiesa venne trasferito alla parrocchia di Sant'Andrea a Barbiana nel Mugello, dove rimase sino alla morte. A Barbiana don Milani istituì una scuola popolare, con l'intento di mettere in condizione i figli dei contadini di riappropriarsi della lingua italiana, di istruirsi e imparare a discutere. Questa esperienza, sorretta dalla sua passione radicale, ma destinata a non sopravvivergli, diede luogo al libro *Lettera a una professoressa* (1967), clamorosa denuncia della scuola di Stato. Tra le altre sue opere si citano *Esperienze pastorali* (1958) e *L'obbedienza non è più una virtù* (1967) (cfr. *Storia del cristianesimo*, vol. XII, *Guerre mondiali e totalitarismi [1914-1958]*, cit., pp. 342-343; Aa. Vv., *Don Lorenzo Milani e la sua Chiesa: documenti e studi*, a cura di M. Toschi, Polistampa, Firenze 1994; Aa. Vv., *Don Milani: esperienza educativa, lingua, cultura e politica*, Armando, Roma 2004). Ogni anno nella seconda quindicina di agosto i membri del gruppo veronese fanno visita a Barbiana «per coltivare la memoria di Lorenzo Milani» (Aa. Vv., *Il Gruppo per il pluralismo e il dialogo al traguardo del suo centesimo incontro [Villafranca, domenica 24.2.2004]. Testimonianze, analisi, riflessioni, proposte,* San Zeno di Colognola ai Colli, 22.11.2002, *pro manoscritto*, pp. 33 e 48).

67. Intervista dell'11 marzo 2006 (Colognola ai Colli).

68. P. Bertezzolo, *La Verona del dialogo*, cit., pp. 61-75.

69. Aa. Vv., *Il Gruppo per il pluralismo e il dialogo al traguardo del suo centesimo incontro*, cit., p. 4.

70. *Ibidem.*

71. G. Martari, *Emarginazione dei laici impegnati in partiti politici diversi dalla Democrazia cristiana*, in *Dopo vent'anni... dall'11 ottobre 1975 al 19 novembre 1995*, San Zeno di Colognola ai Colli, 3 marzo 1996.

72. Aa. Vv., *Il Gruppo per il pluralismo e il dialogo al traguardo del suo centesimo incontro*, cit., p. 5.

73. Aa. Vv., *Storia di Verona. Caratteri, aspetti, momenti*, a cura di G. Zalin, Neri Pozza, Vicenza 2001, p. 426. Cfr. anche *La Chiesa di Verona nell'anno giubilare 2000. Annuario della diocesi di Verona,* a cura della cancelleria della curia diocesana, 2000, pp. 35-36.

74. *La Chiesa di Verona nell'anno giubilare 2000*, cit., p. 72. Cfr. anche R. Cona, *Giuseppe Carraro. Un vescovo veneto al Vaticano II*, Mazziana, Verona 2014.

75. Aa. Vv., *Storia di Verona*, cit., p. 432.

76. F. Vecchiato, *Verona nel Novecento. 1900-2000, cent'anni di storia*, Iet, Verona 2000, p. 478; Aa. Vv., *Storia di Verona*, cit., pp. 406-407: «Negli anni 1960-1975 fu promosso un piano di edilizia ospedaliera, in modo che ogni zona della provincia fosse dotata di un ospedale in grado di poter soddisfare le nuove esigenze sanitarie». In questo periodo nasce anche l'ospedale di Villafranca, dove don Luigi Adami ha fatto il cappellano (1968-1973).

77. Cfr. R. Gozzi, *Ricordo di Giuseppe Trabucchi*, Verona 1975.

78. F. Vecchiato, *Verona nel Novecento*, cit., p. 555.

79. *Ivi*, p. 591.

80. Cfr. G. Bocca, *Il terrorismo italiano. 1970-1978*, Rizzoli, Milano 1978.

81. E... sull'apertura di «Rinascente Città Mercato», su una superficie di 96 mila m^2 sulla Verona-Peschiera (17.11.1975).

82. Aa. Vv., *Storia di Verona*, cit., p. 414.

83. F. Vecchiato, *Verona nel Novecento*, cit., p. 617.

84. Sul processo per il furto dell'anello di San Zeno cfr. «Verona fedele» 17 (1963), p. 12.

85. F. Vecchiato, *Verona nel Novecento*, cit., p. 616.

86. Il fatto richiama alla mente un'altra profanazione celebre, il furto della lingua di sant'Antonio da Padova.

87. Cfr. «L'Unità» del 14 maggio 1974; F. Vecchiato, *Verona nel Novecento*, cit., p. 613.

88. F. Vecchiato, *Verona nel Novecento*, cit., p. 624.

89. *Ivi*, p. 622.

90. *Ivi*, p. 620.

91. Aa. Vv., *Storia di Verona*, cit., p. 414.

92. F. Vecchiato, *Verona nel Novecento*, cit., p. 619.

93. Cfr. G.P. Marchi - P. Brugnoli, *L'eredita di Giorgio Zanotto politico e amministratore*, Verona 2005; http://www.fondazionezanotto.it/giorgio-zanotto.

94. Gozzi «inventa una formula che vuole essere un passo avanti rispetto al centro-sinistra e che viene chiamata delle "larghe intese" [...]. Si tratta di una apertura ai comunisti che viene recepita in campo nazionale da Andreotti nella politica del compromesso storico. Il laboratorio della formula è, perciò, veronese» (Aa. Vv., *Storia di Verona*, cit., pp. 414-415).

95. Aa. Vv., *Storia di Verona*, cit., p. 415.

96. F. Vecchiato, *Verona nel Novecento*, cit., p. 622. Sulla situazione generale nel veronese del primo dopoguerra cfr. *Verona e il suo territorio*, vol. VI, t. 2, Istituto per gli studi storici veronesi, Verona 2003, pp. 701-729.

97. C. Vita, *Aldo Fedeli, il sindaco della ricostruzione. La vita e il ricordo*, Cierre, Verona 1997.

98. Aa. Vv., *Storia di Verona*, p. 415.

99. Ringrazio don Luigi Adami per avermi dato la possibilità di visionare questo documento composto di un fascicolo di 52 fogli (formato A5), indice compreso, non rilegati, dattiloscritti e ciclostilati. Sul primo foglio, contenente l'indice, è annotata a mano la data, ottobre 1978. Sul secondo foglio, corrispondente alla prima pagina, in alto a destra, accanto al titolo *La questione cattolica a Verona. 1968-1978*, troviamo il nome dell'autore, Sergio Paronetto.

100. Aa. Vv., *Il Gruppo per il pluralismo e il dialogo al traguardo del suo centesimo incontro*, cit., p. 31.

101. G. Zizola, *Giovanni XXIII. La fede e la politica*, Laterza, Roma-Bari 1988.

102. F. Vecchiato, *Verona nel Novecento*, cit., pp. 493 e 501.

103. *Ivi*, p. 544.

104. Aa. Vv., *Il Gruppo per il pluralismo e il dialogo al traguardo del suo centesimo incontro*, cit., p. 43.

105. *Ibidem*.

106. Dorotei: corrente della Democrazia cristiana sorta nel 1959 in una riunione tenuta nel convento di Santa Dorotea a Roma tra dirigenti e notabili del partito, già aderenti alla corrente di «Iniziativa democratica» guidata da Amintore Fanfani. Tra i suoi massimi dirigenti vi furono Mariano Rumor, Emilio Colombo, Paolo Emilio Taviani, Antonio Segni, Arnaldo Forlani, che promossero la nomina di Aldo Moro a segretario del partito. Dal nome di questa corrente ha avuto origine il termine doroteismo, usato nel linguaggio politico e giornalistico per indicare una tendenza politica che privilegia la mediazione continua e il compromesso tra diverse opzioni e istanze presenti all'interno di un partito. Col tempo il termine ha smesso di riferirsi esclusivamente alle vicende interne alla Democrazia cristiana e ha acquisito un valore più generale, designando ogni atteggiamento inteso a conciliare esigenze diverse o addirittura opposte in vista della conservazione del potere.

107. Guido Gonella, uno dei fondatori, con De Gasperi, della Democrazia cristiana, fu ministro della Pubblica istruzione, docente di filosofia del diritto, autore per un decennio dei notissimi *Acta Diurna* sull'«Osservatore Romano», nonché fondatore e direttore, dal 1944, del

«Popolo» (cfr. Aa. Vv., *Storia di Verona*, cit., p. 403; cfr. anche E. Butturini, *Guido Gonella: dagli* Acta Diurna *alla Costituente, al governo,* in Aa. Vv., *La memoria del futuro*, Centro Toniolo, Verona 1996).

108. S. Paronetto, *La questione cattolica a Verona, 1968-1978*, cit., pp. 3-4.

109. G. Martari, *Emarginazione dei laici impegnati in partiti politici diversi dalla Democrazia cristiana*, cit., p. 11.

110. *Per superare l'indifferente convivenza*, relazione di Lorenzo Dani al 41° incontro del Gruppo per il pluralismo e il dialogo svoltosi a Villafranca domenica 1° dicembre 1985, p. 8.

111. *Ibidem.*

112. *Ibidem.*

113. Le Acli (Associazioni cristiane lavoratori italiani) è un'organizzazione fondata a Roma nel 1944 con l'obiettivo di organizzare la presenza cattolica nel mondo del lavoro e all'interno della Confederazione generale italiana del lavoro che, nata nello stesso anno come sindacato unitario, subiva la forte influenza delle componenti comunista e socialista. Sostenute dalla gerarchia cattolica e ispirate ai valori del cristianesimo e della dottrina sociale della Chiesa, le Acli si articolarono a livello regionale, provinciale e locale in una serie di centri di attività educativa, sociale e di assistenza ai lavoratori. Dopo un lungo periodo di collateralismo con la Democrazia cristiana, nel 1970, nel pieno di una stagione di forti lotte operaie, in un convegno tenutosi a Vallombrosa, l'associazione assunse una posizione radicale e anticapitalista e affermò il principio di libertà di voto degli aderenti, ribadito nel 1974 in occasione del referendum sul divorzio. Nel 1973 una parte degli iscritti diede vita al Movimento cristiano dei lavoratori. A partire dal congresso di Firenze del 1975 le Acli riaddottarono una linea moderata, ristabilendo il rapporto con le autorità religiose; la riconciliazione venne formalizzata nel 1991 con Giovanni Paolo II (cfr. A. Santini, *Questioni cattolica, questione comunista*, cit., p. 35).

114. «Le Acli erano allora l'unica associazione cattolica che in un suo congresso, quello di Torino del '69, aveva scelto il pluralismo e la laicità della politica, come forma dell'impegno dei credenti». Questa scelta è costata al movimento «la "deplorazione" pubblica da parte di papa Paolo VI (che era stato l'ispiratore della nascita delle Acli) e il ritiro degli assistenti ecclesiastici dal movimento (Aa. Vv., *Il Gruppo per il pluralismo e il dialogo al traguardo del suo centesimo incontro*, cit., p. 40).

115. S. Paronetto, *Il Gruppo per il pluralismo e il dialogo (Gpd). Un'esperienza conciliare, un piccolo sinodo permanente*, in *Il Gruppo per il pluralismo e il dialogo al traguardo del suo centesimo incontro*, cit., p. 32.

116. *Ibidem.*

117. «Qui Veneto» ha pubblicato la lettera come *Lettera aperta di 43 preti ai vescovi e ai sacerdoti del Veneto.*

118. «Verona fedele», 25.4.1974, p. 4.

119. «Qui Veneto», 26.4.1974; titolo: *Un «no» antifascista.*

120. Vedi la p. 2 de «L'Unità»; titolo *Il documento firmato dai 44 sacerdoti veneti. La legge sul divorzio offre a chi ha visto fallire il suo matrimonio concrete possibilità di rifarsi una famiglia. Il «no» come «scelta radicalmente antifascista»* (http://archiviostorico.unita.it/cgi-bin/highlightPdf.cgi?t=ebook&file=/archivio/uni_1974_04/19740411_0002.pdf&query=un%20%22no%22%20antifascista).

121. «Qui Veneto», 26.4.1974, p. 15.

122. «Verona fedele», 25.4.1974, p. 4.

123. P. Bertezzolo, *La Verona del dialogo*, cit., pp. 102-105.

124. Aa. Vv., *Il Gruppo per il pluralismo e il dialogo al traguardo del suo centesimo incontro*, cit., p. 3.

125. G. Martari, *Emarginazione dei laici impegnati in partiti politici diversi dalla Democrazia cristiana*, cit., p. 11.

126. «La causa che provocò [il primo incontro] fu l'emarginazione e l'intolleranza cui venne sottoposto Gianni Martari nella comunità ecclesiale a livello parrocchiale e diocesano». «Di fronte alla vicenda di Gianni avremmo potuto compiere una protesta, far uscire un documento di solidarietà [...]. Invece abbiamo scelto di intraprendere un'esperienza» (P. Bertezzolo, *La Verona del dialogo*, cit., pp. 111 e 117).

127. Aa. Vv., *Il Gruppo per il pluralismo e il dialogo al traguardo del suo centesimo incontro*, cit., p. 1.

128. Nato a Salizzole il 22 dicembre 1924, venne ordinato sacerdote il 29 giugno 1947. Dopo un anno di ministero a Sanguinetto e gli studi teologici a Roma, fu vicerettore e insegnante di teologia dogmatica in seminario, arciprete-priore di San Luca a Verona, delegato vescovile per l'Ac e direttore dello studio teologico San Zeno. Eletto alla sede vescovile di Chioggia (1976), poi trasferito a Concordia-Pordenone (1989). Emerito dal 2000 (cfr. *La Chiesa di Verona nell'anno giubilare 2000*, cit., p. 48).

129. *La Chiesa di Verona nell'anno giubilare 2000*, cit., p. 47.

130. *Per superare l'indifferente convivenza*, relazione di Lorenzo Dani, cit.

131. «Come Le avevo proposto, a mezzo del dott. Carlo Arduini, amerei che il suo ritiro [...] avvenisse senza clamore e senza strappi».

132. Aa. Vv., *Il Gruppo per il pluralismo e il dialogo al traguardo del suo centesimo incontro*, cit., p. 14.

133. «Se una persona giungesse al vertice dell'aria, o vi si impennasse con ali che gli sono spuntate, sporgendo il capo darebbe un'occhiata – e

come i pesci affiorando scorgono il nostro mondo – potrebbe vedere...» (Platone, *Fedone*, 109e).

134. N. 4, 27 maggio 1976: «Pronunciamenti della gerarchia ecclesiastica sulla partecipazione dei cattolici ai vari partiti politici»; n. 7, 28 maggio 1977: «Il nostro essere credenti aiuta, o disturba [...] la militanza sociale e politica che ciascuno di noi si è scelta?; n. 8, 15 gennaio 1978: «Per un efficace superamento senza residui delle posizioni dualistica e integristica è necessario capire bene che cosa vuol dire ispirarsi alla fede nella prassi politica; n. 11, 4 giugno 1978: «Tra clericalismo e laicità»; n.18, 30 marzo 1980: «Essere profeti, uomini nuovi, portatori di speranza "qui e oggi" in una realtà storica dominata dalla violenza, dentro una società disgregata e in una Chiesa senza dialogo».

135. Il testo dell'intervento è pubblicato *pro manoscritto* a cura del Gruppo per il pluralismo e il dialogo, foglio n. 133, pp. 35-46.

136. E. Balducci, *La laicità nella prassi politica del credente*, in Aa. Vv., *La laicità nella prassi politica del credente*, cit., pp. 45-46.

137. N. 47, 30 novembre 1986: «Stranieri a Verona: un invito alla solidarietà nel pluralismo e nel dialogo»; n. 48, 8 febbraio 1987: «Stranieri in Italia e a Verona: la dimensione politico legislativa del problema».

138. N. 49, 14 marzo 1987, incontro con L. Bellomi.

139. Aa. Vv., *Il Gruppo per il pluralismo e il dialogo al traguardo del suo centesimo incontro*, cit., p. 10.

140. *Per superare l'indifferente convivenza*, relazione di Lorenzo Dani, cit.

141. L. Dani, *Abbozzo di un'identità deviante*, in *Il Gruppo per il pluralismo e il dialogo al traguardo del suo centesimo incontro*, cit., pp. 10-30.

142. S. Paronetto, *Il Gruppo per il pluralismo e il dialogo (Gpd)*, cit., pp. 31-37.

143. P. Bertezzolo, *La Verona del dialogo*, cit., p. 120.

144. Giovanni Gottardi è nato a Verona il 20 giugno 1936. «Vicario parrocchiale a Chievo (1960-1965), licenza in teologia dogmatica al Laterano (1963) e licenza in Sacra Scrittura al Biblico (1965). Vice rettore del seminario maggiore (1967-1969). Direttore dello studio teologico San Zeno (1979-1982). Direttore dell'Istituto di scienze religiose San Pietro martire (1986-1994). Delegato vescovile per l'ecumenismo e il dialogo (1988-2000). Docente dello Studio teologico San Zeno dal 1965» (*La Chiesa di Verona nell'anno giubilare 2000*, cit., p. 497).

145. Cfr. il breve *Vinea electa* del 7.5.1909: «Allo scopo di favorire, valorizzare e tutelare gli studi sulla Sacra Scrittura, insidiati da maestri eterodossi, il papa Pio X istituisce il Pontificio Istituto Bibilico nel quale potranno documentarsi e prepararsi proficuamente quanti aspi-

rano a specializzarsi nelle divine dottrine» (U. Bellocchi, *Tutte le encicliche*, cit., VII, pp. 373-376). Per la versione latina del documento cfr. http://w2.vatican.va/content/pius-x/la/apost_letters/documents/hf_p-x_apl_19090507_vinea-electa.html.

146. Il Sae, movimento di laici di diverse confessioni cristiane impegnate nell'ecumenismo, sorge a Venezia nel 1947 per iniziativa di Maria Vingiani, sua attuale presidente emerita. Nel 1959, all'annuncio del Vaticano II, il Sae si trasferisce a Roma, dove, con l'incoraggiamento di papa Giovanni XXIII, Maria Vingiani lo trasforma in movimento nazionale, interconfessionale e laico. Nel 1966 si costituisce in associazione nazionale di laici, articolata per gruppi locali. Organizza annualmente una sessione di formazione ecumenica nazionale, di cui vengono pubblicati gli atti. Dal 1983 ha promosso la Settimana ecumenica per la pace. Nel 1996, con l'elezione di Elena Milazzo Covini a nuova presidente nazionale, la sede centrale si è trasferita a Milano. Nel 2004, al termine del secondo mandato di Elena Covini, le è succeduto alla presidenza nazionale Mario (Meo) Gnocchi (http://www.saenotizie.it). Questo movimento è molto ben rappresentato anche a Verona. Per il movimento ecumenico e per la partecipazione in questo della Chiesa cattolica cfr. *Storia del cristianesimo. L'età contemporanea,* a cura di G. Filoramo e D. Menozzi, Laterza, Roma-Bari 1997, pp. 369-393; *Storia del cristianesimo*, vol. XIII, *Crisi e rinnovamento dal 1958 ai giorni nostri*, cit., pp. 70-72, 84-117 e 142 ss.

147. Attualmente l'Istituto di studi ecumenici San Bernardino (Ise) è una sezione della facoltà di teologia del pontificio ateneo Antonianum (Roma). Si propone di promuovere gli studi a livello accademico, in modo da fornire ai suoi studenti una solida e scientifica formazione teologica in una dimensione ecumenica. Nel corso degli anni, accanto all'attività propriamente accademica, l'Ise ha dato vita a numerosi convegni e seminari, in collaborazione con altre istituzioni culturali ed ecumeniche. In questo è affiancato anche dalla cattedra «Uno il Signore», istituita dal ministro generale dei frati minori in qualità di gran cancelliere, al fine di favorire una sensibilità ecumenica all'interno dell'Ordine e della Chiesa. L'Ise pubblica anche una sua rivista di carattere scientifico, la «Rivista di studi ecumenici», e una collana, la «Biblioteca di studi ecumenici». La biblioteca, specializzata in ecumenismo, è dotata di un discreto fondo di opere antiche e moderne, relative ai vari ambiti del sapere teologico (cfr. http://www.isevenezia.it/present.asp).

148. Per G. Calabria cfr. http://www.vatican.va/news_services/liturgy/saints/ns_lit_doc_19990418_giovanni-calabria_it.html. Karol J. Wojtyła (1920-2005) è stato nominato arcivescovo di Cracovia il 30 dicembre

1963 da papa Paolo VI. Il 26 giugno 1967 fu creato cardinale. Con il nome di Giovanni Paolo II fu eletto papa il 16 ottobre 1978. In seguito alla causa di beatificazione, il 1° maggio 2011 è stato proclamato beato dal suo immediato successore Benedetto XVI (non accadeva da circa un millennio che un papa proclamasse beato il proprio immediato predecessore). Il 27 aprile 2014 è stato proclamato santo da papa Francesco insieme a papa Giovanni XXIII.

149. Don Calabria - C.S. Lewis, *Una gioia insolita. Lettere tra un prete cattolico e un laico anglicano*, a cura di L. Squizzato, Jaca Book, Milano 1995.

150. *Shalòm Beatrice. Lettere di una «medichessa» ebrea a un santo,* a cura di L. Piovana e M. Palma Pelloso, Ave, Roma 2000, p. 31.

151. Http://www.abbaziadimaguzzano.it. Negli anni 1990-2000, e poi fino alla sua morte nel 2010, lo spirito ecumenico calabriano è stato portato avanti tra mille difficoltà da fratel Francesco Guidorizzi, la vera anima delle attività ecumeniche dell'abbazia di Maguzzano.

152. *Shalòm Beatrice*, cit., p. 31.

153. Aa. Vv., *Ebrei a Verona. Presenza ed esclusione*, Cierre, Verona 1994, p. 84.

154. *Shalòm Beatrice*, cit., pp. 43-47.

155. *Ivi,* p. 32.

156. Finora ho riscontrato dei dati discordanti sull'anno di nascita della commissione ecumenica a Verona. Secondo alcune testimonianze (don Luigi Adami) si tratta del 1981 (*Fatti ed esperienze di ecumenismo pastorale dal 1992 al 2002*, cit., p. 14), secondo altre (don Sergio Gaburro, presidente della Commissione dal 2000) è il 1982. La pagina della Commissione per l'ecumenismo e il dialogo interreligioso della diocesi di Verona non fornisce, purtroppo, alcun cenno storico in merito.

157. *La Chiesa cattolica di Verona alla vigilia del terzo millennio: problemi e speranze*, San Zeno di Colognola ai Colli, *pro manoscritto*, 25 maggio 1998.

158. Riportato da Sergio Paronetto nell'interessantissima analisi del clima religioso veronese degli anni '90 (S. Paronetto, *I cattolici tra clericalismo e laicità credente,* in *La Chiesa cattolica di Verona alla vigilia del terzo millennio*, cit., p. 17). «Il vescovo Amari, in particolare, osservava che è fondamentale riscoprire il valore del Concilio Vaticano II che definiva "una sorgente che, per quasi vent'anni, ha corso nel sottosuolo senza irrigare sufficientemente per fecondare le zolle della Chiesa". Su questa base, egli dice, è possibile "battere i sentieri più impensati e forse umanamente impraticabili", costruire una "presenza competente e discreta"» («Verona fedele» 9 [1984], in *Il Gruppo per il pluralismo e il dialogo al traguardo del suo centesimo incontro*, cit., p. 31).

159. Cfr. http://www.saenotizie.it/Documenti/PDF/don%20Germano.pdf.

160. Giuseppe Amari (1916-2004), nato a San Nicolò Po (Mn) l'8 settembre 1916, venne ordinato sacerdote nel 1940. Laureato in storia ecclesiastica, fu docente e rettore del seminario diocesano di Mantova. Nominato vescovo di Cremona nel 1973, fu trasferito a Verona il 15 maggio 1978 e qui fece ingresso solenne il 25 giugno 1978. È vescovo emerito di Verona dal 30 giugno 1992 (cfr. *La Chiesa di Verona nell'anno giubilare 2000*, cit., pp. 36 e 48; cfr. anche G. Riolfi, *Amari, il vescovo di Wojtyla*, in «L'Arena», 6.4.2010, http://www.larena.it/stories/1184_i_personaggi/141303_amari_il_vescovo_di_wojtyla/?refresh_ce&scroll=2170).

161. I vescovi di Verona antecedenti a Giuseppe Carraro furono Bartolomeo Bacilieri (1900-1923), Girolamo Cardinale (1923-1954), Giovanni Urbani (1955-1958) (cfr. *La Chiesa di Verona nell'anno giubilare 2000*, cit., p. 44).

162. *Fatti ed esperienze di ecumenismo pastorale dal 1992 al 2002*, cit., pp. 11-16. La prima esperienza ecumenica della parrocchia di San Zeno era legata alla Chiesa valdese di Verona.

163. La parola ecumenismo, a nostro avviso, non è appropriata quale sinonimo dei rapporti interconfessionali, perché ha un vizio di fondo: non ha un contenuto semantico congruo ed equo per tutti gli ambienti ecclesiastici. Per la corrente cattolica missionaria l'ecumenismo è mirato a incorporare «le Chiese separate» nel seno della Chiesa cattolica madre. Per alcune frange ortodosse tradizionaliste, come abbiamo già notato, l'ecumenismo è «l'eresia delle eresie», poiché rappresenta una variante di sincretismo religioso, segno della prossima venuta dell'Anticristo; all'avvicinamento con gli «eterodossi» viene contrapposto lo slogan «Ortodossia o morte». Quindi, a scanso di equivoci, nel nostro testo cerchiamo di limitare l'uso di questa parola, salvo citazioni e definizioni già presenti nei documenti di diversa provenienza.

164. *Fatti ed esperienze di ecumenismo pastorale dal 1992 al 2002*, cit., pp. 14-15.

CAPITOLO III

1. Una versione di questo capitolo è stata pubblicata su http://www.biosferanoosfera.it/uploads/files/29a169024de9d929da78e74185480331374d5a0c.pdf.

2. Uno dei più lampanti esempi di questa complessità è rappresentata dall'origine delle parole «russo» e «Rossìa», ovvero *rus'* e *ros*. L'etimologia

degli etnonimi rus'/ros ormai da decenni genera un'accesissima discussione storico-linguistica. Si tratta di un etnonimo? Di una definizione specifica del ceto dirigente, dell'esercito principesco – come lo farebbero intendere alcuni documenti diplomatici – o di un'altra categoria sociale? La versione di Nestore che identificava i *rus'* con i variaghi sembra convincere poco gli studiosi. Ad esempio i sostenitori dell'origine scandinava dell'etnonimo *ros* ipotizzano il collegamento linguistico con una parola foneticamente analoga della lingua scandinava antica, *routsi*, che significava «i rematori» (c'è da dire però che come definizione della categoria sociale questo termine viene usato solo a partire dal XIII secolo, quindi più tardi rispetto al periodo in questione; cfr. А.Г. Кузьмин, *История России с древнейших времен до 1618 г.*, т. 2, Москва 2003, p. 86 [A. Kuzmin, *Storia russa dall'antichità fino al 1618*, t. 2, Mosca 2003]). Così, secondo un'ipotesi, potevano autodefinirsi gli scandinavi nei loro rapporti con gli slavi (e con i bizantini come lo testimoniano alcune fonti storiche di primaria importanza). Altri studiosi chiamano in causa l'etnonimo *Rugi* menzionato da Tacito (*La Germania*, 44). Altri ancora ribadiscono una larga diffusione della radice *ros/rus* nelle lingue slave (secondo alcune opinioni la forma *rus* aveva un'origine settentrionale, mentre *ros* una meridionale, probabilmente legata alle lingue di ceppo iranico. L'effettiva diffusione delle radici *ros/rus* anche nelle lingue germaniche e in quelle del ceppo iranico, unita alle testimonianze delle diverse fonti storiche dell'epoca, permettono ad alcuni studiosi di affermare addirittura l'esistenza di ben tre entità prestatali chiamate *Rus'* (Rus' del Dnepr, Rus' del Baltico, Rus' degli Alani), che corrisponderebbero a tre etnie non slave di diversa origine etno-linguistica (*rughi*, illiri; *ruteni*, celti e i *rus'/ros* di origine iranica). Queste popolazioni, entrando in contatto con gli slavi, per qualche misterioso motivo, che di per sé a nostro avviso costituirebbe un problema non facile da risolvere, si sarebbero slavizzate assimilando sia la lingua che la religione slava. Inoltre esiste un'ipotesi secondo la quale originalmente nella regione di Novgorod il termine *rus* avesse un significato «sovraetnico», sociale, poiché designava le guardie del principe (cfr. *русь - рать*) di diversa appartenenza etnica. Verso l'inizio del XII secolo il termine si trasforma in toponimo, assumendo il significato di «terra dominata dalle guardie del principe» (cfr. Aa. Vv., *Славяне и скандинавы*, под ред. Е.А. Мельниковой, Москва, p. 204, Aa. Vv., *Slavi e scandinavi*, a cura di E. Melnikova, Mosca). A favore dell'origine slava di questa parola, a nostro avviso, si potrebbe invece citare il fatto della larghissima diffusione nel russo moderno della relativa radice con diversi significati semantici: basti pensare alla definizione del colore dei capelli più diffuso tra i russi, appunto *русый*, al nome di lepre che vive nei boschi, *русак*, al nome *русалка* delle ninfe dei fiumi. È sempre legata all'ambiente acquatico anche la parola *русло* (letto del fiume). A nord abbondano i toponimi includenti la radice *rus*: *Руса*, *Порусье*, *Околорусье*, *Русыня на Луге*, *Русська на Воложбе*. Nel contempo è fondamentale anche la presenza della radice *ros* che forma delle parole imprescindibili nel patrimonio lessicale russo. Come l'idronimo Ros' (affluente del Dnepr) o la parola *роса*, rugiada in russo. Dove c'è acqua c'è la vita: i vocaboli legati alla crescita hanno radice *рос* (*рост*, *рослый*, *росток* ecc.). *Ростов* è un antico toponimo russo. Quindi le parole *Русь*, *русский* e *Россия*, *российский* hanno un legame organico, si direbbe genetico, con il tessuto linguistico slavo orientale. Comunque sia per ora la questione rimane aperta e mantengono ancora la loro validità le parole scritte nel lontano 1935 da A. Brückner: «Chi riuscirà a trovare una convincente spiegazione al nome della Rus' avrà la chiave per risolvere il problema delle origini della sua storia» (A. Brückner, *O nazwach miejscowych*, Kraków 1935, p. 41; cfr. anche O. Трубачев, *К истокам Руси. Наблюдения лингвиста*, in O. Трубачев, *В поисках единства*, Москва 2005, pp. 126-178 [O. Trubaciov, *All'origine della Rus'. Riflessioni di un linguista*, in O. Trubaciov, *Alla ricerca dell'unità*, Mosca 2005]). Nella storiografia ucraina è presente la corrente che tenta di delegittimare l'uso da parte dei russi del proprio nome etnico. Si sostiene che, in realtà, i veri russi sarebbero gli ucraini, e la storia della Rus' di Kiev non è la storia comune degli slavi orientali, ma è solo storia ucraina che non ha niente a che vedere con la Moscovia (cfr. *Спор Руси с Московией закончится победой Украины*, *«Украинская правда»*, Украина; *La disputa tra la Rus' e la Moscovia si concluderà con la vittoria dell'Ucraina*, in «La verità ucraina», Ucraina).

3. Giancarlo Zizola confessava di essersi sentito un giorno profondamente turbato «al pensiero del volume di odio suscitato dalla nostra Chiesa occidentale contro questo popolo» (*Dopo l'ateismo. Diario di viaggio nell'Urss religiosa*, Paoline, Milano 1990, p. 177).

4. Cfr. A.N. Veselovskij, *Dalle lezioni di storia dell'epos*, in Aa. Vv., *La cultura nella tradizione russa del XIX e XX secolo*, a cura di S. Avalle D'Arco, Einaudi, Torino 1980, pp. 69-76.

5. Secondo A. Carile, alla visione gerarchica della società occidentale corrisponde la visione di superiorità sul mondo della turcofonia e dell'islamismo da parte della cultura russa (*Materiali di storia bizantina*, Scarabeo, Bologna 1994, p. 336).

6. S.P. Huntington, *The Clash of Civilizations and the Remaking of World Order*, Simon & Schuster, New York 1996.

7. «L'Europa è un concetto che non ha la propria origine in se stesso, ma nella sua costruttiva opposizione all'Asia. I Greci hanno probabilmente ripreso dai Fenici la distinzione tra Europa e Asia, e sui mo-

numenti assiri è stata rinvenuta la coppia concettuale «ereb», il paese dell'oscurità o del sole calante, e «asu», il paese del sole nascente. Secondo la sua origine, e finché resta fedele a se stessa, l'Europa è dunque una potenza politicamente e spiritualmente antiasiatica» (K. Löwith, *Il nichilismo europeo*, Laterza, Roma-Bari 1999, p. 5). «L'espressione "Russia europea" può sembrare ovvia ad alcuni, ma può essere contestata da altri che considerano la Russia una civiltà a sé, "euroasiatica" in senso non più spaziale, ma spirituale, mentre per altri ancora l'appartenenza della Russia all'Europa in quanto civiltà costituisce una questione aperta. Negli ultimi tre secoli il dibattito tra queste posizioni è stato assai vivo» (V. Strada, *EuroRussia. Letteratura e cultura da Pietro il Grande alla rivoluzione*, Laterza, Roma-Bari 2005, p. VII).

8. La questione è legata al ruolo che i conquistatori mongoli, e in genere il periodo mongolo-tataro, ebbero nello sviluppo storico della Russia. Alla tradizionale visione negativa di questo periodo, definito come «giogo mongolo-tataro» e testimoniata dalle fonti dell'epoca, si contrappone la teoria dei sostenitori della corrente eurasiatica nata negli anni '20 del secolo scorso nell'ambito degli intellettuali russi in esilio dopo la rivoluzione del 1917. Secondo quest'ultima, bisogna rivalutare in chiave positiva il periodo della presenza dei mongolo-tatari. Soprattutto perché in quella occasione si costituì un legame organico tra la Russia e l'Asia. L'elemento «turanico» si fuse con quello slavo, già complesso di per sé, dando vita a un nuovo tipo di civiltà ricca di potenzialità culturali, una civiltà flessibile, forte e creativa. Queste idee sono state espresse in diverse opere tra cui quelle del noto etnolinguista N. Trubeckoj che contrapponeva la civiltà eurasiatica a quella dell'Europa occidentale, ossia atlantica, considerata «cultura di una determinata specie etnografica, ovvero di quella romano-germanica» (Н.С. Трубецкой, *Об истинном и ложном национализме*, in *Исход к Востоку, Предчувствие и свершения, Утверждения евразийцев*, София 1921, p. 72; N.S. Trubetskoj, *Sul vero e falso nazionalismo*, in *Esodo verso l'Oriente. Intuizioni e atti. Tesi eurasiatiche*, Sofia 1921). La tesi per certi versi più scioccante fu avanzata da P. Savitskij che asseriva che senza i tatari non vi sarebbe stata la Russia (П.Н. Савицкий, *Степь и оседлость*, in *На путях, Утверждение евразийцев*, Москва - Берлин 1923, Кн. 2, p. 342; P. Savitskij, *Steppa e sedentarietà*). Questa corrente, prima puramente teorica (cfr. Л.Н. Гумилев, *От Руси до России*, Москва 2001; L.N. Gumilev, *Dalla Rus' alla Russia*, Mosca 2001), in seguito ha dato origine a una corrente politico-ideologica chiamata a definire il particolare ruolo della Russia come fenomeno geopolitico a livello mondiale. Queste idee dal punto di vista politico attualmente sono portate avanti ad es. dal filosofo russo A. Dugin, il leader del Partito eurasiatico russo, fon-

datore del «neoeurasismo» (cfr. A. Dugin, *Continente Russia*, All'Insegna del Veltro, Parma 1991; vedi anche la sua curiosa e alquanto discutibile ricostruzione de *La grande guerra dei continenti* in chiave cospirologica in http://xoomer.alice.it/controvoce/sto-gcc1.htm e http://xoomer.alice.it/controvoce/sto-gcc2.htm; vedi anche il sito del movimento eurasiatico, http://evrazia.org. Sulla questione in genere cfr. anche le pubblicazioni di Aldo Ferrari, in particolare *La foresta e la steppa. Il mito dell'Eurasia nella cultura russa*, Scheiwiller, Milano 2003).

9. E. Morini, *Gli ortodossi. L'oriente dell'occidente,* Il mulino, Bologna 2002, p. 13.

10. *Ivi*, pp. 12-19.

11. Aa. Vv., *La Chiesa ortodossa russa. X-XX secc.*, a cura di A. Preobraženskij, Edizioni Progress, Mosca-Genova 1988; J. Ellis, *La Chiesa ortodossa russa. Una storia contemporanea*, Edb, Bologna 1989; E. Morini, *La Chiesa ortodossa. Storia. Disciplina. Culto*, Studio Domenicano, Bologna 1996; Idem, *Gli ortodossi, L'oriente dell'occidente,* Il mulino, Bologna 2002 (cfr. la bibliografia generale, pp. 126-129); R. Morozzo della Rocca, *Le Chiese ortodosse, Una storia comparata,* Studium, Roma 1997.

12. «I "barbari" dell'Oriente europeo, cioè gli slavi, sono stati indubbiamente più recettivi e meno creativi dei loro omologhi occidentali» (E. Morini, *Gli ortodossi*, cit., p. 17).

13. Secondo Lev Bronstein (Trotskij) «l'essersi la Russia costituita come uno Stato plurinazionale è il risultato della sua storica tarditività» (L.D. Trotskij, *Storia della Rivoluzione russa*, Gte Newton, Roma 1994, p. 299; vedi tutto il capitolo «La questione nazionale», pp. 286-305). Sull'evoluzione dell'idea nazionale negli anni '20-'30 del ventesimo secolo nell'Urss cfr. *История России XX - до начала XXI века*, под ред. Л.В. Милова, Москва 2006, pp. 387-393 e 469-477 (*Storia della Russia del XX secolo - inizio del XXI secolo,* a cura di L.B. Milov, Mosca 2006); sulla questione in genere vedi A. Kappeler, *La Russia. Storia di un impero multietnico*, a cura di A. Ferrari, Edizioni Lavoro, Roma 2006; sulla politica verso la Chiesa ortodossa russa O. Vasil'eva, *Russia martire, La Chiesa ortodossa dal 1917 al 1941*, La Casa di Matriona, Seriate (Bg) 1999.

14. A. Carile, *Materiali di storia bizantina,* Scarabeo, Bologna 1994, p. 337.

15. Secondo la tradizione storica ci sarebbero stati ben cinque battesimi dell'antica Russia. Primo battesimo: I sec. d.C., la predicazione dell'apostolo Andrea nelle terre slave; il viaggio da Korsun' fino a Novgorod. Secondo battesimo: gli anni '60 del IX secolo, Costantino (Cirillo) e Metodio ricevono l'ordine dall'imperatore Michele III (842-867) di predicare la fede cristiana tra gli slavi; battezzano duecento famiglie

nelle terre russe meridionali; creano l'alfabeto slavo. Terzo battesimo: 867, battesimo dei russi a Costantinopoli nei tempi del patriarca di Costantinopoli Fozio (820-891) (dall'enciclica dell'anno 867 ai patriarchi orientali). Quarto battesimo: ca. 955 (957?), battesimo della principessa Olga (945-960) a Costantinopoli. Quinto battesimo: 988, conversione del grande principe Vladimiro (980-1015), nipote di Olga, alla fede cristiana; inserimento della Russia nella comunità dei popoli cristiani; sottomissione al patriarcato di Costantinopoli della Chiesa e della sua organizzazione; adozione della lingua liturgica ed ecclesiastica slava; costruzione di cattedrali e chiese; Kiev diventa il centro della Russia.

16. F. Dölger, *Byzanz und die europaische Staatenwelt,* Darmstadt 1964.

17. *Racconto dei tempi passati. Cronaca russa del secolo XII*, a cura di I.P. Sbrizolo, con un saggio storico-introduttivo di D.S. Lichačëv, Einaudi, Torino 1971; *Nestore l'Annalista. Cronaca degli anni passati (XI-XII secolo)*, a cura di A. Giambelluca Kossova, San Paolo, Milano 2005.

18. «980 [...]. E cominciò a regnare Volodimir a Kiev da solo, ed eresse simulacri sulla collina [... il simulacro di] Perun in legno, con la testa d'argento e i baffi d'oro, e di Chors, e di Daž'bog, e di Stribog, e di Simar'gl, e di Mokoš» (*Racconto dei tempi passati*, cit., p. 46). *Perun*, dio del temporale - fulmine - tuono; *Chors*, dio del sole (disco solare, cfr. коло, хор, хоровод); *Daž'bog*, dio della luce e del sole, donatore di ricchezza, e *Stribog*, dio del cielo («Ecco, i venti, nipoti di Stribog, soffiano dal mare con le frecce sulle schiere fiere di Igor», *Il cantare di Igor'*, a cura di E.T. Saronne, Pratiche Editrice, Parma p. 80); *Simar'gl*, cane alato, protettore delle semine e della raccolta; *Mokoš*, dea della fertilità, dell'acqua, protettrice dei lavori femminili e della sorte delle fanciulle. La parola *bog*, dio, è di possibile origine iranica (cfr. Б.А. Рыбаков, *Язычество древних славян*, Москва 1981 e *Язычество древней Руси*, Москва 1987; B. Rybakov, *Paganesimo degli slavi antichi*, Mosca 1981 e *Paganesimo della Rus' antica*, Mosca 1987). Vedi anche una rassegna delle opere in lingua italiana sulla mitologia slava precristiana nel sito http://www.bifrost.it/SLAVI/Bibliografia/Ricerca.html.

19. J.G. Frazer, *Il ramo d'oro,* Newton Compton, Roma 1992, in part. il cap. «L'uccisione dello spirito arboreo», § 6: *Morte e resurrezione di Kostrubonko*. Vedi anche V. Propp, *Feste agrarie russe. Una ricerca storico-etnografica*, Dedalo, Bari 1993; E. Gasparini, *Il matriarcato slavo. Antropologia culturale dei protoslavi*, Sansoni, Firenze 2010, pp. 491-708.

20. Cfr. Н.И. Павленко - И.Л. Андреев - В.А. Федоров, *История России с древнейших времен до 1861 г.*, Москва 2004, pp. 41-42 (N. Pavlenko - I. Andreev - V. Fedorov, *Storia russa dai tempi antichi fino al 1861*, Mosca 2004).

21. Dalla Bulgaria attraverso il Volga.

22. Cfr. *Yéhúdàh ha-Léwi, Il re dei Khàzari,* tr. di E. Piattelli, Bollati Boringhieri, Torino 1960. Il re dei Khàzari «si mise a indagare sulle credenze e sulle fedi, e alla fine si fece ebreo, e con lui un gran numero di Khàzari» (p. 19). Yéhúdàh ha-Léwi fu un poeta della Spagna medievale (XII sec.); «ha per primo sottoposto ad una critica radicale la tesi dell'identità tra verità filosofica e verità religiosa in forma di dialogo tra un saggio e un khàzaro» (p. 5).

23. *Racconto dei tempi passati*, cit., pp. 49-50.

24. Cfr. G. Fedalto, *Chiesa di Roma, Chiese dell'Europa orientale e Chiese d'Oriente nel medioevo*, in *Itinerari di idee, uomini e cose fra Est ed Ovest europeo,* Udine, 21-24 novembre 1990, Atti del convegno internazionale, a cura di M. Ferrazzi, Aviani, Tricesimo (Ud) 1991, pp. 67-76.

25. E. Morini, *Gli ortodossi*, cit., p. 23.

26. L'arianesimo è una dottrina cristologica elaborata da Ario, sacerdote e teologo di Alessandria d'Egitto (256-336). Egli negava la piena uguaglianza sostanziale tra il Padre e il Verbo in cielo, sostenendo che il Verbo era «simile» al Padre, ma non «uguale»; insomma il Verbo, per quanto fosse la più meravigliosa creatura, era inferiore al Padre. Il Concilio di Nicea (325) – il primo ecumenico – convocato dall'imperatore Costantino (da lui, non dal papa del tempo, Silvestro!), proclamò invece che il Verbo è «della stessa sostanza del Padre». Gli ariani furono dunque condannati, e il sovrano si incaricò di punirli mandando in esilio lo stesso Ario e altri suoi seguaci. Il potere politico si assumeva così il compito di punire gli «eretici», definiti tali dal potere ecclesiastico. Negli anni successivi, quando gli parve che prevalessero di nuovo gli ariani, Costantino si pose però dalla loro parte. L'imperatore cambiò il suo atteggiamento in base a considerazioni di opportunità politica, e non certo per ragioni teologiche. Nei tre secoli successivi a Nicea diversi popoli «barbari» – soprattutto germanici – accolsero il cristianesimo nella sua versione ariana, grazie anche alla predicazione condotta nel IV secolo fra i goti da parte di Ulfila (311-383), traduttore della Bibbia in lingua gotica. Dopo il VII secolo l'arianesimo scomparve, e come movimento non si è mai più ricostituito (L. Sandri, *Dal Gerusalemme I al Vaticano III*, cit., pp. 39-43).

27. Della «tentazione» dei monaci irlandesi di recarsi in missione presso i «veneti che sono detti anche slavi» ci racconta Giona di Bobbio nel VII sec. d.C. (cfr. Giona di Bobbio, *Vita di Colombano e dei suoi discepoli,* a cura di I. Biggi e A. Granata, Jaca Book, Milano 2001, pp. 131-132).

28. G. Ostrogorsky, *Storia dell'impero bizantino,* Einaudi, Torino 1993, pp. 324-361.

29. Cfr. *Il cantare di Igor'*, cit.; B. Rybakov, *Paganesimo degli slavi antichi*, cit. e *Paganesimo della Rus' antica*, cit.

30. П. Флоренский, *Православие*, in *Христианство и культура*, Харьков 2001, p. 486 (P. Florenskij, *L'ortodossia*, in *Cristianesimo e cultura*, Charkiv 2001).

31. Cfr. il saggio storico-introduttivo di D.S. Lichačëv in *Racconto dei tempi passati*, cit., pp. XI-CXXIII, in part. pp. LXXXVIII-LXXXIX.

32. N. Riasanovsky, *Storia della Russia*, cit., pp. 87-88.

33. Cfr. E. Morini, *Gli ortodossi*, cit., pp. 11-12; *Древняя Русь в свете зарубежных источников*, под ред. Е.А. Мельниковой, Москва 2003, pp. 387-397 (*La Rus' antica nelle fonti estere*, a cura di E. Melnikova, Mosca 2003).

34. Come scriveva Carile: «Non si può [...] fuggire da Bisanzio, perché è il fondamento storico di una identità culturale e nazionale. Un debito storico che va riconosciuto anche sul tavolo del più scettico razionalismo: le nazioni balcaniche e i popoli russi debbono la loro attuale identità storica alla Chiesa ortodossa; non si può fuggire da Bisanzio perché è il centro morale di una grande Chiesa cristiana oggi viva in tutto il mondo; non si deve fuggire da Bisanzio perché l'utopia etico-politica che la sua memoria incarna non ha esaurito la sua funzione storica e non potrà esaurirla finché gli uomini, oltre gli odi oltre le paure oltre gli appetiti, mediteranno sulla ricerca di fraternità e sulla speranza di salvezza, entro le forme del vivere in società: Bisanzio, nella sua specularità e contraddizione, ci tramanda lezioni di alta cultura e di impareggiabile erudizione, ma ci consegna anche modelli sociali ad alta integrazione, in cui pace e guerra vengono ricondotti alle matrici etiche piuttosto che alla fattualità della storia» (A. Carile, *Materiali di storia bizantina*, cit., p. 363).

35. F. Dölger, *Byzanz und die europaische Staatenwelt*, cit.; D. Obolensky, *The principles and methods of byzantine diplomacy*, Belgrade-Ochrid 1961; Idem, *The Byzantine Commonwelth. Eastern Europe, 500-1453*, London 1971; A. Carile, *Materiali di storia bizantina*, cit., pp. 324-329.

36. L'imperatore bizantino Giustiniano (527-565) nel 535 nella *Novella VI* tratta di *sacerdotium* e *imperium*. *Sacerdotium et imperium* sono i massimi doni elargiti da Dio agli uomini. L'uno, il *sacerdotium*, riguarda le cose divine, l'altro, l'*imperium*, presiede le cose umane e le controlla. Entrambi, poiché derivano da un unico medesimo principio, adornano (*exornant*) la vita umana. Pertanto niente starà maggiormente a cuore (*studiosum erit*) agli imperatori quanto l'onestà dei sacerdoti, poiché essi pregano continuamente Dio anche per loro. E qui l'imperatore del VI secolo introduce l'idea dell'impero universale e della sinfonia (*consonantia*) che deve esservi tra *imperium* e *sacerdotium*. L'armonia deve essere una caratteristica essenziale e questa è utile (*utile est*) al genere umano. Nella *Novella VI* si legge: «Se infatti *sacerdotium* è del tutto irreprensibile, fiducioso in Dio e se l'*im-*

perium con rettitudine e competenza provvede alla *res publica* a lui affidata, vi sarà una mirabile sinfonia che conferirà al genere umano ogni utilità». Se vi sarà questa armonia ne beneficerà tutto il genere umano. Difesa della religione e difesa dell'impero si saldano e si può trovare la manifestazione di questo disegno, ad esempio, nella punizione della bestemmia da parte di Giustiniano. A distanza di secoli a Bisanzio la nozione di una dualità di giurisdizioni – spirituale e temporale – permane costante nel fatto e nel pensiero. Come ribadisce nel suo recente libro Giovanni Tabacco, la Chiesa è concepita non come una parte dell'amministrazione pubblica, ma come istituzione autonoma, fondata sulla tradizione apostolica e quindi viene disciplinata parallelamente alla cosa pubblica, attraverso organi autonomi di fronte agli ufficiali imperiali, in nome di una tradizione diversa da quella politica. Di ciò vi è piena consapevolezza a Bisanzio. È nota la distinzione affermata da Giustiniano nel *Corpus iuris* fra le cose divine e umane, fra sacerdozio e impero. A distanza di quattro secoli questo concetto è ribadito dalle parole di Giovanni Zimisce in occasione della morte del patriarca Poliuto: se unico è l'eterno sovrano del mondo, signore delle cose visibili e invisibili, due sono in questa vita terrena i poteri a cui l'artefice sommo affida il governo dell'uomo, il sacerdozio, che ha cura delle anime e delle cose divine, e il regno, che domina i corpi. La distinzione tende a mantenersi anche al sommo delle due gerarchie, sacerdotale e civile. Le leggi bizantine pongono il patriarca di fronte all'imperatore: stabiliscono i loro compiti rispettivi, escludono l'appello dalle sentenze dell'uno a quelle dell'altro. Il patriarca è la fonte di tutti i giudizi ecclesiastici, che in lui si risolvono e ritornano, è immagine vivente del Cristo, deve guidare i fedeli con l'esempio di una vita pia e grave, lontana dal mondo, deve insegnare le verità sacre, interpretare le definizioni dei santi padri e dei sinodi, parlare ai principi senza timore in difesa dei dogmi, giudicare con mitezza le anime e mostrarsi severo agli indocili. L'imperatore sta di fronte al patriarca, e pur lo sopravanza non solo in materiale potenza, ma in gloria e grandezza, prese in senso assoluto. Il carattere sovrumano riconosciuto alla dignità imperiale assicura al principe la signoria assoluta sul mondo cristiano, garantendo visibilmente quell'unità di Chiesa e impero che risponde a un'esigenza costantemente e universalmente sentita dalla cristianità. Come si vede già da questo brevissimo sunto, il concetto della sinfonia, collaborazione dei due poteri, a Bisanzio è ben più complesso di quello che di consueto viene presentato dalla tradizione occidentale come «cesaropapismo» bizantino, inteso come assorbimento della Chiesa nell'amministrazione dello Stato (cfr. G. Tabacco, *La relazione tra i concetti di potere temporale e di potere spirituale nella tradizione cristiana fino al secolo XIV*, a cura di L. Gaffuri, Firenze University press, Firenze 2010, pp. 59-62).

37. Cfr. D. Obolensky, *Late byzantine Culture and the Slavs. A Study in Acoulturation,* XVe Congrès International d'études byzantines, Athens 1976.

38. Cfr. ad es. G. Palamas, *Atto e luce divina. Scritti filosofici e teologici,* a cura di E. Perrella, Bompiani, Milano 2003; in part. l'«Introduzione» di Ettore Perrella, pp. VII-CXXIX.

39. И.П. Медведев, *Византийский гуманизм XIV-XV вв.,* Санкт-Петербург 1997 (I. Medvedev, *Umanesimo bizantino. Secoli XIV-XV,* San Pietroburgo 1997). Cfr. S. Runciman, *The last Byzantine Renaissance,* Cambridge 1970; M. Bazzani, *Theodore Metochites, a bizantine Humanist*, Byzantion 2006, pp. 32-52.

40. Gregoras Nicephorus, *Byzantina Historia*, ed. L. Schopen - I. Bekker, Bonn 1829-1830; Gregoras Nikephoros, *Rhomäische Geschichte. Historia Rhomaïke*, Übersetzt und Erläutert von J.-L. van Dieten, Stuttgart 1973-1994; V. Guilland, *Essai sur Nicephore Gregoras: l'homme, et l'œuvre,* Paris 1926.

41. Cfr. J. Meyendorff, *Byzantine Hesychasm. Historical, theological and social Problems*, London 1974; Idem, *Byzantium and the Rise of Russia. A Study of Byzantino-Russian Relations in the Fourtheenth Century*, Cambrige (Mass.) 1981; Idem, *О византийском исихазме и его роли в культурном и политическом развитии Восточной Европы в XIV в.*, t. XXIX, Ленинград 1974 (*Sull'esicasmo bizantino e sul suo ruolo nello sviluppo politico e culturale dell'Europa Orientale nel XIV sec.*, t. XXIX, Leningrado 1974). Uno dei centri italiani attorno al quale si svolge un'intensa attività di ricerca sull'esicasmo e sulla spiritualita russa è il monastero di Bose in Piemonte. Ringrazio fr. Adalberto Mainardi per avermi concesso in anteprima il testo del suo articolo che ripercorre le tematiche dei convegni sulla spiritualità russa e sull'esicasmo tenutisi a Bose a partire da quello su *San Sergio di Radonez e il suo tempo* (1993), seguito da *Nil Sorskij e l'esicasmo* (1994) ed altri. А. Майнарди, *Исихазм как духовная жизнь, Заметки о значении международных конференций в Бозе для изучения исихазма (1993-2006)*, in *Исихазм, древняя мистико-аскетическая практика Восточного христианства*, специальный тематический выпуск журнала «Символ» 52 (2007) (A. Mainardi, *Esicasmo come vita spirituale. Appunti sul significato delle conferenze internazionali di Bose per lo studio dell'esicasmo [1993-2006]*, in *Esicasmo, l'antica prassi dell'ascesi mistica del cristianesimo orientale*, edizione speciale della rivista «Simbolo» 52 [2007]); Idem, *Insieme verso l'unità. L'esperienza monastica e il cammino ecumenico*, Qiqajon, Magnano (Bi) 2014, pp. 95-107. Sulla comunità di Bose vedi anche L. Berzano - A. Cassinasco, *Cristiani d'Oriente in Piemonte,* L'Harmattan Italia, Torino 1999, pp. 68-79.

42. Enrico Morini parla, a questo proposito, di due operazioni, opposte nella dinamica ma coincidenti negli effetti, secondo le direttrici di due movimenti rispettivamente centripeto e centrifugo. Il primo è determinato dalla forza di attrazione di quella che può essere definita come l'«internazionale» esicastica, la quale facilitò la concentrazione, nelle sedi più attive di questo movimento, di monaci greci e slavi delle diverse nazionalità. Questi centri di formazione esicastica – e, per gli slavi, di sensibilizzazione panortodossa – furono, oltre ai monasteri di Costantinopoli, soprattutto, e di Tessalonica, quelli del Monte Athos, di Meteora in Tessaglia e i già ricordati esicasteri bulgari di Panaria e di Chilifarevo. Il movimento di dispersione è invece legato alla progressiva caduta di tutta la penisola balcanica in mano ai turchi. La conquista turca genera una vera diaspora dei discepoli di questi centri di formazione esicastica nei Paesi della Slavia ortodossa, «rinnovandone, e nel contempo confermandone, la fisionomia unitaria» (E. Morini, *La chiesa ortodossa*, cit., pp. 162-163). Cfr. Г.М. Прохоров, , *Русь и Византия в эпоху Куликовской битвы, Повесть о Митяе*, Птб 2000, pp. 18-30 (G. Prokhorov, *Rus' e Bisanzio all'epoca della battaglia campale di Kulikovo. Racconto su Mitiaj*, San Pietroburgo 2000). Prokhorov parla del carattere «sovranazionale» della «comunità» esicastica (p. 26). Cfr. anche alle pp. 28-30 i quattro modi di intendere la parola «esicasmo» e le relative teorie di Meyendorff.

43. I. Smolitsch, *Santità e preghiera, Vita e insegnamenti degli «staretz» della Santa Russia*, Gribaudi, Torino 1984, pp. 30-45.

44. *Ivi*, pp. 54-67; Г.М. Прохоров, *«Общежительное безмолвие»: полемика с Нилом Сорским*, in «Церковь и время» 18 (2002), pp. 150-178 (G. Prokhorov, *«Silenzio cenobitico»: polemica con Nil Sorskij*, in «Chiesa e tempo» [Mosca] 18 [2002]).

45. A. Kuzmin, *Storia russa dall'antichità fino al 1618*, cit., pp. 199-206; A. Piovano, *La vita cenobitica come fattore di rinnovamento nel monachesimo russo*, in *Vie del monachesimo russo*. Atti del IX Convegno ecumenico internazionale di spiritualità ortodossa, sezione russa, Bose, 29-22 settembre 2001, a cura di A. Mainardi, Qiqajon, Magnano (Bi) 2002, pp. 113-170, in part. pp. 132- 140.

46. Н.В. Синицына, *Третий Рим. Истоки и эволюция русской средневековой концепции (XV-XVI вв.)*, Москва 1998 (N. Sinitsina, *La terza Roma. L'origine e l'evoluzione del concetto medievale [secoli XV-XVI]*, Mosca 1998). Si vedano anche i materiali dei convegni internazionali di studi storici *Da Roma alla Terza Roma*.

47. Sarebbe interessante analizzare questa contrapposizione in chiave junghiana: cfr. *Il problema dei tipi nella storia dello spirito antico e medievale*, in C.G. Jung, *Tipi psicologici,* Gte Newton, Roma 2004, pp. 19-63.

48. N. Pavlenko - I. Andreev - V. Fedorov, *Storia russa dai tempi antichi fino al 1861*, cit., pp. 212-216.

49. I. Smolitsch, *Santità e preghiera*, cit.; *Vie del monachesimo russo*, cit.; cfr. *Storia del cristianesimo. L'età contemporanea*, cit., pp. 314-316.

50. Abbiamo affrontato questo argomento in M. Bakhmatova, *L'universo della «Storia universale»* (ottobre 2007), http://www.biosferanoosfera.it/scritti/storiografia%20universale.pdf.

51. Cfr. И. Мейендорф, *Произошла ли во Флоренции встреча между Востоком и Западом?*, www.krotov.info/spravki/temy/p/prav_kat.html (I. Meyendorff, *A Firenze c'è stato davvero un incontro tra l'Oriente e l'Occidente?*).

52. В.А. Федоров, *Русская Православная Церковь и государство. Синодальный период. 1700-1917*, Москва 2003 (V. Fedorov, *La Chiesa ortodossa russa e lo Stato. Periodo sinodale. 1700-1917*, Mosca 2003).

53. I. Goraïnoff, *Serafino di Sarov, vita, colloquio con Motovilov, scritti spirituali,* Gribaudi, Milano 1995.

54. *Storia del cristianesimo. L'età contemporanea*, cit., pp. 318-320; A. Ferrari, *La foresta e la steppa*, cit., pp. 31-40.

55. Il cognome Хомяков viene traslitterato sia come Khomiakov che come Chomjakov.

56. Cfr. A. Cavazza, *«La Chiesa è una» di A.S. Chomjakov. Edizione documentario-interpretativa*, Il Mulino, Bologna 2007.

57. G. Piovesana, *Storia del pensiero filosofico russo (988-1988)*, cit., p. 119.

58. *Compendio liturgico ortodosso, ad uso delle Chiese ortodosse italofone di rito bizantino-slavo*, a cura di A. Lotti, Il Cerchio, Rimini 1990, p. 221. Credo di Nicea-Costantinopoli: «Εἰς μίαν, Ἁγίαν, Καθολικὴν καὶ Ἀποστολικὴν Ἐκκλησίαν».

59. «Ma la caratteristica, che desidero in maniera speciale sottolineare nella condotta tenuta dagli apostoli degli slavi, Cirillo e Metodio, è il loro modo *pacifico* di edificare la Chiesa, guidati dalla loro visione della Chiesa una, santa e universale» (Epistola enciclica di Giovanni Paolo II, *Slavorum apostoli* [2.6.1985], http://www.vatican.va/holy_father/john_paul_ii/encyclicals documents/hf_jp-ii_enc_19850602_slavorum-apostoli_it.html).

60. G. Piovesana, *Storia del pensiero filosofico russo*, cit., pp. 119-120.

61. *Concilio giubilare dei vescovi della Chiesa ortodossa russa, 13-16 agosto 2000* (versione italiana, http://digilander.libero.it/ortodossia/principibase.htm; pubblicato in «Il Regno - Documenti» 5 [1° marzo 2001]).

62. E. Morini, *La Chiesa ortodossa*, cit.; Idem, *Gli ortodossi*, cit.; Idem, *L'albero dell'ortodossia*, in «L'Oriente cristiano» 4 (2006); Idem, *Richiami alle tradizioni di apostolicità ed organizzazione ecclesiastica nelle sedi patriarcali d'Oriente*, in «Bullettino dell'Istituto storico italiano per il medio evo e Archivio muratoriano» 89 (1980-1981), pp. 1-69.

63. *Storia del cristianesimo. L'età contemporanea*, cit., pp. 261 ss.

64. E. Morini, *Gli ortodossi*, cit., pp. 41-57; vedi anche una semplice ed essenziale sintesi della questione con elenco bibliografico delle principali opere in italiano: *L'idea di pentarchia nella cristianità*, in http:// www.homolaicus.com/storia/medioevo/pentarchia/pentarchia.htm.

65. Alla vigilia della conclusione del Concilio Vaticano II, il 7 dicembre 1965 lo scisma venne cancellato dal patriarca di Costantinopoli Athenagoras e da papa Paolo VI: essi dichiararono di comune accordo di «dolersi delle parole offensive, dei rimproveri senza fondamento, e dei gesti riprovevoli che, da una parte e dall'altra, hanno segnato o accompagnato i tristi eventi di quell'epoca», e di volere perciò «togliere dalla memoria e dal mezzo della Chiesa le sentenze di scomunica che ne sono conseguiti, e il cui ricordo costituisce fino ai nostri giorni un ostacolo al riavvicinamento nella carità, e votarle all'oblio» (*Dichiarazione comune di papa Paolo VI e del patriarca Athenagoras*, in «La civiltà cattolica» 1 [1966], p. 80). Cfr. A. Riccardi, *Il Vaticano e Mosca*, Laterza, Roma-Bari 1992, pp. 265-342; L. Sandri, *Dal Gerusalemme I al Vaticano III*, cit., pp. 815-816. Per la storia dei rapporti interecclesiastici vedi *Histoire du christianisme*, sous la direction de J.-M. Mayeur, L. Pietri, A. Vauchez, M. Venard, t. IV, *Eveques, moines et empereurs (610-1054)*, pp. 7-371, *Le christianisme byzantin du VIIe au milieu du XIe siecle*, Desclee, Paris 1993; J. Meyendorff, *Lo scisma tra Roma e Costantinopoli*, a cura di A. Rigo, Qiqajon, Magnano (Bi) 2005.

66. *Congregazione per la dottrina della fede. Nota sull'espressione «Chiese sorelle»*, Roma, 30 giugno 2000, www.vatican.va/roman_curia/congregations/cfaith/documents; cfr. anche E. Morini, *Roma nella Pentarchia*, in *Roma fra Oriente e Occidente*. Atti della XLIX Settimana di studio sull'alto medioevo, Spoleto, 19-24 aprile 2001, Centro italiano di studi sull'alto medioevo, Spoleto 2002, vol. II, pp. 833-942; V. Peri, *La Pentarchia: istituzione ecclesiale (IV-VII sec.) e teoria canonico-teologica*, in *Bisanzio, Roma e l'Italia nell'Alto Medioevo*. Settimane di studio del Centro italiano di studi sull'alto medioevo, Centro italiano di studi sull'alto medioevo, Spoleto 1988, vol. I, pp. 209-311; F. Dvornik, *Byzance et la primauté romaine*, Paris 1964. È interessante che anche Meyendorff definisca la pentarchia come «un principio di falsa ecclesiologia», in И. Мейендорф, *Произошла ли во Флоренции встреча между Востоком и Западом?*, www.krotov.info/spravki/temy/p/prav_kat.html (I. Meyendorff, *A Firenze c'è stato davvero un incontro tra l'Oriente e l'Occidente?*).

67. N. Sinitsina, *La terza Roma, l'origine e l'evoluzione del concetto medievale*, cit., pp. 299-305.

68. E. Morini, *Gli ortodossi*, cit., pp. 37-57. Cfr. anche А. Кырлежев, *Проблемы церковного устройства современного православия*, in «Русский

Архипелаг», http://www.archipelag.ru/authors/kirlejev/?library=942&version=forprint (A. Kyrlezhev, *I problemi di organizzazione ecclesiastica dell'ortodossia contemporanea*, in «Arcipelago russo»).

69. *Vescovo Alfeyev: il patriarca di Costantinopoli non è il «papa dell'Est»*, in «Italia Ortodossa» XXXI (2007), pp. 34-35.

70. Cfr. sul concetto del territorio canonico in Russia e sul suo sviluppo nel tempo *Формирование канонической территории РПЦ*, http://www.strana-oz.ru/?numid=7&article=292 (*La formazione del concetto del territorio canonico della Chiesa ortodossa russa*).

71. *Congregazione per la dottrina della fede. Nota sull'espressione «Chiese sorelle»*, cit.

72. Cfr. in part. http://www.mitropolia-spb.ru/vestnik/y2002/n8/05.shtml.

73. Cfr. il testo dello *Statuto della Chiesa ortodossa russa*, approvato nel 2000, http://www.mospat.ru/index.php?mid=164.

74. Cfr. Costituzione dogmatica *Pastor aeternus* del 18.7.1870 (U. Bellocchi, *Tutte le encicliche*, cit., vol. IV, pp. 334-340; *Conciliorum oecumenicurum decreta*, Edb, Bologna 1991, 811-816).

75. *Statuto della Chiesa ortodossa russa*, cit.

76. *Ibidem*.

77. N. Kokosalakis, *The historical continuity and cultural specificity of Eastern Orthodox Christianity*, in *Religions sans Frontières?*, Roma, Istituto poligrafico e zecca dello Stato, Roma 1994, p. 132. Ricordiamo che anche la Chiesa cattolica ebbe un suo breve periodo di conciliarismo quando si decretava la supremazia del concilio sul papa (Concilio di Costanza, 1414-1418); cfr. L. Sandri, *Dal Gerusalemme I al Vaticano III*, cit., pp. 159-176.

78. L. Berzano - A. Cassinasco, *Cristiani d'oriente in Piemonte*, cit., p. 9.

79. P.N. Evdokìmov, *Teologia della bellezza. L'arte dell'icona*, Edizioni Paoline, Milano 1984, pp. 29-54.

80. N. Berdjaev, *Filosofia dello spirito libero: problematica e apologia del cristianesimo*, ed. it. a cura di G. Riconda, San Paolo, Cinisello Balsamo (Mi) 1997; Idem, *L'idea russa: i problemi fondamentali del pensiero russo (XIX e inizio XX secolo)*, a cura di C. De Lotto, Mursia, Milano 1992.

81. *Racconti di un pellegrino russo*, a cura di A. Pentkovskij, Città Nuova, Roma 2002.

82. *Allocuzione del Santissimo patriarca di Mosca e di tutta la Russia Aleksij II al clero e ai consigli parrocchiali di Mosca nella riunione diocesana del 23 dicembre 1998*. Cfr. E. Bianchi, *La testimonianza della tradizione spirituale ortodossa all'Occidente cristiano, i convegni internazionali di Bose*

(1993-2006). Ringrazio A. Mainardi per avermi concesso la possibilità di conoscere questo testo di Enzo Bianchi.

83. Cfr. S. Salvestroni, *Dostoevskij e la Bibbia,* Qiqajon, Magnano (Bi) 2000.

84. Anche se questo fatto non convince tutti gli studiosi, cfr. A.J. Sopko, *La lotta per la teologia patristica nella Chiesa di Russia*, in «Italia Ortodossa» XXXI (2007), pp. 36-55.

85. Cfr. la variante cattolica: «Noi crediamo [...] nello Spirito Santo, che è Signore e dà la vita, procede dal Padre e dal Figlio, e con il Padre e il Figlio è adorato e glorificato», in *Catechismo cattolico degli adulti. La confessione di fede della Chiesa*, Paoline, Cinisello Balsamo (Mi) 1989, p. 95. E la variante ortodossa: «Credo [...] nello Spirito Santo, che è Signore e dà la vita, procede dal Padre, e insieme con il Padre e con il Figlio è adorato e glorificato» (tr. mia). Questa la versione del *Compendio liturgico ortodosso* (cit., p. 221): «Credo [...] nello Spirito, che è santo, Signore, vivifico, procede dal Padre, insieme col Padre e col Figlio è adorato e glorificato». Vedi anche E. Morini, *Gli ortodossi*, cit., pp. 31-32; V. Lossky, *La teologia mistica della Chiesa d'Oriente*, Il Mulino, Bologna 1967. La questione del *filioque* è estremamente complessa e in questa sede non entriamo in merito.

86. «In tutte le chiese della Spagna o della Galizia, secondo la norma delle Chiese orientali, del Concilio di Costantinopoli, cioè di centocinquanta vescovi, si reciti il Simbolo della Fede, in modo che prima di dire l'Orazione domenicale sia recitato a chiara voce dal popolo» (Benedetto XIV, enciclica *Allatae sunt*, in U. Bellocchi, *Tutte le encicliche*, cit., vol. I, p. 340; cfr. anche pp. 343-345).

87. Cfr. P.N. Evdokìmov, *Teologia della bellezza*, cit., pp. 231-243.

88. *Patrologiae cursus completus, Series Graeca*, ed. J.-P. Migne, Paris 1857-1866, VII, col. 1120.

89. Cfr. V. Lossky, *A immagine e somiglianza di Dio,* Dehoniane, Bologna 1999.

90. Cfr. *Il colloquio con Motovilov*, in I. Goraïnoff, *Serafino di Sarov*, cit., pp. 153-185.

91. V. Lossky, *La teologia mistica della Chiesa d'Oriente,* Il Mulino, Bologna 1967; R. Gambino, *La luce increata nell'antropologia della divinizzazione in Gregorio Palamas* (www.mediaevalsophia.net/_fascicoli/02/postilla_Gambino_MS2.pdf?phpMyAdmin=45359ee9ec0e3d22eaea414acdb2f07a).

92. Vedi l'enciclica di Pio IX *Ineffabilis Deus* del 8.12.1854 (U. Bellocchi, *Tutte le encicliche*, cit., vol. IV, pp. 131-142; *EE* 2, 739-765; E. Morini, *Gli ortodossi*, cit., pp. 35-36).

93. «È il cortile di Ivan. / Non è né vicino né lontano. / Esso è su sette pali; / intorno a questo cortile / c'è una palizzata d'argento; / in una paliz-

zata / ovunque un'erba di seta; / su ogni paletto / c'è una perla. / Dentro questa palizzata / ci sono tre torri / con il tetto d'oro: / sulla prima torre / brillava la luna, / sulla seconda torre / il sole rosso, / sulla terza torre / stelline fitte. / Se brillava la luna, / il padrone era in casa, / se brillava il sole rosso / c'era la padrona, / se brillavano le stelline fitte / c'erano i figlioletti» (V.J. Propp, *Feste agrarie russe*, cit., pp. 85-86). Questa canzone si cantava nel periodo natalizio, quando i giovani del paese andavano a «cantar la stella», come si dice nel veronese. Un altro esempio è il paragone tra la madre di Dio e l'aurora. Tropario in memoria della Madre di Dio di Vladimir: «Oggi è splendidamente ornata la città di Mosca, la più fulgida, avendo ricevuto *come l'aurora, o Signora, la tua icona miracolosa* [corsivo mio]; rifugiandoci noi ora in essa e volgendo a te la nostra preghiera così esclamiamo: O Sovrana d'ogni splendore, prega tu il Cristo fattosi carne in te, perché salvi questa città e tutte le città e paesi cristiani, perché li renda invulnerabili contro qualunque attacco nemico e perché Lui, il Clemente, salvi le anime nostre» (si recita in occasione di tre festività dedicate alla Madre di Dio: 21 maggio, 23 giugno, 26 agosto) (cfr. *La Santa Russia. Il cristianesimo ortodosso nei riti, nelle icone, nelle Chiese*, a cura di I. Reissner, Città Nuova, Roma 1987, p. 58; cfr. anche E. Gasparini, *Il matriarcato slavo*, Sansoni, Firenze 1973).

94. M. Peri, *Ma il quarto dov'è? Indagine sul topos delle bellezze femminili*, Ets, Pisa 2004. «Sarebbe un errore considerare l'immagine del sole quale "rudimento del pagano culto solare". Ormai da molto tempo il sole è un evidente simbolo di Cristo» (В. Кутковой, *О древнерусских иконах. «Чудо Св. Георгия о змие»*, in «Интернет журнал Сретенского монастыря», http://pravoslavie.ru/jurnal/040531125146#rel19; V. Kutkovoj, *Sulle icone russe antiche. Il «prodigio di San Giorgio e il drago»*, in «Rivista su internet del monastero Sretenskij»); cfr. F. Conte, *Gli Slavi. Le civiltà dell'Europa centrale e orientale*, Einaudi, Torino 1991, pp. 207-214. Da notare la sopravvivenza nelle terre ucraine di un culto simil-mariano, dei cosiddetti «mariaviti», denunciati dal papa Pio X nell'epistola *Tribus circiter* del 5.4.1906 (U. Bellocchi, *Tutte le encicliche*, cit., vol. VII, pp. 206-209).

95. Cfr. l'enciclica di Benedetto XIV *Allatae sunt* del 26.7.1755 (U. Bellocchi, *Tutte le encicliche*, cit., vol. I, pp. 323-356, in part. pp. 337-339). Sulle definizioni uniatismo/unionismo vedi E. Fouilloux, *Chiese orientali cattoliche e uniatismo*, in «Concilium» 6 (1996), pp. 150-160. «Uniatismo» è un termine a forte connotazione polemica, usato prevalentemente dalle Chiese ortodosse per designare un modo di riassorbimento dello scisma inaccettabile ai loro occhi. «Unionismo», invece, è una definizione che si usa di solito dai cattolici per il metodo con cui le Chiese orientali vengono aggregate alla Chiesa di Roma. Date le circostanze della nascita di que-

sto fenomeno e i suoi frutti, Fouilloux ritiene più appropriato il termine «uniatismo».

96. Sulla faccenda della *Tetragamia* e di Leone VI (886-912) cfr. S. Runciman, *La teocrazia bizantina*, Firenze, Sansoni 1977, pp. 86-92. Cfr. anche E. Morini, *Gli ortodossi*, cit., pp. 94-95. Per la situazione attuale cfr. *Основы Социальной концепции русской православной церкви* (13-16 agosto 2000, X, 3), http://www.mospat.ru/index.php?mid=90 (*Basi del concetto sociale della Chiesa ortodossa russa*, X, 3).

97. Come spiega Luigi Sandri, nel contesto dello sconquasso provocato dalla caduta dell'impero romano d'Occidente e dalle invasioni barbariche che solo poco alla volta permisero di creare, e non senza contraddizioni e lacerazioni, un «altro mondo», la città di Roma – con il Lazio, possiamo dire – rimase senza guida, o con piccoli poteri che, spesso, si dilaniavano tra loro. È in tale situazione che i vescovi della città iniziano a esercitare una supplenza impensabile fino al quarto secolo: per soccorrere le masse sbandate, aiutare i poveri, cercare di favorire la necessaria concordia sociale, i papi a poco a poco diventano la guida, non solo morale, della comunità. Nel loro agire si mescola, quindi, l'aspetto pastorale e l'aspetto politico, in un rapporto dialettico con le vestigia del barcollante potere civile. La crescita del potere temporale del papato va considerata in tale quadro, papato che dal 728 avrà *de jure*, su Roma e su buona parte del Lazio, un potere che già aveva *de facto*. In quell'anno, infatti, il re dei longobardi Liutprando conquistò Sutri, cittadina – oggi in provincia di Viterbo – che apparteneva ai bizantini e, con altri castelli vicini, la donò ai «beatissimi apostoli Pietro e Paolo»; cioè, in pratica, al papa regnante, Gregorio II. Nasceva così il «patrimonio di San Pietro», la culla dello Stato pontificio (L. Sandri, *Dal Gerusalemme I al Vaticano III*, cit., pp. 100-101). Iniziò in tal modo a costituirsi, o a rafforzarsi, quello che diverrà lo Stato pontificio, e quindi a Roma si avrà il papa-re: capo della Chiesa cattolica e sovrano temporale dei romani. Quando il 20 settembre 1870 gli italiani prendono Roma, papa Pio IX scomunicherà i Savoia, re d'Italia, e si ritirerà, prigioniero volontario, in Vaticano, cioè nei palazzi che attorniano la basilica di San Pietro. Nasceva così la «questione romana» che sarà chiusa l'11 febbraio 1929 con la firma dei Patti lateranensi: il papa riconosceva Roma come capitale d'Italia, e l'Italia riconosceva lo Stato della Città del Vaticano (solo 44 ettari!) che nasceva quel giorno. Il papa è sovrano dello Stato della Città del Vaticano, ma il suo potere nella Chiesa cattolica non gli deriva affatto da questa sovranità (che potrebbe anche scomparire), ma dal fatto di essere vescovo di Roma e dal proclamarsi «successore dell'apostolo Pietro».

98. *Dizionario storico del papato,* diretto da Ph. Levillain, Bompiani, Milano 1996, pp. 3-7.

99. E. Morini, *Gli ortodossi*, p. 30.

100. T. Ware, *L'orthodoxie. L'Eglise des sept conciles,* Paris 1997, p. 8; riportato da L. Berzano - A. Cassinasco, *Cristiani d'oriente in Piemonte*, cit., p. 1.

101. Cfr. H. Hunger, *Graeculus perfidus, italos itamos. Il senso dell'alterità nei rapporti greco-romani ed italo-bizantini*, Unione internazionale degli istituti di archeologia, storia e storia dell'arte, Roma 1987.

102. P.A. Catalano, *Alcuni sviluppi del concetto giuridico di Imperium Populi Romani*, in *Popoli e spazio romano tra diritto e profezia*, Edizioni scientifiche italiane, Napoli 1986. Cfr. A. Carile, *Romani o Bizantini? Ideologia imperiale e clientele militari*, in *Materiali di storia bizantina*, Lo scarabeo, Bologna 1994, p. 35; И.П. Медведев, *Некоторые правовые аспекты Византийской государственности*, in *Политические структуры эпохи феодализма в Западной Европе VI-XVII вв.*, Ленинград 1990, p. 15 (I. Medvedev, *Alcuni aspetti giuridici della statualità bizantina*, in *Strutture politiche dell'epoca feudale in Europa Occidentale,* Leningrado 1990).

103. F. Conte, *Gli Slavi*, cit., pp. 59-61.

104. E. Morini, *Gli ortodossi*, cit., p. 11.

105. E.C. Del Re, *L'Impero del patriarca*, in *L'Europa è un bluff*, «Limes» 1 (2006), pp. 173-184.

CAPITOLO IV

1 V. Gajduk, *Russia e Vaticano tra XIX e XX secolo*, cit., p. 44.

2. E. Morini, *Gli ortodossi*, cit., pp. 20-36. Cfr. anche una dettagliata analisi della questione in А.В. Бармин, *Столкновение 1053-1054*, in *Византия между Западом и Востоком*, Санкт-Петербург 2001, pp. 140-159 (A. Barmin, *Lo scontro del 1053-1054*, in *Bisanzio tra l'Occidente e l'Oriente*, San Pietroburgo 2001).

3. Robert de Clari riporta un particolare interessante: quando è partito l'ordine di attaccare Costantinopoli, molti crociati si sono scandalizzati per dover conquistare una città cristiana. I loro vescovi per rincuorarli dicevano che i greci sono traditori e assassini, non conoscono fedeltà e sono peggio degli ebrei. Tuttavia molti crociati si sono rifiutati di partecipare a questa avventura e se ne sono andati (Robert de Clari, *La conquête de Constantinople*, ed. P. Lauer, Paris 1924, p. LXXIII). Interessante a questo proposito anche l'epistola *Ex quo, nono* (26.12.1910) di Pio X su uno «scandaloso» scritto, *Pensées sur la question de l'union des Eglises*, dove venivano «conculcati i diritti della verità storica quando si definiscono latrocini quelle sacre spedizioni che furono le crociate; o

quando, il che è anche più grave, ne vengano incolpati i romani pontefici, quasi che l'opera con la quale essi cercarono di richiamare i popoli orientali a ricongiungersi alla Chiesa di Roma sia da ascriversi ad ambizione di dominio e non alla sollecitudine apostolica di pascere il gregge di Cristo» (U. Bellocchi, *Tutte le encicliche*, cit., vol. VII, pp. 448-451). Cfr. anche G. Fedalto, *Chiesa di Roma, Chiese dell'Europa orientale e Chiese d'oriente nel medioevo*, cit., pp. 67-76; K.A. Setton, *History of the Crusades*, Milwaukee & London 1969; Idem, *The Papacy and the Levant, 1204-1571*, Philadelphia 1976; S. Runciman, *Storia delle crociate*, Einaudi, Torino 1993.

4. J. Gill, *Eleven Emperors of Byzantium seek Union with the Church of Rome*, in *Church Union: Rome and Byzantium (1204-1453)*, London 1979, p. XIX. Cfr. Anche J. *Byzantium and the Papacy, 1198-1400*, New Brunswich 1979.

5. D. Geanakoplos, *Emperor Michael Palaeologus and the West, 1258-1282,* Harvard 1959; tr. it. *L'imperatore Michele Paleologo e l'Occidente, 1258-1282*, Palermo 1985; М.Н. Бахматова, *Взаимоотношения между Византией и итальянскими морскими республиками (1261-1282)*, Москва 2003 (M. Bakhmatova, *Rapporti tra Bisanzio e le Repubbliche marinare, 1261-1282,* tesi di dottorato, Mosca 2003).

6. A. Franchi, *Il Concilio di Lione (1274) secondo la Ordinatio Concilii Generalis Lugdunensis*, Edizioni francescane, Roma 1965; H. Wolter - H. Holstein, *Histoire des Conciles, Lion I et II,* Paris 1965; N. Constantinides, *Byzantine scholars and the Union of Lyons (1274),* in «The Making of Byzantine History, Studies dedicated to Donald M. Nicol» 1 (1996), pp. 86-93.; H. Evert Kappesowa, *La société byzantine et l'union de Lyon*, in «Byzantinoslavica» 10 (1949), pp. 28-41; D.J. Geanakoplos, *Michael VIII Palaeologus and the Union of Lyons (1274)*, in «Harvard Theological Review» XLVI (1953), pp. 79-89; J. Gill, *The Church Union of the Counsil of Lyons (1274) portrayed in Greek documents,* in *Church Union. Rome and Byzantium (1204-1453)*, London 1979, pp. 5-45; V. Laurent - J. Darrouzès, *Dossier grec de l'Union de Lyon (1273-1277)*, Paris 1976.

7. «E non aggiunge minor stupore quello che viene asserito [...], cioè che i Greci furono costretti dai Latini a sottoscrivere a Firenze il documento sull'unità, o che furono indotti da falsi argomenti ad accettare il dogma della processione dello Spirito Santo anche dal Figlio» (Pio X, in U. Bellocchi, *Tutte le encicliche*, cit., vol. VII, p. 450). Cfr. Амвросий (Погодин), архимандрит, *Святой Марк Эфесский и Флорентийская уния*, Москва 1994, pp. 182-282 (Amvrosij [Pogodin], archimandrita, *San Marco d'Efeso e l'Unione di Firenze*, Mosca 1994); *Storia del cristianesimo. L'età contemporanea*, cit., pp. 364-365.

8. *Dizionario biografico degli italiani*, vol. XXXVIII, Istituto dell'Enciclopedia italiana, Roma 1990, pp. 7-9; N.V. Riasanovsky, *Storia della Russia,* cit., pp. 113-115.

9. *Vita del p. Antonio Possevino della Compagnia di Gesù già scritta in lingua francese dal padre Giovanni Dorigny della medesima Compagnia, ora tradotta nella volgare italiana, ed illustrata con varie note*, Remondini, Venezia 1759.

10. P. Pierling, *Papes et tsars (1547-1597)*, Retaux-Bray, Paris 1890; Idem, *La Russie et le Saint-Siege: etudes diplomatiques*, Plon-Nourrit, Paris 1906.

11. Aa. Vv., *Il Cinquecento: la nascita del mondo moderno*, in *La storia*, vol. VII, Utet, Torino 2004, p. 611.

12. A. Riccardi, *Il Vaticano e Mosca*, cit., p. 40.

13. *Ivi,* pp. 41 e 43.

14. A. Riccardi, *Il Vaticano e Mosca*, cit., pp. 40-41.

15. N.V. Riasanovsky, *Storia della Russia*, cit., pp. 176-177.

16. *Смутное время уже позади*, in www.rian.ru/analytics/20051103/41981068 (*Il tempo dei torbidi è già passato*); *Архиепископ Кондрусевич не считает праздник 4 ноября антикатолическим*, in www.rian.ru/society/religion/20051104/41989113 (*L'arcivescovo Kondrusiewicz non considera la festa del 4 novembre anticattolica*).

17. Benedetto XIV (1675-1758), è stato dal 1725 arcivescovo titolare di Teodosia, dal 1726 cardinale in pectore (creato da Benedetto XIII) e quindi vescovo di Ancona. Papa Clemente XII nel 1731 nominò Prospero Lambertini arcivescovo di Bologna. Fu Benedetto XIV, papa dal 1740, a introdurre un nuovo genere di comunicazione, le lettere encicliche con cui il papa rende nota la posizione della Chiesa su particolari temi dottrinali, morali, sociali. La prima enciclica *Ubi primum* risale al 1740.

18. *EE* 1, 41-488.

19. U. Bellocchi, *Tutte le encicliche*, cit., vol. I, p. 325.

20. «Empio instauratore dello scisma» (*ivi*, p. 326).

21. *Ibidem*.

22. *Ivi*, p. 325. Cfr. Amvrosij (Pogodin), *San Marco d'Efeso e l'Unione di Firenze*, cit., pp. 182-282.

23. U. Bellocchi, *Tutte le encicliche*, cit., vol. I, p. 326.

24. *Ivi*, p. 329.

25. *Ivi*, pp. 342-343.

26. *Ivi*, pp. 326-327. Questo fatto coincide con la missione presso i mongoli di Giovanni Pian De Carpini che fece sosta anche a Kiev (cfr. *Contemporaries of Marco Polo: consisting of the travel records to the eastern*

parts of the world of William of Rubruck, 1253-1255, the journey of John of Pian De Carpini, 1245-1247, and the jornal of Friar Odoric, 1318-1330, London 1929; *Epistola de' costumi dei tartari: cavata nel sec. 14. dalla Storia dei mongoli di Giovanni Dal Piano di Carpini,* a cura di O. Targioni Tozzetti, Livorno 1871; *Historia mongalorum: viaggio di f. Giovanni da Pian del Carmine ai Tartari nel 1245-47,* a cura di G. Pullè, Firenze 1913).

27. V. Fedorov, *La Chiesa ortodossa russa e lo Stato*, cit., p. 158.

28. U. Bellocchi, *Tutte le encicliche*, cit., vol. I, p. 353.

29. *Ivi,* p. 332.

30. A. Riccardi, *Il Vaticano e Mosca*, cit., p. 41.

31. N. Pavlenko - I. Andreev - V. Fedorov, *Storia russa dai tempi antichi fino al 1861*, cit., pp. 216-221.

32. U. Bellocchi, *Tutte le encicliche*, cit., vol. I, p. 356.

33. Decreto sull'invito del clero dalla Piccola Russia del 1700, cfr. V. Fedorov, *La Chiesa ortodossa russa e lo Stato*, cit., p. 154. Questo fatto sta all'origine di diversi «ucrainismi» nel linguaggio liturgico russo, tra cui persino la pronuncia della parola Dio, Бог, come [бох] con l'«h» aspirata, secondo le norme fonetiche della lingua ucraina.

34. *Россия и иезуиты, 1772-1820*, Москва 2006, p. 41 (*La Russia e i gesuiti, 1772-1820,* Mosca 2006).

35. La pace di Nischtadt (nome di una cittadina finlandese) del 1721 concluse una lunga «guerra del Nord» tra la Russia e la Svezia. La Russia ottenne i territori costieri del mar Baltico da Vyborg a Riga, compresi l'Estlandia (Estonia), Liflandia (Lettonia), parte di Carelia ed Ingria (lungo il fiume Neva). Come compenso per i territori acquisiti la Russia sborsò alla Svezia una cifra enorme per quei tempi: un milione e 500 mila rubli. Per la Russia fu un successo senza precedenti che le permetteva di entrare a pieno titolo tra i più potenti Stati europei. Proprio dopo quella vittoriosa pace, il 22 ottobre 1721 Pietro I fu proclamato imperatore e lo Stato russo divenne impero.

36. Cfr. V. Fedorov, *La Chiesa ortodossa russa e lo Stato*, cit.

37. *Ivi,* pp. 159-161.

38. Cfr. *Storia del cristianesimo. L'età contemporanea*, cit., p. 311.

39. O. Serova, *Uno sguardo da San Pietroburgo alle relazioni con la Santa Sede*, in Aa. Vv., *Santa Sede e Russia da Leone 13. a Pio 11*, cit., p. 182.

40. N.V. Riasanovsky, *Storia della Russia*, cit., pp. 270-274.

41. L'*ukaz* (decreto) del 14 dicembre 1772, emanato pochi mesi dopo la convenzione del 25 luglio 1772 in virtù della quale Caterina entrava in possesso di vasti territori della Russia Bianca, ribadiva il principio della

soggezione della Chiesa romana alle leggi civili dell'impero in conformità con il *Regolamento* del 12 febbraio 1769. Mentre si proclamava l'intangibilità dei dogmi della fede cattolica, si vietava, sotto minaccia di gravi pene, la pubblicazione non autorizzata dallo Stato di bolle pontificie e di qualsiasi altra disposizione delle autorità romane e si attribuiva alla zarina il diritto di decidere anche su questioni tradizionalmente di stretta competenza del pontefice, quali la determinazione dei confini di una provincia ecclesiastica, la strutturazione gerarchica, il governo diocesano (cfr. P. Pierling, *Caterina II e i cattolici della Russia*, in «La civiltà cattolica» II [1909], pp. 455-470).

42. O. Serova, *Uno sguardo da San Pietroburgo alle relazioni con la Santa Sede*, cit., p. 182.

43. *Brevi cenni storici sulle relazioni diplomatiche tra Russia e Santa Sede,* sala stampa della Santa Sede, bollettino del 28.11.1989, in G. Zizola, *Dopo l'ateismo*, cit., p. 351.

44. A. Judin, *Pie-Eugène Neveu,* La Casa di Matriona, Seriate (Bg) 2002. «Il 5 dicembre dello stesso anno l'imperatrice emanò un decreto indirizzato al governatore generale di Mosca P.D. Eropkin, in cui si diceva: "Petr Dmitrievic, la risposta da Voi conferita in via preliminare alla richiesta dei francesi residenti a Mosca, circa il permesso di costruire una chiesa di rito romano, è stata da Noi favorevolmente accolta: ma per quanto concerne l'indicazione di un luogo a ciò idoneo, la cosa migliore sarebbe che essi lo trovassero e lo scegliessero nel quartiere tedesco". Tuttavia si riuscì a convincere l'imperatrice a consentire che la chiesa non fosse costruita nel quartiere tedesco, dove tradizionalmente si stabilivano gli stranieri, ma nelle vicinanze del ponte dei fabbri, dove fin da allora era sorto un fitto agglomerato di negozi e botteguccе francesi» (http://www.russiacristiana.org/storiachcatt5.htm).

45. Http://www.russiacristiana.org/storiachcatt5.htm.

46. A. Wenger, *La persecuzione dei cattolici in Russia. Gli uomini, i processi, lo sterminio. Dagli archivi del Kgb*, San Paolo, Milano 1999, p. 13.

47. *Полное собрание законов Российской империи*, собрание 1, t. 24, n. 17910 (*Codice legislativo dell'Impero russo*, raccolta 1, t. 24, n. 17910), cit. in V. Fedorov, *La Chiesa ortodossa russa e lo Stato*, cit., p. 168.

48. *Codice legislativo dell'Impero russo*, raccolta 1, t. I, pt. 1, art. 42, in *ibidem*.

49. G. Petracchi, *La missione pontificia di soccorso alla Russia (1921-1923)*, in Aa. Vv., *Santa Sede e Russia da Leone 13. a Pio 11*, cit., p. 124.

50. В.И. Сергеев, *Павел 1 (гроссмейстер мальтийского ордена)*, Ростов-на-Дону 1999 (V. Sergheev, *Paolo I [grande maestro dell'Ordine di Malta]*, Rostov sul Don 1999). Nel 1799 in Italia arrivarono persino le truppe

russe sotto il commando di A. Suvorov per combattere contro Napoleone (cfr. N. Pavlenko - I. Andreev - V. Fedorov, *Storia russa dai tempi antichi fino al 1861*, cit., pp. 362-364). I rapporti tra l'ordine di Malta e la corte russa risalgono agli anni '40 del Settecento (cfr. M. Ferrazzi, *Michele Enrico Sagramoso. Un cavaliere di Malta veronese alla corte di Elisabetta e Caterina*, in *Pietroburgo capitale della cultura russa*, Europa Orientalis, Salerno 2004, vol. I, pp. 109-134).

51. P. Pierling, *Gabriel Gruber et les Jesuites refugies en Russie*, introduction de F. Rouleau, Plamia, Meudon 1999.

52. V. Fedorov, *La Chiesa ortodossa russa e lo Stato*, cit., p. 169; M. Inglot, *La Compagnia di Gesù nell'Impero russo (1772-1820) e la sua parte nella restaurazione generale della Compagnia*, Pontificio Istituto Biblico, Roma 1997, p. 151; Cfr. anche A. Santini, *Cina e Vaticano. Dallo scontro al dialogo*, Editori Riuniti, Roma 2003, pp. 49-50. Sulla storia dei gesuiti in Russia vedi anche G. Brugnoli, *Caterina II e i gesuiti, 1772-1796. La lotta per la sopravvivenza*, Roma 1988; S. Pavone, *Sopravvivenza ed espansione. La compagnia di Gesù in Russia (1796-1820)*, Roma 1992.

53. *Brevi cenni storici sulle relazioni diplomatiche tra Russia e Santa Sede*, cit., p. 351.

54. V. Fedorov, *La Chiesa ortodossa russa e lo Stato*, cit., p. 169. Cfr. O. Serova, *Uno sguardo da San Pietroburgo alle relazioni con la Santa Sede*, cit., p. 182. Nei dati forniti dai ricercatori si notano alcune discrepanze di carattere cronologico e terminologico. Purtroppo la versione italiana della relazione di O. Serova non contiene i corrispettivi russi dei nomi dei dipartimenti e degli atti legislativi. Entrambi fanno riferimenti ai materiali degli archivi.

55. O. Serova, *Uno sguardo da San Pietroburgo alle relazioni con la Santa Sede*, cit., pp. 182-183.

56. Cfr. V. Gajduk, *Russia e Vaticano tra XIX e XX secolo*, cit., pp. 45-46.

57. *Brevi cenni storici sulle relazioni diplomatiche tra Russia e Santa Sede*, cit., p. 352: «Mentre la Santa Sede non ha avuto una sua rappresentanza stabile presso la corte russa, questa ha conservato la sua legazione presso la Santa Sede, dal tempo di Caterina II fino al trionfo definitivo della rivoluzione del 1917, con una interruzione (1866-1894) a seguito della rottura del Concordato».

58. *Ivi*, p. 351.

59. V. Fedorov, *La Chiesa ortodossa russa e lo Stato*, cit., p. 204.

60. *Ivi*, p. 182.

61. O. Serova, *Uno sguardo da San Pietroburgo alle relazioni con la Santa Sede*, cit., p. 183.

62. V. Fedorov, *La Chiesa ortodossa russa e lo Stato*, cit., p. 205.

63. Cfr. N. Pavlenko - I. Andreev - V. Fedorov, *Storia russa dai tempi antichi fino al 1861*, cit., pp. 486-493; N. Riasanovsky, *Nicholas I and the Official Nationality 1825-55*, Berkeley-London 1974. La triade православие - самодержавие - народность (ortodossia, assolutismo, nazione) potrebbe essere anche una risposta russa alla triade che animava la rivoluzione francese (cfr. A. Ferrari, *La foresta e la steppa. Il mito dell'Eurasia nella cultura russa*, Mimesis, Milano 2003, p. 33, n. 47) Data la complessità del contenuto semantico del termine *народность*, non è facile tradurlo in italiano. Comunque non condividiamo l'opzione «nazionalismo» – in quanto troppo limitativa e non neutra – largamente diffusa nei testi italiani.

64. Cfr. *Brevi cenni storici sulle relazioni diplomatiche tra Russia e Santa Sede*, cit., p. 352. Secondo la versione fornita dal documento, la diocesi di Chelm sarebbe stata creata in seguito al Concordato del 1847.

65. V. Fedorov, *La Chiesa ortodossa russa e lo Stato*, cit., p. 205. Vedi anche Gregorio XVI (1831-1846), allocuzione *Multa quidam* del 22.11.1839 e allocuzione *Haerentem diu* del 22.7.1842 in U. Bellocchi, *Tutte le encicliche*, cit., vol. III, pp. 263-266 e 310-312.

66. O. Serova, *Uno sguardo da San Pietroburgo alle relazioni con la Santa Sede*, cit., pp. 184-186.

67. *Brevi cenni storici sulle relazioni diplomatiche tra Russia e Santa Sede*, cit., p. 352.

68. Cfr. stralcio del rapporto del ministro degli Esteri russo Gorčiakjov in O. Serova, *Uno sguardo da San Pietroburgo alle relazioni con la Santa Sede*, cit., p. 186.

69. *Ivi*, p. 184.

70. V. Gajduk, *Russia e Vaticano tra XIX e XX secolo*, cit., p. 43.

71. V. Fedorov, V., *La Chiesa ortodossa russa e lo Stato*, cit., pp. 207-208.

72. O. Serova, *Uno sguardo da San Pietroburgo alle relazioni con la Santa Sede*, cit., pp. 188-190.

73. U. Bellocchi, *Tutte le encicliche*, cit., vol. IV, pp. 258-261.

74. Cfr. *Brevi cenni storici sulle relazioni diplomatiche tra Russia e Santa Sede*, cit., pp. 351-352. È significativo il commento circa la sorte del Concordato: «Tale Concordato purtroppo non venne rispettato dal governo russo e, a seguito della vigorosa denuncia della deplorevole situazione della Chiesa in Polonia e in Russia fatta da Pio IX, la parte russa lo abrogò con decreto del 4 dicembre 1866». Non si accenna nemmeno al contesto storico che contorna questa abrogazione, in particolare ai fatti del 1863 in Polonia e al ruolo svolto in essi dal clero cattolico (cfr. N.V. Riasanovsky, *Storia della Russia. Dalle origini ai giorni nostri*, nuova ed. aggiornata a cura di Sergio Romano, Bompiani, Milano 2003, pp. 380-

382; O. Serova, *Uno sguardo da San Pietroburgo alle relazioni con la Santa Sede*, cit., pp. 184-185).

75. V. Fedorov, *La Chiesa ortodossa russa e lo Stato,* cit., p. 208.

76. U. Bellocchi, *Tutte le encicliche*, cit., vol. IV, pp. 288-291.

77. *Ivi,* pp. 299-300.

78. *Ivi*, pp. 301-303.

79. *Ivi*, pp. 422-425.

80. *Brevi cenni storici sulle relazioni diplomatiche tra Russia e Santa Sede*, cit., p. 352.

81. О.В. Серова, *Папа Лев XIII в оценке российских дипломатов*, in «Вопр. Истории» 12 (2009), pp. 115-129 (O. Serova, *Papa Leone XIII visto dai diplomatici russi*, in «Questioni di storia» 12 [2009]); V. Gajduk, *Russia e Vaticano tra XIX e XX secolo*, cit., pp. 43-61; vedi anche Ю.Е. Карлов, *Миссия в Ватикан*, Москва 2004, p. 141 (Ju. Karlov, *La missione in Vaticano*, Mosca 2004).

82. Lettera enciclica ai vescovi polacchi *Caritatis providentiaeque* del 19.3.1893 (*EE* 3, 1164-1189).

83. *Энциклика папы Льва XIII о соединении церквей*, СПб 1895 (*Enciclica di Leone XIII sulla unificazione delle Chiese*, San Pietroburgo 1985). Cfr. V. Gajduk, *Russia e Vaticano tra XIX e XX secolo*, cit., p. 46. Cfr. anche la lettera apostolica del 20.6.1894 *Praeclara gratulationis* (U. Bellocchi, *Tutte le encicliche*, cit., vol. VI/2, pp. 126-136; *EE* 3, 1931-49) e *Ответ великой христовой церкви Константинопольской на энциклику папы римского Льва XIII о соединении церквей*, Москва, Константинопольск. патриарш. в Москве подворье, 1896 (*Risposta della grande Chiesa di Cristo costantinopolitana all'enciclica di papa Leone XIII sull'unione delle Chiese*, Mosca, sede del patriarcato di Costantinopoli a Mosca, 1896).

84. V. Gajduk, *Russia e Vaticano tra XIX e XX secolo*, cit., p. 47.

85. Si tratta dell'applicazione dell'antico diritto di veto (la cosiddetta *Esclusiva*) sull'elezione di Mariano Rampolla del Tindaro posto dall'imperatore d'Austria Francesco Giuseppe e letto dal cardinale Pucielsko y Puzyna, arcivescovo di Cracovia, durante il conclave del 31.7-4.8.1903. Con la bolla di Pio X *Commissum Nobis* emanata pochi mesi dopo l'elezione papale veniva condannato qualsiasi intervento dell'autorità civile nella elezione del pontefice (cfr. *Commissum Nobis* del 20.1.1904, in U. Bellocchi, *Tutte le encicliche*, cit., vol. VII, pp. 71-73).

86. V. Gajduk, *Russia e Vaticano tra XIX e XX secolo*, cit., p. 50.

87. V. Fedorov, *La Chiesa ortodossa russa e lo Stato*, cit., pp. 254-256.

88. U. Bellocchi, *Tutte le encicliche*, cit., vol. VII, p. 190.

89. *Ibidem.*

90. *Ivi*, pp. 325-326.

91. V. Gajduk, *Russia e Vaticano tra XIX e XX secolo*, cit., pp. 51-53.

92. Almeno una copia, tuttavia, è stata recuperata (cfr. V. Gajduk, *Russia e Vaticano tra XIX e XX secolo*, cit., pp. 51-53 e *Storia del cristianesimo. L'età contemporanea*, cit., p. 367).

93. U. Bellocchi, *Tutte le encicliche*, cit., vol. VII, p. 449.

94. V. Gajduk, *Russia e Vaticano tra XIX e XX secolo*, cit., pp. 51-53.

95. *Ibidem.*

96. Ju. Karlov, *La missione in Vaticano*, cit., p. 62.

97. V. Gajduk, *Russia e Vaticano tra XIX e XX secolo*, cit., p. 56.

98. A. Wenger, *La persecuzione dei cattolici in Russia*, cit., p. 27.

99. G. Petracchi, *La missione pontificia di soccorso alla Russia*, cit., p. 122.

100. Pochi mesi dopo l'istituzione della Congregazione per le Chiese Orientali il 15 ottobre 1917 per volere di Benedetto XV nasce anche il Pontificio Istituto Orientale. Il nascente Istituto viene presentato dal documento costitutivo *Orientis Catholici* quale «sede propria di studi superiori nell'Urbe concernenti le questioni orientali. L'Istituto ha la sua prima residenza a piazza Scossacavalli presso l'Ospizio dei Convertendi, che già ospita la nuova Congregazione. La vita accademica inizia il 2 dicembre 1918 [...]. Nel 1922 Pio XI affida l'Istituto Orientale alla Compagnia di Gesù. Nel 1928 Pio XI emana l'enciclica *Rerum Orientalium* per esortare i vescovi a inviare all'Istituto i futuri professori di scienze orientali. Nello stesso anno il pontefice consocia l'Istituto Orientale con l'Università Gregoriana e l'Istituto Biblico, formando così il Consorzio Gregoriano. In tal modo queste tre istituzioni romane, affidate alla Compagnia di Gesù e coordinate dal prefetto della Congregazione dei seminari e delle università con il titolo di gran cancelliere, sono stimolate a una intensa e proficua collaborazione» (http://www.pio.urbe.it; cfr. Benedetto XV, *motu proprio Dei providentis*, 1.5.1917, n. 59; *motu proprio Orientis catholici*, 15.10.1917, n. 67, in U. Bellocchi, *Tutte le encicliche*, cit., vol. VIII, pp. 161-162 e 187-188; Pio XI, enciclica *Rerum Orientalium*, 8.9.1928, n. 36, *ivi*, vol. X/1, pp. 248-256; *EE* 5, 262-279).

101. Benedetto XV (1854-1922), fermo oppositore della prima guerra mondiale, dal 16 dicembre 1907 è stato arcivescovo di Bologna, dal 1914 cardinale. Eletto papa il 3 settembre 1914 assume il nome di Benedetto XV in onore del pontefice Benedetto XIV, anch'egli arcivescovo metropolita di Bologna prima di salire al soglio pontificio.

102. G. Petracchi, *La missione pontificia di soccorso alla Russia*, cit., p. 124.

103. *Ivi*, p. 125.

104. *Ivi*, pp. 125-126.

105. Durante l'era stalinista la tr*oika* (triumvirato) dell'Nkvd era una commissione speciale composta da tre persone (un rappresentante

del Commissariato del popolo per gli affari interni, un rappresentante dell'Ufficio della procura, un segretario locale del Partito comunista bolscevico) atta a compiere giustizia sommaria contro i cosiddetti «nemici del popolo». Fu istituita il 31 luglio 1937 e abolita il 17 novembre 1938. Secondo i dati forniti dal ministero dell'Interno russo in due anni furono arrestate 1.575.259 persone di cui 681.692 fucilate (http://istmat.info/node/14930).

106. Cfr. O. Vasil'eva, *Russia martire. La Chiesa ortodossa dal 1917 al 1941*, La casa di Matriona, Seriate (Bg) 1999; A. Wenger, *La persecuzione dei cattolici in Russia*, cit.; *Storia del cristianesimo. L'età contemporanea*, cit., pp. 320-325.

107. C. Manziana, *Testimonianza sui preti nel lager di Dachau*, in *Una memoria per una speranza (nel 40° anniversario della deportazione di mons. Lodovico Aldrighetti)*, Soave 2015.

108. «Monsignor Lodovico Aldrighetti è una bella figura. Mi voleva molto bene. Era attento, nella sua attività pastorale, ai poveri, agli indigenti, ai malati. Era un uomo intelligente che amava molto la sua comunità. Era onesto e coraggioso [...]. Non provo solo gratitudine nei suoi confronti, ma anche commozione al ricordo di quello che ha fatto per tanti, e per me. Commozione larga, perché raccoglie la gratitudine di coloro che ricevono "verità e grazia" dalla nostra irradiazione sacerdotale» (P. Bertezzolo, *La Verona del dialogo*, cit., pp. 21-26).

109. U. Bellocchi, *Tutte le encicliche*, cit., vol. I, p. 333.

110. Benedetto XVI (1927) è papa emerito della Chiesa cattolica romana. Nel 1977 venne nominato arcivescovo di Monaco e Frisinga e creato cardinale. Il 25 novembre 1981 papa Giovanni Paolo II lo nominò prefetto della Congregazione per la dottrina della fede. È stato papa dal 19 aprile 2005 al 28 febbraio 2013. Nel concistoro ordinario dell'11 febbraio 2013 ha annunciato la sua rinuncia «al ministero di vescovo di Roma, successore di san Pietro» con decorrenza della sede vacante dalle ore 20.00 del 28 dello stesso mese.

111. La *Nota sull'espressione «Chiese sorelle»*, redatta dalla Congregazione per la dottrina della fede, e la relativa lettera di accompagnamento del Prefetto della stessa Congregazione, cardinale Joseph Ratzinger, indirizzata ai presidenti delle Conferenze episcopali, hanno suscitato un vivo dibattito (insieme alla dichiarazione *Dominus Iesus*) in ambito ecumenico. Questo è il commento alla *Nota* da parte del teologo valdese Paolo Ricca, docente di storia della Chiesa alla facoltà valdese di teologia di Roma: «La lettura della *Nota sull'espressione "Chiese sorelle"* mi ha fatto venire in mente la parola di Gesù il quale, a chi gli diceva: "Ecco tua madre, i tuoi fratelli e le tue sorelle là fuori che ti cercano",

rispose: "Chi è mia madre e chi sono i miei fratelli?". Poi, girando lo sguardo su coloro che gli sedevano intorno, disse: "Ecco mia madre e i miei fratelli! Chiunque avrà fatto la volontà di Dio, mi è fratello, sorella e madre" (Marco 3,32-35). Questa è la risposta che mi sembra più pertinente alla nota del cardinale Ratzinger, con le sue sottili distinzioni e disquisizioni, fedeli forse alla lettera dei testi magisteriali cattolici, ma non certo allo spirito che animò il Concilio Vaticano II e che sembra ormai aver cessato di soffiare a Roma. Se poi si vuole entrare nel merito della *Nota* si può dire che il discorso del cardinale Ratzinger, comprensibile dal punto di vista di una ecclesiologia cattolica tradizionale, è completamente fuori dal discorso biblico sulla Chiesa, sia per quanto concerne l'idea di una "Chiesa madre" (che nel Nuovo Testamento non c'è: la "nostra madre" è la "Gerusalemme celeste", Galati 4,26), sia per quanto concerne l'affermazione che sono vere Chiese – e quindi tra loro "sorelle" – solo quelle che hanno conservato un episcopato e un'eucaristia validi. Il discorso del Nuovo Testamento al riguardo è completamente diverso; basti citare la parola-chiave dell'ecclesiologia neotestamentaria, che è quella di Gesù: "Dove due o tre sono riuniti nel mio nome lì sono io in mezzo a loro" (Matteo 18,20)» (http://www.ildialogo.org/Ratzinger/commenti.htm#t2). Enzo Bianchi ha scritto: «È chiaro che l'interpretazione data dalla dichiarazione *Dominus Iesus* suonerà per molti contraddittoria rispetto al cammino teologico ed ecumenico percorso in questi trent'anni successivi al Vaticano II. Non si rischia con un tale linguaggio di richiedere agli altri cristiani il "ritorno" alla Chiesa cattolica romana? E le stesse Chiese ortodosse, da Paolo VI in poi sempre e tuttora chiamate "Chiese sorelle", che credono che la Chiesa fondata da Cristo sussiste nella loro "comunione di Chiese", non si sentiranno non riconosciute e giudicate depauperate? Le Chiese della Riforma, dal canto loro, non constateranno che non è neppure riconosciuta loro la qualità di Chiese autentiche e che di fatto si torna a parlare di loro come di denominazioni o comunità ecclesiali, come ai tempi del Concilio? Nell'attuale inverno dell'ecumenismo tra le Chiese questo documento non sarà un ostacolo insormontabile per andare avanti, ma certo la sua ricezione risulterà faticosa in ambito ecumenico e desterà interrogazioni, diffidenze e disillusioni nelle altre Chiese cristiane» (http://ricerca.repubblica.it/repubblica/archivio/repubblica/2000/09/08/il-difficile-dialogo-con-le-chiese-sorelle.html).

112. Cfr. l'enciclica di Pio IX *Lux veritatis* del 25.12.1931 per il quindicesimo centenario del Concilio di Efeso, in U. Bellocchi, *Tutte le encicliche*, cit., vol. X/2, pp. 146-163.

113. *Ivi*, p. 2; cfr. E. Morini, *Gli ortodossi*, cit., pp. 44-56.

114. Paolo VI, breve *Anno ineunte* (25.7.1967), in «Acta Apostolicae Sedis» 59 (1967), pp. 852-854 («Ora, dopo un lungo periodo di divisione e di incomprensione reciproca, il Signore, malgrado le difficoltà che nel tempo passato sono sorte tra di noi, ci dà la possibilità di riscoprirci come *Chiese sorelle*»).

115. Cfr. P. Macchi, *Paolo VI nella sua parola*, Morcelliana, Brescia 2001, pp. 238-243.

116. Giovanni Paolo II, lettera enciclica *Slavorum apostoli* (2.6.1985), n. 27, in «Acta Apostolicae Sedis» 77 (1985), pp. 807-808 («Chiese sorelle d'Oriente e d'Occidente»).

117. Giovanni Paolo II, lettera enciclica *Ut unum sint (25.5.1995)*, nn. 56 e 60, in «Acta Apostolicae Sedis» 87 (1995), pp. 921-982 («Dopo il Concilio Vaticano II [...] si è ristabilito l'uso di attribuire l'appellativo di "Chiese sorelle" alle Chiese particolari, o locali, radunate attorno al loro vescovo. La soppressione poi delle reciproche scomuniche, rimuovendo un doloroso ostacolo di ordine canonico e psicologico, è stato un passo molto significativo nel cammino verso la piena comunione [...]. L'appellativo tradizionale di "Chiese sorelle" dovrebbe incessantemente accompagnarci in questo cammino»).

118. *Nota sull'espressione «Chiese sorelle»*, www.vatican.va/roman_curia/congregations/cfaith/documents.

119. V. Gajduk, *Russia e Vaticano tra XIX e XX secolo*, cit., p. 43. Su Gasparri cfr. C. Fiorentino, *All'ombra di Pietro: la Chiesa cattolica e lo spionaggio fascista in Vaticano 1929-1939*, Le lettere, Firenze 1999.

120. A. Wenger, *Rome et Moscou 1900-1950*, Paris 1987; A. Santini, *Pietro a Mosca. Cremlino, Santa Sede e perestrojka tra Stati sovrani, con un'intervista esclusiva del cardinale Agostino Casaroli*, Paoline, Milano 1991; A. Riccardi, *Il Vaticano e Mosca*, cit.; Ю.Е. Карлов, *Дипломатия Москвы и Второй Ватиканский собор. Взгляд из Москвы*, Москва 1997 (Ju. Karlov, *La diplomazia di Mosca e il Concilio Vaticano II. Uno sguardo da Mosca*, Mosca 1997); Aa. Vv., *Santa Sede e Russia da Leone 13. a Pio 11*, cit.; O. Васильева, *Ватикан и тайная дипломатия*, http://www.religare.ru/article8443.htm (O. Vasil'eva, *Il Vaticano e la diplomazia segreta*); *Storia del cristianesimo*, vol. XIII, *Crisi e rinnovamento dal 1958 ai giorni nostri*, cit., pp.132-134, 303-312, 350-383 e 386-390.

121. Cfr. ad esempio F. Fasciani, *Le relazioni tra la Russia di Putin e la Santa Sede*, in «Rivista di studi politici» 2 (2008), pp. 117-133 (http://www.istitutospiov.it/articoli/le-relazioni-tra-la-russia-di-putin-e-la-santa-sede).

122. Http://www.papagiovanni.com/sito/preghiere/8-vita/14-udienza-al-genero-di-kruscev.html.

123. В. Богданов, *Хрущев постучался к Папе. Дочка советского вождя впервые рассказала подробности тайной подготовки его встречи с главой Ватикана*, http://www.rg.ru/2007/12/27/hrushev-papa.html (V. Bogdanov, *Khrusciov bussò dal papa. La figlia del leader sovietico raccontò per la prima volta i dettagli dei preparativi segreti di un suo incontro con il capo del Vaticano*).

124. L. Sandri, *Dal Gerusalemme I al Vaticano III*, cit., pp. 394-399.

125. А. Дикарев, , *Наблюдатели Русской Православной Церкви на II Ватиканском соборе: предыстория*, https://mospat.ru/church-and-time/1422#fnref-1422-8 (A. Dikarev, *Gli osservatori della Chiesa ortodossa russa al Concilio Vaticano II: premessa storica*). Cfr. A. Roccucci, *Russian Observers at Vatican II. The «Council for Russian Orthodox Church Affairs» and the Moscow Patriarchate between Anti-religious Policy and International Strategies*, in *Vatican II in Moscow (1959-1965)*. Acts of the Colloquium on the History of Vatican II, Moscow, March 30 - April 2, 1995, a cura di A. Melloni, Leuven 1997, pp. 45-69; L. Sandri, *Dal Gerusalemme I al Vaticano III*, cit., pp. 384-385.

126. «Al punto che questa misura incontrò la disapprovazione del patriarca di Costantinopoli Atenagora, che pure sarebbe morto con lo struggente desiderio di condividere con il papa di Roma il calice eucaristico» (E. Morini, *L'albero dell'ortodossia*, cit., p. 126).

127. R. Holz, *Il «Giovanni XXIII» del metropolita Nikodim*, in «Civiltà cattolica», 7 luglio 1979, pp. 164-170.

128. E. Morini, *L'Oriente cristiano*, cit., p. 126.

129. Н. Луньков, *Русский дипломат в Европе. 30 лет в 10 европейских столицах,* Москва 1999 (N. Lun'kov, *Un diplomatico russo in Europa. Trent'anni in dieci capitali europee*, Mosca 1999).

130. A. Widmer, *Il papa e il manager: le lezioni di leadership di Giovanni Paolo II*, Rizzoli, Milano 2013.

131. N. Lun'kov, *Un diplomatico russo in Europa*, cit., pp. 332-333.

132. Ju. Karlov, *La missione in Vaticano*, cit., pp. 39-58; cfr. A. Santini, *Pietro a Mosca*, cit., pp. 22-24.

133. F. Benvenuti, *Storia della Russia contemporanea*, cit., pp. 286-293. Sul collegamento tra il «nuovo pensiero politico» di Gorbaciov e il movimento della dissidenza liberale del gruppo di Andrei Sacharov (le tesi principali di questo gruppo sono esposte in *Riflessioni sul progresso, coesistenza pacifica e libertà intellettuale* e nel progetto della *Costituzione dell'Unione delle Repubbliche sovietiche dell'Europa e dell'Asia* che prevedeva la convergenza tra i due sistemi socialista e capitalista e la creazione di un governo mondiale) cfr. A.S. Barsenkov - A.I. Vdovin, *Storia della Russia*, pp. 286-287 e 290-293.

134. Ju. Karlov, *La missione in Vaticano*, cit., pp. 41-43.
135. *Ivi*, p. 69.
136. *Ivi*, pp. 71-76.
137. *Ivi*, pp. 91-104.
138. Cfr. *Послание предстоятелей святых православных церквей*, Фанар, 15.3.1992, in *Православие и экуменизм. Документы и материалы, 1902-1998,* Москва 1999, pp. 443-449 (*Il messaggio dei vescovi delle Sante Chiese ortodosse*, Fanar, 15.3.1992, in *L'ortodossia e l'ecumenismo. Documenti e materiali, 1902-1998*, Mosca 1999).
139. Ju. Karlov, *La missione in Vaticano*, cit., pp. 196-203.
140. *Ivi,* p. 203.
141. *Ivi,* p. 103.
142. Cfr. ad es. G.L. Freeze - D.V. Pospelovskij - N. Kauchtschischwili - N. Lossky, *L'autunno della Santa Russia,* Qiqajon, Magnano (Bi) 1999; Kirill di Smolensk - S. Averincev - B. Bobrinskov, *La notte della Chiesa russa*, Qiqajon, Magnano (Bi) 2000.
143. A. Riccardi, *Il Vaticano e Mosca*, cit., p. 240 (e le pp. 43-49 e 238-246). Cfr. anche G. Zizola, *Dopo l'ateismo*, cit., pp. 32-35; G. Zjabliciev, *Le misure adottate dal patriarcato moscovita negli anni 1990-1992 per la soluzione del conflitto interconfessionale in Ucraina*, in «Concilium» 6 (1996), pp. 161-174; *Русская православная церковь в советское время*, кн. 2, Москва 1995, pp. 348-376 (*La Chiesa ortodossa russa nel periodo sovietico*, vol. II, Mosca 1995). Sui rapporti tra la Chiesa ortodossa russa e Stalin vedi in particolare A. Roccucci, *Stalin e il patriarca. Chiesa ortodossa e potere sovietico, 1917-1958*, Einaudi, Torino 2011.
144. G. Zizola, *Dopo l'ateismo*, cit.
145. Cfr. *La Chiesa ortodossa russa nel periodo sovietico*, cit., pp. 348-363; Ju. Karlov, *La missione in Vaticano*, cit., pp. 118-119; L. Sandri, *Dio in Piazza Rossa. Il ruolo dei cristiani nell'Urss della perestrojka*, Claudiana, Torino 1991, pp. 39-48; *Comissione pontificia «pro Russia»*, 1.6.1992, I, 8, http://www.paoline.ru/doc/Pro_russia.doc.
146. G. Zjabliciev, *Le misure adottate dal patriarcato moscovita negli anni 1990-1992 per la soluzione del conflitto interconfessionale in Ucraina*, cit., pp. 161-174.
147. Ju. Karlov, *La missione in Vaticano*, cit., p. 146.
148. *Ibidem*.
149. G. Zizola, *Dopo l'ateismo*, cit., p. 31.
150. *Ivi*, p. 35.
151. В. Соловьев, *Россия и Вселенская церковь*, Москва 1911, p. 303; tr. it. in F. Muscato, *Chiesa ed ecumenismo di Vladimir Sergeevic Solov'ev: unità della Chiesa, unità del genere umano*, Roma 1994, pp. 40-41.

152. *Storia del cristianesimo*, vol. XIII, *Crisi e rinnovamento dal 1958 ai giorni nostri*, cit., pp. 11-12.

153. D. Cervato, *Dal Tardoantico al pieno Medioevo*, in *Storia di Verona*, cit., pp. 55-92.

154. *Vita Mathildis celeberrimae principis Italiae carmine scripta a Donizone presbytero, qui in arce Canusina vixit*, ed. L. Simeoni, Bologna 1931-1940, cap. 8, vv. 739-747, p. 80; *La Rus' antica nelle fonti estere*, cit., p. 375.

155. *Bernoldi chronicon*, ed. G.H. Peretz, Hannover 1844, t. 5, pp. 457-458; *La Rus' antica nelle fonti estere*, cit., p. 376.

156. *Racconto dei tempi passati*, cit., p. 162.

157. G. Luzzatto, *Storia economica di Venezia dall'XI al XVI secolo*, Marsilio, Venezia 1995, p. 26. Sulla storia veronese nel medioevo cfr. anche L. Simeoni, *Nuovi documenti sull'ultimo periodo della Signoria di Ezzelino*, in *Studi su Verona nel medioevo*, vol. III, Istituto per gli studi storici veronesi, Verona 1962, pp. 251-280; G. Solinas, *Storia di Verona*, Centro Rinascita, Verona 1981; P. Zagata, *Cronica della città di Verona* (1745), 3 voll., Forni, Bologna 1967; C. Cipolla, *Compendio della storia politica di Verona*, Sartori, Mantova 1976.

158. *Racconto dei tempi passati*, cit., p. 4.

159. D.M. Nicol, *Byzantium and Venice, a study in diplomatic and cultural relations*, Cambrige 1994, p. VII.

160. M. Gallina, *L'affermarsi di un modello coloniale: Venezia e il Levante tra Due e Trecento*, in «Thesaurismata» 23 (1993), pp. 14-39; Idem, *Potere e società a Bisanzio*, Einaudi, Torino 1995.

161. S. Karpov, *La navigazione veneziana nel Mar Nero, XIII-XV sec.*, Edizione del girasole, Ravenna 2000.

162. G. Dalla Corte, *Dell'istorie della città di Verona*, vol. I, Savioli, Venezia 1744; A. Castagnetti, *La società veronese nel medioevo. Ceti e famiglie dominanti nella prima età comunale*, Libreria universitaria editrice, Verona 1987; Idem, *Le città della Marca veronese*, Libreria universitaria editrice, Verona 1991; V. Cavallai, *Considerazioni sulle lotte politiche a Verona agli inizii del XIII secolo*, in «Studi storici veronesi Luigi Simeoni» XXVIII-XXIX (1978-1979), pp. 29-62; C. Cipolla, *Compendio della storia politica di Verona*, cit.; Idem, *La storia politica di Verona*, Valdonega, Verona 1954.

163. L. Rognini, *Presenze bizantine a Verona e veronesi nell'impero d'Oriente*, in *Per Alberto Piazzi. Scritti offerti nel 50° di sacerdozio*, a cura di C. Albarello e G. Zivelonghi, Biblioteca capitolare, Verona 1998, pp. 347-361; R. Loenertz, *Byzantina et Franco-Graeca*, Edizioni di storia e letteratura, Roma 1978; Idem, *Les Ghisi. Dynastes vènitiens dans l'Archipel (1207-1390)*, Olschki, Firenze 1975; S. Cosentino, *Due documenti veneziani su Negroponte della seconda metà del secolo XIII*, in *Macro e microstrutture economiche nella*

società bizantina (XIII-XV secolo), a cura di A. Carile, Bologna 1991, pp. 75-95; M. Bakhmatova, *Rapporti tra Bisanzio e le Repubbliche marinare*, cit.

164. E. Demo, *Dalla dedizione a Venezia alla fine del Cinquecento*, in *Storia di Verona*, cit., pp. 149-193.

165. Cfr. ad es. M. Ferrazzi, *Commedie e comici dell'arte italiani alla corte russa (1731-1738)*, Bulzoni, Roma 2000.

166. G. Borelli, *Tra Seicento e Settecento*, in *Storia di Verona*, cit., pp. 195-225.

167. M. Ferrazzi, *Michele Enrico Sagramoso*, cit., pp. 109-134; Id., *Il cavaliere melitense Michele Enrico Sagramoso e l'«affare di Ostrog». Note in margine alla storia dei rapporti polacco-maltesi del XVIII secolo*, in Aa. Vv., *Per Jan Slaski. Scritti offerti da magiaristi, polonisti, slavisti italiani*, a cura di A. Ceccherelli - D. Gheno - A. Litwornia - M.Piacentini - A.M. Raffo, Unipress, Padova 2005, pp. 93-116; L. Moscardo, *Historia di Verona nella quale si contengono i sucessi occorsi dall'origine fino al 1668* (1668), Forni, Bologna 1976.

168. R. Fasanari, *L'armata russa del generale Suvarov attraverso Verona (1799-1800)*, Vita Veronese, Verona 1952.

169. L. Laita, *Il Congresso di Verona*, Vita Veronese, Verona 1948.

170. F. Giacobazzi Fulcini, *Il periodo napoleonico (1796-1815)*, in *Storia di Verona*, cit., pp. 227-254; A.L. Ballarini, *Soppressione delle confraternite laicali a Verona in periodo napoleonico*, Verona 1989.

171. T. Casini - S. Malpurgo, *Mario Pieri a Verona (1805-1821). Dal suo diario*, Giacchetti, Prato 1895, p. 30.

172. *Il diario dell'oste. La raccolta storica cronologica di Valentino Alberti (Verona, 1796-1834)*, a cura di M. Zangrandini, Cierre edizioni, Sommacampagna (Vr) 1997, pp. 239 ss. Cfr. anche il trafiletto sulla visita di Alessandro I sul lago di Garda il 12 novembre 1822, in «L'Arena», 12.11.2001, p. 19 e *Verona e il suo territorio*, vol. VI/2, Istituto per gli studi storici, Verona 2003.

173. A. Bakhmatova, *Ortodossi russi a Verona*, in «Italia Ortodossa» XXIV (2001), pp. 39-43.

174. F. Vecchiato, *Il periodo austriaco (1814-1866)*, in *Storia di Verona*, cit., pp. 257 e 255-279.

175. R. Cona, *Chiesa e società a Verona nell'Ottocento*, in *Verona e il suo territorio*, vol. VI/2, cit., p. 538.

176. S.A. Bianchi, *Il Comune e le Signorie*, in *Storia di Verona*, cit., pp. 134 ss.

177. F. Vecchiato, *Il periodo austriaco*, cit., pp. 288-291; S. Noto, *L'annessione all'Italia. Realtà e speranze (1866-1989)*, in *Storia di Verona*, cit., pp. 328-333.

178. R. Cona, *Chiesa e società a Verona nell'Ottocento*, cit., p. 560.

CAPITOLO V

1. *Storia del cristianesimo. L'età contemporanea*, cit., pp. 388-393; sul movimento ecumenico cfr. *Storia del cristianesimo*, vol. XIII, *Crisi e rinnovamento dal 1958 ai giorni nostri*, cit., pp. 142 ss.

2. Www.cec-kek.org.

3. Www.ccee.ch.

4. *La Chiesa ortodossa russa nel periodo sovietico*, vol. II, cit., pp. 219-242.

5. Sulle funzioni del Segretario di Stato vaticano sotto il pontificato di Giovanni Paolo II e sulla nomina di Casaroli cfr. *Storia del cristianesimo*, vol. XIII, *Crisi e rinnovamento dal 1958 ai giorni nostri*, cit., pp. 135-136. Per la biografia di Casaroli cfr. http://www.cardinalcasaroli.org/download/Biografia%20Card%20Casaroli.doc.

6. Cfr. anche A. Santini, *Pietro a Mosca*, cit., pp. 22-24.

7. Http://www.mospat.ru/index.php?mid=99. Qui tralasciamo la storia della partecipazione della Chiesa ortodossa russa nel movimento ecumenico, sebbene si tratti di un capitolo molto importante.

8. G. Zizola, *Dopo l'ateismo*, cit., pp. 179-192 e 209-216; cfr. anche i testi dei discorsi di Gorbaciov e Giovanni Paolo II (*ivi*, pp. 335-350).

9. Ju. Karlov, *La missione in Vaticano*, cit., pp. 82-105.

10. A questo proposito cfr. il suo libro L. Sandri, *Dio in Piazza Rossa*, cit. Cfr. anche G. Zizola, *Dopo l'ateismo*, cit.; G. Zjabliciev, *Le misure adottate dal patriarcato moscovita negli anni 1990-1992 per la soluzione del conflitto interconfessionale in Ucraina*, cit., pp. 161-174.

11. *Scambio di lettere tra la Chiesa romano-cattolica di Verona e il patriarcato ortodosso di Mosca (dal 31 gennaio 1992 al 29 settembre 1999)*, Verona, 30 settembre, 2005, ed. *pro manoscritto*, p. 9.

12. Gabriele Zanetti (Villafranca di Verona, 13 agosto 1944) venne ordinato il 29 giugno 1968. Vicario parrocchiale a Villafranca (1968-1873) e a Santi Angeli Custodi (1973-1986), è poi parroco di Marcellise e di Castelnuovo del Garda (1994-2000). Dal 2000 è a San Pancrazio al Porto in Verona (cfr. *La chiesa di Verona nell'anno giubilare 2000*, cit., p. 539). Don Gabriele si è spento il 17 febbraio 2011 a Villafranca, dove era parroco dal 2006. Nel 2015 a cura del Comitato di San Rocco di Villafranca è stato pubblicato un libro dedicato alla sua memoria, *Don Gabriele Zanetti. Cristiano-presbitero-parroco*, a cura di P. Cordioli, Bussinelli, Verona 2015. Per i rapporti con la Chiesa ortodossa russa cfr. in part. le pp. 65-69 e 79-81.

13. L. Sandri, *Dio in Piazza Rossa*, cit., p. 34.

14. *Storia del cristianesimo*, vol. XIII, *Crisi e rinnovamento dal 1958 ai giorni nostri,* cit., pp. 391-416; *Storia del cristianesimo. L'età contemporanea*, cit., pp. 326-332.

15. *La Chiesa ortodossa russa nel periodo sovietico*, vol. II, cit., pp. 268-269.

16. Cfr. A. Santini, *Mille anni di fede in Russia: Pimen, patriarca di Mosca e di tutte le Russie intervistato da Alceste Santini*, Paoline, Cinisello Balsamo (Mi) 1987.

17. Ju. Karlov, *La missione in Vaticano*, cit., pp. 115-117.

18. Il Concilio locale (*Pomestnyj sobor*) detiene il potere supremo della Chiesa ortodossa russa, si occupa delle questioni più importanti della vita della Chiesa: delle elezioni e dimissioni del patriarca, della concessione di autocefalia, autonomia o autogoverno ai territori canonici della Chiesa ortodossa russa che ne fanno richiesta e di altre questioni fondamentali. Il Concilio locale, essendo il Concilio plenario dell'intero patriarcato russo, è composto da vescovi, rappresentanti del clero, monaci e laici. Viene convocato nei momenti più importanti della vita della Chiesa.

19. *La Chiesa ortodossa russa nel periodo sovietico*, vol. II, cit., p. 262.

20. *Ivi*, p. 263.

21. Ju. Karlov, *La missione in Vaticano*, cit., pp. 168-169.

22. Francesco Colasuonno viene nominato il 29 gennaio 1990 nunzio apostolico nell'Urss (cfr. *ivi*, pp. 107-108). La nomina di Karlov quale ambasciatore straordinario e plenipotenziario presso il Vaticano è avvenuta il 13 marzo 1990. Le relazioni tra il Vaticano e l'Urss venivano definite come «ufficiali, ma non diplomatiche» (*ivi*, pp. 108-111).

23. *Ivi*, p. 166.

24. *Ibidem*.

25. *Ivi*, p. 171.

26. *Ivi*, p. 172.

27. V. Gajduk, *Russia e Vaticano tra XIX e XX secolo*, cit., p. 43.

28. Ju. Karlov, *La missione in Vaticano*, cit., p. 173.

29. *Ivi*, p. 174.

30. *Ivi*, p. 112.

31. *Ivi*, p. 176.

32. *Ivi*, p. 136.

33. *Ivi*, p. 141.

34. Romeo Maggioni è stato negli anni '90 del ventesimo secolo responsabile dell'Ufficio per la pastorale del turismo della curia di Milano, ideatore di «nuova evangelizzazione».

35. R. Maggioni, *La Santa Russia. Itinerario di scoperta dell'anima russa*, edizione *pro manuscripto*, Milano, p. 30.

36. Don Gabriele Zanetti è stato convocato in curia domenica sera, prima della partenza per Mosca.

37. *Scambio di lettere tra la Chiesa romano-cattolica di Verona e il patriarcato ortodosso di Mosca*, cit., p. 11.

38. G. Zizola, *Dopo l'ateismo*, cit., p. 26.

39. M. Gorbaciov, *Riflessioni sulla rivoluzione d'Ottobre. Dal Palazzo d'Inverno alla perestrojka*, Editori Riuniti, Roma 1997, pp. 109-120.

40. A.S. Barsenkov - A.I. Vdovin, *Storia della Russia*, cit., pp. 357-359.

41. *La Chiesa ortodossa russa nel periodo sovietico*, vol. II, cit., pp. 279-294.

42. *Ivi*, pp. 317-318.

43. A.S. Barsenkov - A.I. Vdovin, *Storia della Russia*, cit., pp. 361-364; cfr. anche *Горбачев-Ельцин: 1500 дней политического противостояния*, Москва 1992 (*Gorbaciov-Eltsin: 1500 giorni di contrapposizione politica*, Mosca 1992).

44. A.S. Barsenkov - A.I. Vdovin, *Storia della Russia*, cit., p. 371.

45. Ju. Karlov, *La missione in Vaticano*, cit., pp. 168-169.

46. *Ivi*, p. 195.

47. F. Benvenuti, *Storia della Russia contemporanea*, cit., pp. 294-297; N.V. Riasanovsky, *Storia della Russia*, cit., pp. 621-623 e 630; M. Gorbaciov, *Riflessioni sulla rivoluzione d'Ottobre*, cit., p. 106; C. Fracassi, *Russia, che succede nel Paese più grande del mondo*, Libera informazione editrice, Roma 1995, pp. 99-102; A.S. Barsenkov - A.I. Vdovin, *Storia della Russia*, cit., pp. 382-389.

48. M. Gorbaciov, *Riflessioni sulla rivoluzione d'Ottobre*, cit., p. 106.

49. *Urss. Le costituzioni, 1977, 1936, 1924*, Edizioni del riccio, Firenze 1977, p. 14. «Il Partito comunista, forte della dottrina marxista-leninista, stabilisce la prospettiva generale di sviluppo della società, la linea della politica interna ed estera dell'Urss, dirige la grande attività edificatrice del popolo sovietico, conferisce un carattere pianificato e scientificamente motivato alla sua lotta per la vittoria del comunismo. Tutte le organizzazioni del partito operano nell'ambito della Costituzione dell'Urss».

50. Http://constitution.garant.ru/DOC_10003000.htm.

51. *Ibidem.*

52. Qualche mente bizzarra all'epoca paragonava l'art. 6 della Costituzione sovietica del 1977 all'art. 7 della Costituzione della Repubblica italiana: infatti, due grandi avversari ideologici avevano, ognuno nel proprio ambito, alcuni tratti comuni, tra i quali l'esclusiva ideologica, garantita dal diritto costituzionale, e l'ambiguità di approcci etici, che gli permettevano da un lato di battersi per la libertà di coscienza fuori dai propri confini, da un altro di mostrarsi alquanto turbati di fronte alle manifestazioni delle scelte pluralistiche in casa propria.

53. A.S. Barsenkov - A.I. Vdovin, *Storia della Russia*, cit., pp. 452-471.

54. F. Benvenuti, *Storia della Russia contemporanea*, cit., p. 297; B. Pankin, *Gli ultimi cento giorni dell'Urss*, Giunti, Firenze-Milano 2003, pp. 8-9.

55. A.S. Barsenkov - A.I. Vdovin, *Storia della Russia*, cit., pp. 366-367.

56. Cfr. B. Immediata, *Un apostolo senza frontiere. Don Bernardo Antonini*, Paoline, Milano 2005, p. 76.

57. Mi ricordo bene dei momenti vissuti all'università di Mosca (1990-1991), quando assistevo alla spartizione delle razioni alimentari destinate ai professori ordinari. Solo a vedere certe delizie come salumi e cioccolata mi venivano i crampi allo stomaco. Io, da semplice dottoranda, non ne avevo alcun diritto e dovevo già lottare per trovare del semplice pane. C'è da dire che persino il pane in quegli anni assunse un sapore strano: sembrava pieno di gesso, rimaneva sullo stomaco ed era difficile da digerire. Mia madre mi diceva che lo stesso tipo di pane si mangiava anche ai tempi della guerra del 1941-1945.

58. R. Maggioni, *La Santa Russia*, cit., p. 11.

59. Cfr. G.P. Caselli, *La Russia nuova. Economia e storia da Gorbačev a Putin*, Mimesis, Milano-Udine 2013.

60. La gente ha ribattezzato *приватизация* (privatizzazione) come *прихватизация*, dal verbo *прихватывать*, cioè accaparrare, rubare.

61. А.С. Орлов - А.Ю. Полунов - Ю.Я. Терещенко, *Основы курса истории России*, Москва 2005, pp. 571-576 e 588-596 (A. Orlov - A. Polunov - Ju. Tereschenko, *Fondamenta del corso della storia russa*, Mosca 2005, pp. 571-576 e 588-596); M. Gorbaciov, *Riflessioni sulla rivoluzione d'Ottobre*, cit., p. 107.

62. Una descrizione abbastanza veritiera della situazione russa degli anni '90 si trova nell'inchiesta giornalistica di G. Chiesa., *Russia addio. Come si colonizza un impero*, Editori Riuniti, Roma 1997.

63. *Ivi*, pp. 46-51; cfr. anche G.P. Caselli, *La Russia nuova*, cit., pp. 27-41.

64. C. Fracassi, *Russia, che succede nel Paese più grande del mondo*, cit.

65. A.S. Barsenkov - A.I. Vdovin, *Storia della Russia*, cit., p. 294.

66. Il decreto di Eltsin del 25 gennaio 1992 autorizzava il libero commercio, prima severamente proibito, a tutti i cittadini ed enti pubblici (cfr. A. Orlov - A. Polunov - Ju. Tereschenko, *Fondamenta del corso della storia russa*, cit., p. 589).

67. Cfr. B. Immediata, *Un apostolo senza frontiere*, cit., pp. 73-74.

68. Http://www.meparh.ru/servs_view.php?id=1500.

69. A. Riccardi, *Il Vaticano e Mosca*, cit., pp. 281-288 e 346.

70. Http://www.orthlib.ru/JMP/78_08/26.html.

71. Http://www.maghreb.ru/kolupaevve/tserkov_pastiri3.htm.

72. Cfr. Ю. Шрейдер, *Беседа с архимандритом Иосифом (Пустоутовым)*, in «Новая Европа» 2 (Москва 1993), pp. 13-19 (Ju. Sreider, *Conversazione con l'archimandrita Josif [Pustoutov]*, in «Europa Nuova» 2 [Mosca 1993]).

73. Http://ruchsy.orthodoxy.ru/ruchsy/ruemsy91.htm.

74. Http://arh-gavriil.bsu.edu.ru/Calendar/Hram/163.htm.

75. Http://ezh.sedmitza.ru/index.html?did=260.

76. Http://arh-gavriil.bsu.edu.ru/Calendar/Hram/163.htm.

77. Lettera del 11.12.1992, in *Scambio di lettere tra la Chiesa romano-cattolica di Verona e il patriarcato ortodosso di Mosca*, cit., pp. 27-28.

78. Lettera di condoglianze del 28.9.1997, *ivi*, p. 75

79. Cfr. http://dl.biblion.realin.ru/soft/1_BibleQuote/BibleQuote/Book_Men_A/bychkov.htm; http://www.vesti.ru/files.html?id=6285&tid=2932; И. Алексеев, *Комментарий дня: убийства священников: между заказом сатаны и криминальным беспределом*, http://www.portal-credo.ru/ (I. Alekseev, *Commento del giorno: gli omicidi dei preti: tra il volere del satana e lo strapotere della criminalità*).

80. Giovanni Paolo II, lettera ai vescovi europei su *I rapporti tra cattolici e ortodossi nella nuova sistemazione dell'Europa centrale e orientale*, n. 4, in «Acta Apostolicae Sedis» 84 (1992), p. 167.

81. Come suppongono don Gottardi e don Adami, potrebbe trattarsi di monsignor Duprey. Pierre Duprey (1922-2007), nato a Croix, nel nord della Francia, il 26 novembre 1922, era entrato nel noviziato dei Padri Bianchi nel 1942 ad Algeri ed era stato ordinato sacerdote nel febbraio 1950 a Cartagine (Tunisi). Dopo un dottorato all'Istituto Orientale di Roma, aveva studiato teologia ortodossa ad Atene e arabo a Beirut (Libano). Tra il 1956 e il 1963 era stato professore di teologia dogmatica e storia della Chiesa a Gerusalemme. Nel 1961, nell'isola di Rodi, era tra gli osservatori cattolici che assistettero alla Prima conferenza panortodossa, che riunì 61 rappresentanti di 12 Chiese autocefale ortodosse. Nel 1962 venne invitato a partecipare come teologo/interprete per assistere gli osservatori ortodossi delegati alla prima sessione del Concilio Vaticano II. L'anno successivo venne nominato sottosegretario del nuovo Segretariato (oggi Pontificio Consiglio) per l'Unità dei cristiani, fondato da Giovanni XXIII nel 1960, affidato all'allora cardinale Agostino Bea. Ha svolto un ruolo centrale nella preparazione di «iniziative storiche», come gli incontri tra Paolo VI e il patriarca Atenagora di Costantinopoli o la cancellazione delle reciproche scomuniche – il 7 dicembre 1965 – tra Roma e le Chiese ortodosse. Ha lavorato in prima linea nell'avviare un dialogo teologico ufficiale tra la Chiesa cattolica e quella ortodossa, annunciato durante la visita di Giovanni Paolo II al patriarca ecumenico di Costantinopoli, Dimitrios I, nel 1979. Il 25 aprile 1983 è stato nominato segretario del Segretariato per l'Unità dei cristiani. È stato consacrato vescovo il 6 gennaio 1990 da Giovanni Paolo II, continuando il suo lavoro nel Pontificio Consiglio per l'unità dei cristiani fino al suo ritiro per motivi di età, il 16 marzo 1999.

82. Lettera del 6.2.1992, in *Scambio di lettere tra la Chiesa romano-cattolica di Verona e il patriarcato ortodosso di Mosca*, cit., pp. 13-14.

83. Cfr. *Decreto Unitatis Redintegratio sull'ecumenismo*, p. 18. «Considerate bene tutte queste cose, questo sacro Concilio inculca di nuovo ciò che è stato dichiarato dai precedenti sacri Concili e dai romani pontefici, che cioè, per ristabilire o conservare la comunione e l'unità bisogna "non imporre altro peso fuorché le cose necessarie" (At 15,28). Desidera pure ardentemente che d'ora in poi, nelle varie istituzioni e forme della vita della Chiesa, tutti gli sforzi tendano passo passo al conseguimento di essa, specialmente con la preghiera e il dialogo fraterno circa la dottrina e le più urgenti necessità pastorali del nostro tempo. Raccomanda parimenti ai pastori e ai fedeli della Chiesa cattolica di stabilire delle relazioni con quelli che non vivono più in Oriente, ma lontani dalla patria. *Così crescerà la fraterna collaborazione con loro in spirito di carità, bandendo ogni sentimento di litigiosa rivalità* [corsivo mio]. Se questa opera sarà promossa con tutto l'animo, il sacro Concilio spera che, tolta la parete che divide la Chiesa occidentale dall'orientale, si avrà finalmente una sola dimora solidamente fondata sulla pietra angolare, Cristo Gesù, il quale di entrambe farà una cosa sola» (cfr. http://www.vatican.va/archive/hist_councils/ii_vatican_council/documents/vat-i_decree_19641121_unitatis-redintegratio_it.html). Cfr. anche la conferenza stampa, in Vaticano, il 10 novembre 2004, di presentazione della conferenza sul tema «Il Decreto sull'ecumenismo del Concilio Vaticano II quarant'anni dopo: retrospettive e significato permanente - sviluppi e situazione attuale - prospettive future» (http://www.vatican.va/roman_curia/pontifical_councils/chrstuni/general-docs/rc_pc_chrstuni_doc_20041110_40th-unitatis-redintegratio_it.html).

84. Bernardo Antonini è nato il 20 ottobre 1932 a Cimego (Tn) ed è stato ordinato prete il 26 giugno 1955 (cfr. *La chiesa di Verona nell'anno giubilare 2000*, cit., p. 461). È morto a Karaganda (Kazakistan) il 27 marzo 2002, e fu poi seppellito a Raldon (Vr). La sua tomba è diventata meta di pellegrinaggio dei suoi seguaci.

85. B. Immediata, *Un apostolo senza frontiere*, cit., p. 18.

86. Cfr. A. Santini, *Cina e Vaticano*, cit.

87. B. Immediata, *Un apostolo senza frontiere*, cit., p. 47, n.10.

88. A. Riccardi, *Il Vaticano e Mosca*, cit., p. 226.

89. Pio X, enciclica *Iamdudum in Lusitania*, 24.5.1911, n. 86, in U. Bellocchi, *Tutte le encicliche*, cit., vol. VII, pp. 458-463.

90. Pio X, enciclica *Vehementer Nos*, 11.2.1906, n. 40, *ivi*, pp. 191-200; cfr. anche allocuzione *Duplicem, nostis*, 14.11.1904, n. 21, *ivi*, pp. 127-132; allocuzione *Gravissimum Apostolici*, 21.2.1906, *ivi*, pp. 201-203; enciclica *Gravissimo Officii*, 10.8.1906, n. 47, *ivi*, pp. 220-222;

enciclica *Une fois ancore*, 6.1.1907, n. 48, *ivi*, pp. 223-228; allocuzione *Festivitas Dominicae*, 15.4.1907, n. 49, *ivi*, pp. 229-230.

91. Pio XI, epistola *Solemnia sacra*, 24.12.1907, n. 55, *ivi*, pp. 286; epistola *Sacra solemnia*, 23.12.1908, n. 66, *ivi*, pp. 334.

92. Pio X, allocuzione *Sono grato*, 13.12.1908, n. 65, *ivi*, pp. 331-333; allocuzione *Nous Vous remercions*, 19.4.1909, n. 70, *ivi*, pp. 344-347.

93. B. Immediata, *Un apostolo senza frontiere*, cit., p. 47, n. 10.

94. *Ivi*, p. 50.

95. *Ivi*, p. 107.

96. Costituzione del 1936, art. 122: «Alle donne sono accordati nell'Urss diritti uguali a quelli degli uomini, in tutti i campi della vita economica, statale, culturale, politica e sociale, ecc.»; Costituzione del 1977, art. 35: «La donna nell'Urss ha diritti uguali a quelli dell'uomo. L'esercizio di questi diritti viene assicurato attraverso la concessione alle donne di uguali possibilità d'istruzione, di formazione professionale, di lavoro, di retribuzione, di avanzamento professionale, d'attività politico-sociale e culturale; attraverso speciali misure di tutela del lavoro e della salute delle donne; attraverso la creazione di condizioni che consentano alle donne di abbinare il lavoro con la maternità attraverso la difesa giuridica e l'assistenza materiale e morale alla maternità e all'infanzia, compresa la concessione di congedi pagati e d'altre agevolazioni alle gestanti e alle madri, la riduzione graduale dell'orario di lavoro delle donne con prole in tenera età» (*Urss. Le costituzioni, 1977, 1936, 1924*, cit., pp. 77 e 21-22).

97. Costituzione del 1977, art. 40: «I cittadini sovietici hanno diritto al lavoro, ossia hanno il diritto di ricevere un lavoro garantito, con una retribuzione secondo la quantità e la qualità non inferiore ai minimi stabiliti dallo Stato, compreso il diritto di scegliere la professione, il genere d'occupazione e il lavoro in conformità con la vocazione, le capacità, la preparazione professionale e l'istruzione, tenendo conto delle esigenze della società, ecc.»; art. 60: «Il lavoro coscienzioso nel campo scelto d'attività socialmente utile e il rispetto della disciplina lavorativa sono un dovere e un motivo d'onore per ogni cittadino dell'Urss che sia abile al lavoro. Esimersi dal lavoro socialmente utile non è compatibile coi principi della società socialista» (*ivi*, p. 25).

98. Costituzione del 1977, art. 45: «I cittadini dell'Urss hanno diritto all'istruzione. Questo diritto è garantito dal carattere gratuito dell'istruzione di ogni tipo, dalla realizzazione dell'istruzione media obbligatoria generale della gioventù [durata dieci anni], dall'ampio sviluppo dell'istruzione tecnico-professionale, media specializzata e superiore, sulla base del collegamento dell'insegnamento con la vita e coll'attività produttiva, dallo sviluppo dell'istruzione serale e per corrispondenza, dalla concessione

di presalari statali e altre agevolazioni agli studenti, dalla distribuzione gratuita dei libri di testo, dalla possibilità di compiere gli studi scolastici nella lingua materna e dalla creazione di condizioni adatte all'istruzione individuale (*ivi*, p. 24).

99. Cfr. *Metamorfosi della tartaruga* in J.L. Borges, *Altre inquisizioni*, Feltrinelli, Milano 2002, p. 113.

100. M. Lewin, *La Russia in una nuova era. Una interpretazione storica*, Bollati Boringhieri, Torino 1988, pp. 49-50. I dati sono forniti da *Ссср в цифрах в 1984 г.*, Москва 1985 (*L'Urss in cifre nel 1984*, Mosca 1985).

101. B. Immediata, *Un apostolo senza frontiere*, cit., p. 45.

102. *Ivi*, pp. 57-58.

103. Si comunicava l'avvenuta ricostituzione della gerarchia cattolica e la nomina degli amministratori apostolici: T. Kondrusiewicz per la Russia europea, Josef Vert per la Russia asiatica, Paul Lenga per il Kazakistan (cfr. Ju. Karlov, *La missione in Vaticano*, cit., p. 197).

104. B. Immediata, *Un apostolo senza frontiere*, cit., pp. 63-64.

105. *Ivi*, pp. 65-67. Vedi anche n. 19, p. 66 dove con il riferimento all'enciclica *Fidei donum* del 1957 di Pio XII si traccia l'analogia tra la Chiesa ortodossa russa e le nuove Chiese in Africa.

106. La versione russa di questo documento (*Общие принципы и практические нормы координации евангелизаторской деятельности и экуменические обязательства Католической Церкви в России и в других странах СНГ*) si trova in http://www.paoline.ru/doc/Pro_russia.doc.

107. La Pontificia commissione *Pro Russia* fu fondata da Papa Pio XI nel 1925. La Commissione aveva lo scopo di provvedere alla cura pastorale di coloro che risedevano in Russia o che erano fuggiti da essa e di sostenerli nelle persecuzioni e nella speranza che la fede cattolica potesse rifiorire nella patria (cfr. http://www.fides.org/ita/approfondire/2005/speciale_jpii_istituzioni.html).

108. *Russia: i cattolici russi sacrificati sull'altare dell'ecumenismo*, in http://www.viewsfromrome.org/pattern.php. Devo dire che quando mi sono adoperata per istituire a Verona una comunità ortodossa russa nel 1999 (M.N. Bakhmatova, *Ortodossi russi a Verona*, in «Italia Ortodossa», XXIV [2001], pp. 39-43) mi sembrava del tutto naturale entrare in contatto con le gerarchie ecclesiastiche locali (cfr. *Scambio di lettere tra la Chiesa romano-cattolica di Verona e il patriarcato ortodosso di Mosca*, cit., pp. 89-90). Forse proprio per questo ho trovato una benevola accoglienza sia da parte delle autorità diocesane che da parte dei membri della Commissione ecumenica di Verona. Da presidente della comunità ho puntato sempre sul dialogo e sulla totale apertura verso la città che ci ospitava. La mia iniziativa non è passata inosservata nemmeno alle forze dell'ordine locali, Digos compresa.

In quell'occasione ho scoperto che presso le prefetture italiane esiste un ufficio per le religioni diverse da quella cattolica. Comunque il controllo su di me e sulla mia famiglia, dal momento in cui la sede legale della comunità agli inizi era in casa mia, è stato abbastanza discreto.

109. B. Immediata, *Un apostolo senza frontiere*, cit., p. 138.

110. Cfr. ad es. *ivi*, pp. 78-79.

111. http://www.benediktxvi.ru/forum/viewtopic.php?t=63&sid=06bbd6e1bce714036ac864819e4e9e59.

112. B. Immediata, *Un apostolo senza frontiere*, cit., pp. 82-84.

113. *Ivi,* p. 121.

114. Sulle forme di dissidenza cfr. Aa. Vv., *Mosca e Vaticano: i dissidenti sovietici di fronte al dialogo*, intr. di M. Agurskij, La Casa di Matriona, Seriate (Bg) 1976; *Storia del cristianesimo*, vol. XIII, *Crisi e rinnovamento dal 1958 ai giorni nostri*, cit., pp. 390-394 e 398-399; M. Heller - A. Nekrič, *Storia dell'Urss dal 1917 a Eltzin*, Bompiani, Milano 2001, pp. 705 ss.; A.S. Barsenkov - A.I. Vdovin, *Storia della Russia*, cit., pp. 135-158, 187-233 e 276-323.

115. R. Maggioni, *La Santa Russia*, cit., p. 30.

116. *Ibidem*.

117. Cfr. ad es. A. Carpifave, *Conversazioni con Alessio II, patriarca di Mosca e di tutte le Russie*, Mondadori, Milano 2003 (in italiano il nome del patriarca Aleksij viene spesso trascritto come «Alessio»). Da testimone posso citare un fatto capitato a me personalmente. Nel 1991 sono stata contattata a Mosca da una ragazza che si chiamava Carlotta. A nome di un tale padre Stefano, la ragazza mi invitava nella «Chiesa cattolica» dove, in cambio del battesimo, mi avrebbero dato cento dollari e, forse, mi avrebbero pagato persino un viaggio in Italia. Al mio rifiuto lei mi disse: «Ma dai, cosa ti costa? Anch'io ho fatto così. Non me ne importa niente della loro fede. Ho guadagnato un po' di quattrini. Se riesco a portarci anche te, ne prendo ancora». Ho rivisto la ragazza un anno dopo. Era molto entusiasta del suo viaggio in Italia. È interessante il confronto con la politica missionaria in Cina: «I catecumeni ricevevano mais e contributi in denaro se frequentavano corsi di religione, cosicché la "conversione" alla religione cattolica veniva associata al compenso in denaro dai cinesi poveri che, pur di riceverlo, arrivavano alle missioni persino da lontani villaggi» (A. Santini, *Cina e Vaticano*, cit., p. 75).

118. Cfr. l'intervista con Alexey Yandushev-Rumiantsev, *Il sogno di Alexey*, in «Verona fedele», 13.8.2006, p. 4. Cfr. anche B. Immediata, *Un apostolo senza frontiere*, cit., pp. 162 ss.

119. *Fatti ed esperienze di ecumenismo pastorale dal 1992 al 2002*, cit., pp. 7- 8.

120. *Ibidem.*

121. *Tettamanzi ad Alessio II: uniti dalla voce dello Spirito*, in «Catholica», 3.10.2006, p. 21.

122. Cfr. G. Nicolis - I. Prigogine, *Exploring Complexity. An introduction*, W.E. Freeman & Company, New York 1989.

CONCLUSIONE

1. N. Kokosalakis, *The historical continuity and cultural specificity of Eastern Orthodox Christianity*, in *Religions sans frontières? Present and future trends of migration, culture and communication*. Atti della Conferenza internazionale promossa dall'Università La Sapienza, 12-16.7.1993, Presidenza del Consiglio dei ministri, Dipartimento per l'informazione e l'editoria, Roma 1994, p. 132.

2. Lettera apostolica *motu proprio Europae Orientalis* di Giovanni Paolo II in http://www.vatican.va/holy_father/john_paul_ii/motu_proprio/documents/hf_jp-ii_motu-proprio_15011993_europae-orientalis_it.html. Cfr. Giovanni Paolo II, lettera ai vescovi europei su *I rapporti tra cattolici e ortodossi nella nuova sistemazione dell'Europa centrale e orientale*, cit., p. 167.

3. Come annunciava l'agenzia vaticana *Fides*, «la Commissione fondata da Pio XI aveva lo scopo di provvedere alla cura pastorale di coloro che risiedevano in Russia o che erano fuggiti da essa e di sostenerli nelle persecuzioni e nella speranza che la fede cattolica potesse rifiorire nella patria. L'evoluzione recente della storia dell'Europa orientale ha permesso che le comunità cattoliche possano ricostituirsi e manifestarsi liberamente. In questa nuova situazione, però, è tuttora necessario fornire a quelle comunità quell'appoggio che permette loro di consolidare le proprie radici nel suolo patrio e sviluppare la loro comunione con le altre comunità cattoliche del mondo» (*motu proprio Europae Orientalis* del 15 gennaio 1993). La competenza della nuova Commissione interdicasteriale permanente per la Chiesa in Europa orientale si rivolgeva sia alle Chiese di rito latino, che a quelle di rito orientale, e riguardava i territori dei Paesi appartenenti all'ex Unione Sovietica, compresa l'Asia, e a tutti i territori dell'Est europeo. I compiti della Commissione erano innanzitutto quelli di seguire e promuovere la «missione apostolica della Chiesa cattolica in tutte le sue attività e di accompagnare il dialogo ecumenico con le Chiese ortodosse e con le altre Chiese di tradizione orientale» (*motu proprio Europae Orientalis* del 15 gennaio 1993). Inoltre la stessa commissione, presieduta dal segretario di Stato e integrata dai segretari di numerosi dicasteri

vaticani (Congregazione per le Chiese orientali, per il clero, per gli Istituti di vita consacrata e Società di vita apostolica, Consiglio per la promozione dell'unità fra i cristiani), aveva il compito di «tenere contatti regolari con le varie istituzioni cattoliche che da lungo tempo vengono in aiuto alle comunità cattoliche in Europa orientale, sia per coordinare le loro attività, sia per darvi nuovo slancio» (*motu proprio Europae Orientalis* del 15 gennaio 1993).

4. Cfr. B. Immediata, *Un apostolo senza frontiere*, cit., pp. 167-191.

5. *Riconosciuta la validità giuridica dell'inchiesta diocesana su don Bernardo*, http://www.donbernardoantonini.it.

6. «Sette giorni di Provincia», inserto de «L'Arena», 5.7.2006, p. X.

7. *Fatti ed esperienze di ecumenismo pastorale dal 1992 al 2002*, cit.; *Scambio di lettere tra la Chiesa romano-cattolica di Verona e il patriarcato ortodosso di Mosca*, cit.

8. Ringrazio don Luigi Adami per avermi fatto conoscere il contenuto di questa lettera.

Il testo è redatto con il contributo del finanziamento «Mar Nero e Mar Mediterraneo nel sistema dei rapporti tra la Russia, l'Oriente e l'Occidente nel medioevo» sostenuto dalla Fondazione russa per le ricerche scientifiche (accordo n. 14-28-00213 del 15 agosto 2014 tra la Fondazione russa per le ricerche scientifiche e l'Università Statale «M. V. Lomonossov» di Mosca).

Монография написана при поддержке гранта «Причерноморье и Средиземноморский мир в системе отношений Руси, Востока и Запада в Средние века», поддержанного Российским научным фондом (соглашение № 14–28–00213 от 15 августа 2014 г. между Российским научным фондом и МГУ имени М.В. Ломоносова).

Stampato per conto
della Casa editrice Il Margine S.r.l.
presso la Tipografia Alcione, Trento
nel mese di settembre 2016